[illegible]

LE PAIN [illegible]

[illegible]

[illegible] DE SAINT [illegible], [illegible]
[illegible] augmentée. [illegible]
[illegible] Grand papier [illegible] fr.
Tous les autres [illegible] sont épuisés.

TRAICTÉ

DE LA FORME & DEVIS

COMME ON FAICT LES TOURNOIS

Il n'a été tiré que 260 exemplaires de cet ouvrage avec les 16 planches coloriées, tous numérotés de 1 à 260, savoir :

2 sur papier de Chine fort, numérotés 1 et 2.

Et 258 sur papier vergé fort, de la maison Morel et Cᵉ, numérotés de 3 à 260.

Exemplaire № ~~90~~

Imprimerie Blazet-Guinier, à Dole (Jura)

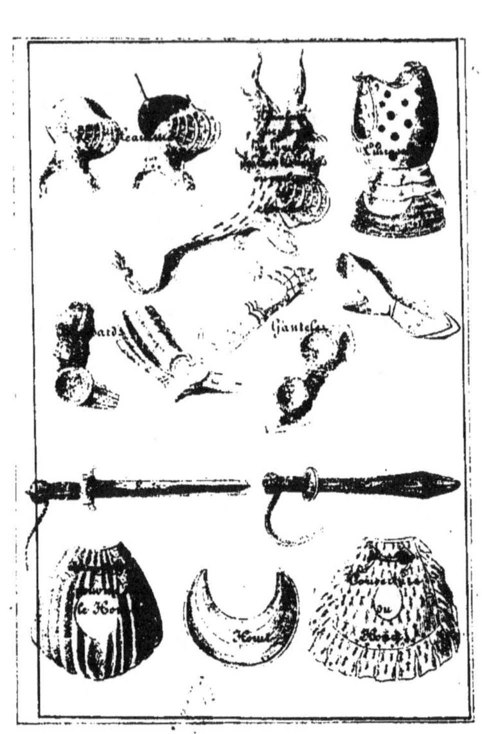
Heaume
Gantelet

TRAICTÉ

DE LA

FORME ET DEVIS

COMME

ON FAICT LES TOURNOIS

PAR

OLIVIER DE LA MARCHE, HARDOUIN DE LA JAILLE

ANTHOINE DE LA SALE, ETC.

MIS EN ORDRE PAR BERNARD PROST

Archiviste du Jura

Enrichi de 16 planches, dont 9 doubles, coloriées au pinceau
avec le plus grand soin et rehaussées d'or.

PARIS

A. BARRAUD, LIBRAIRE-ÉDITEUR

23, RUE DE SEINE, 23

—

1878

EXPLICATION & CLASSEMENT

Les 16 planches de cet ouvrage ont été copiées exactement sur le manuscrit de la Bibliothèque Nationale nº 2692 intitulé : Portraicts du tournoi de Monseigneur de la Gruthuse appellant, et de Monseigneur de Ghistelle deffendant, du onzième de mars 1392.

L'ordre et la manière comment les tournois doivent estre faicts et conduis, par Mre René Danjou roy de Sicile duc de Lorraine. In-fol. Maxº sur peau de vélin avec miniatures, dont quelques unes sont doubles.

Ces miniatures exécutées sur peau-vélin datent du xve siècle ; cette reproduction est donc de la plus grande authenticité et faite avec le soin le plus scrupuleux.

AVANT-PROPOS

I

Le livre de l'advis de gaige de bataille (par messire Olivier de la Marche). — **Pages 1-54.**

Traité publié pour la première fois en 1586, sous le titre de *Livre des duels, autrement intitulé l'advis de gage de bataille, jadis composé par messire Olivier de la Marche, et dédié à Philippes, archiduc d'Austriche. Auquel se traicte de la façon dont usoient les anciens François à démesler leurs querelles en champ clos. Livre fort utile pour ce temps, et non encores imprimé.* Paris, Jean Richer, 1586, pet. in-8°.

Réimprimé dans le recueil suivant : *Traitez et advis de quelques gentils-hommes françois sur les duels et gages de bataille. Assçavoir, de messire Olivier de la Marche, de messire Jehan de Villiers, s^r de Lisleadam, de messire Hardouin de la Jaille : et autres escrits sur le mesme sujet, non encor imprimez.* Paris, Jean Richer, 1586, pet. in-8° (1).

(1) Traité d'*Olivier de la Marche*, ff. 1-33. Le traité de *Jean de Villiers*, seigneur de l'Isle-Adam, intercalé dans celui d'Olivier de la Marche, occupe les ff. 17-24 v°. — Traité de *Hardouin de la Jaille.* ff. 34-71 v°. — *Extrait de l'ancienne ordonnance du roy*

Dans l'un et l'autre de ces ouvrages, devenus assez rares — le premier surtout, — le texte de notre auteur est fort altéré. Passages entiers omis ou remaniés, phrases tronquées et rendues inintelligibles, ponctuation détestable, grossières fautes typographiques : tout concourt à rendre ces deux éditions très-défectueuses.

En 1648, Marc Vulson, sieur de la Colombière, publia dans le *Vray théâtre d'honneur* (1) un fragment du traité d'Olivier de la Marche. Il insère ce fragment à la suite de l'ouvrage de Jean de Villiers, et l'attribue à tort à cet auteur. Le texte qu'il en donne est, du reste, extrêmement corrompu ; je ne le cite que pour mémoire.

L'édition du *Livre de l'advis de gaige de bataille,* que je publie ici, est, je puis le dire, la restitution d'une œuvre intéressante d'Olivier de la Marche, plus que défigurée par les précédents éditeurs. Sept manuscrits m'ont servi d'éléments pour ce travail de restitution. Après une soigneuse étude comparative de ces divers textes, je les ai classés comme il suit, selon qu'ils m'ont paru se rapprocher davantage du manuscrit original d'Olivier de la Marche, malheureusement perdu aujourd'hui.

I. Bibliothèque d'Angers, manuscrits, n° 972 (2), petit in-4°, sur papier, de 36 ff., de la fin du xv° siècle. — C'est

Philippes, défendant les gages de bataille, ff. 72-74. Procès-verbal contenant la défense du roy très-chrestien contre l'esleu en empereur, délayant le combat d'entre eux (1528), ff. 75-82 v°. — *Ordonnance du roy Philippes le Bel sur le fait des duels* (1306), f. 83 r° et v°.

(1) *Le vray théâtre d'honneur et de chevalerie, ou le miroir héroïque de la noblesse....* par Marc Vulson de la Colombière : Paris, Aug. Courbé, 1648, 2 vol. in-fol., t. ii, pp. 62-70.

(2) A. Lemarchand, *Catalogue des manuscrits de la Bibliothèque d'Angers :* Angers, Cosnier et Lachèse, 1863, in-8°, p. 372.

ce manuscrit qui m'a fourni le texte le plus exact et le plus correct. J'en dois le collationnement très-complet à mon savant et obligeant collègue, monsieur C. Port, archiviste de Maine-et-Loire.

II. Paris, Bibliothèque nationale, manuscrits, fonds français, n° 5518 (ancien 9910, provenant de la bibliothèque de Du Bouchet) : in-4°, sur papier, de 79 ff., des xve-xvie siècles : recueil de diverses pièces historiques des xve-xvie siècles (1). — Le traité d'Olivier de la Marche (ff. 1-28) est de la fin du xve siècle, ou du commencement du xvie. — Assez bon texte.

III. Bibliothèque nationale, manuscrits, fonds français, n° 1436 (ancien 7528^b, Cangé 71), in-4°, sur vélin et sur papier, de 194 ff., des xve-xviie siècles : recueil factice de diverses pièces relatives aux tournois, à la chevalerie, etc. (2). Le traité d'Olivier de la Marche (ff. 140-168) est du xvie siècle.— Texte médiocre.

IV. Bibliothèque nationale, manuscrits, fonds de Duchesne, n° 49 (ancien 9612 A. B. E.), in-folio, sur papier, de 548 ff., du milieu du xviie siècle : extraits de chroniques, cartulaires, nécrologes, etc., pièces diverses et documents historiques copiés en grande partie par Duchesne. — Feuillets 220-233 v°. — Copie assez exacte.

(1) Outre les traités d'Olivier de la Marche, de Jean de Villiers et de Hardouin de la Jaille, ce manuscrit contient, entre autres, les pièces suivantes : *La querelle de Jean de Vaudray, seigneur du Pin, contre Antoine de Loisy* (février 1512, n. st.), ff. 35-49. — *Mémoires du voyage de monsieur le duc de Guyse en Itallye, son retour, la prinse de Callais et de Thionville* (1556-1557), ff. 50-65.

(2) Voir le *Catalogue des manuscrits français* de la Bibliothèque nationale : Paris, F. Didot, 1868, t. I, pp. 225-226.

V. Bibliothèque nationale , manuscrits , fonds de Brienne, n° 272, in-folio, sur papier, de 468 ff., du milieu du xvii⁰ siècle : « Cérémonies anciennes observées aux gages de bataille, querelles, cartelz, duels, satisfactions, preuves par [l'eau bouillante et] le fer chaud, tournois. » — Feuillets 9 v°-15 v°, 4-9 v°, 46-58 v°. — Texte de peu de valeur.

VI. Bibliothèque nationale, manuscrits, fonds français, n° 16752, in-folio, sur papier (sans pagination après le feuillet 145), de la seconde moitié du xvii⁰ siècle. — Copie du manuscrit précédent (Brienne 272). — Feuillets 14 v°-32 v°, 1-14 v°, 113-145.

VII. Bibliothèque nationale, manuscrits, fonds français, n° 194 (ancien 6853², Baluze 27), in-folio, sur papier, de 575 ff., de la fin du xvii⁰ siècle (1). Ce manuscrit est également une copie du ms. V (Brienne 272). — Feuillets 11 v°-20 v°, 3-11 v°, 62 v°-80.

II

Le livre du seigneur de l'Isle-Adam (2), pour gaige de bataille. — Pages 28-41.

Traité intercalé par Olivier de la Marche dans son *Livre de l'advis de gaige de bataille.*

(1) Voir la description de ce manuscrit avec l'inventaire des pièces qu'il contient dans *Les manuscrits françois de la bibliothèque du roi...* par M. Paulin Paris : Paris, Techener, 1836-1848, 7 vol. in-8°, t. ii, pp. 163-179.

(2) Jean de Villiers, ou de Villers, seigneur de l'Isle-Adam, conseiller et chambellan de Philippe le Bon, duc de Bourgogne (1420), maréchal de France (1er mai 1432), chevalier de la

Je le publie d'après les manuscrits suivants :

I : Bibliothèque nationale, manuscrits, fonds français, n° 1980 (ancien 7910), petit in-4°, sur vélin, de 10 ff., du milieu du xv° siècle, avec ce titre, ajouté au xvii° siècle : « Traicté des constitutions et ordonnances de gaige de bataille, faict par Jean de Villiers, chevalier, dédié à Philippe, duc de Bourgoingne. » Ce manuscrit, malgré un certain nombre d'incorrections, m'a fourni un assez bon texte et quelques variantes.

Toison d'Or, tué dans une émeute à Bruges, le 22 mai 1437. — Voir : *La chronique d'Enguerran de Monstrelet*... publié par L. Douët d'Arcq : Paris, 1857-1862, 6 vol. in-8°, t. vi, pp. 408 et 476 (table); — Georges Chastellain, *Chronique du duc Philippe*, chap. lxvi; — *Œuvres de Georges Chastellain*, publiées par M. le baron Kervyn de Lettenhove : Bruxelles, 1863-1866, 8 vol. in-8°, t. viii, p. 392 (table); — *Anchiennes chroniques d'Engleterre*, par Jehan de Waurin, seigneur de Forestel... publ. par Mlle Dupont : Paris, 1858-1863, 3 vol. in-8°, t. iii, p. 420 (table); — *Mémoires de Pierre de Fenin*, nouvelle édition par Mlle Dupont : Paris, 1837, in-8°, pp. 352-353 (table); — *Mémoires pour servir à l'histoire de France et de Bourgogne, contenant un journal de Paris, sous les règnes de Charles VI et de Charles VII ; l'histoire du meurtre de Jean sans Peur, duc de Bourgogne, avec les preuves ; les états des maisons et officiers des ducs de Bourgogne de la dernière race, enrichis de notes historiques très-intéressantes pour un grand nombre de familles illustres ; des lettres de Charles le Hardy, duc de Bourgogne, au sieur de Neufchastel du Fay, gouverneur du Luxembourg ; et plusieurs autres monumens très-utiles pour l'éclaircissement de l'histoire du xiv° et xv° siècle* (publ. par Lefèvre de la Barre) : Paris, 1729, 2 tomes en 1 vol. in-4°, t. i, pp. 37, 124, 150, 173, 235, 143, t. ii, pp. 180 et 208; — Louis Gollut, *Les mémoires historiques de la république séquanoise et des princes de la Franche-Comté de Bourgougne*. . nouvelle édition... par Ch. Duvernoy et Emm. Bousson de Mairet : Arbois, Aug. Javel, 1846, 1 vol. g. in-8°, col. 1087; — *Histoire de Charles VII, roy de France*... publ. par D. Godefroy : Paris, 1661, in-fol., pp. 397-398 (Jean de Villiers y est appelé par erreur *Charles*); — etc.

II : Manuscrit d'Angers (1), ff. 17 v°-25 v°.

III : Bibliothèque nationale, manuscrits, fonds français, n° 5518, ff. 14-20 v°.

IV : Bibliothèque nationale, manuscrits, fonds français, n° 1436, ff. 153 v°-160 v°.

V : Bibliothèque nationale, manuscrits, fonds de Duchesne, n° 49, ff. 227-230.

VI : Bibliothèque nationale, manuscrits, fonds de Brienne, n° 272, ff. 4-9 v°.

VII : Bibliothèque nationale, manuscrits, fonds français, n° 16752, ff. 1-14 v°.

VIII : Bibliothèque nationale, manuscrits, fonds français, n° 194, ff. 3-11 v°

Dans les sept derniers de ces manuscrits, comme dans les diverses éditions que j'ai citées ci-dessus (pages v-vi), le traité d'Olivier de la Marche est confondu avec celui de Jean de Villiers. De bonne heure (2), les copistes firent cette confusion et attribuèrent à Jean de Villiers toute la fin du traité d'Olivier de la Marche. Dans mon édition, je distingue les deux ouvrages, et j'indique l'endroit où notre auteur reprend la parole, après avoir reproduit tout au long *Le livre du seigneur de l'Isle-Adam pour gaige de bataille* (voir page 41).

(1) Pour ce manuscrit et les 7 suivants, voir ci-dessus pages vi-viii, les manuscrits i, ii, iii, iv, v, vi et vii du traité d'Olivier de la Marche.

(2) Cette erreur existe déjà dans le manuscrit d'Angers, contemporain d'Olivier de la Marche. — Dans ce manuscrit, le traité d'Olivier de la Marche se termine par ce *desinst* inexact : « Cy fine le livre de gaige de bataille que fist le seigneur de l'Isle-Adam, chevalier de l'ordre du Toyson, mareschal de France. » — On retrouve la même erreur dans les autres manuscrits de ce traité, notamment dans les n°° vi, vii et viii.

III

Traicté d'un tournoy tenu a Gand par Claude de
Vauldray, seigneur de l'Aigle, l'an 1469 (vieux style).
— Pages 55-95.

Je publie cette œuvre inédite d'Olivier de la Marche,
d'après les deux manuscrits suivants de la bibliothèque de
Valenciennes (1) :

I : N° 581, petit in-folio, sur papier, de la fin du
xvᵉ siècle, ff. 44-61 v° : recueil de pièces diverses (2). — Le
texte de ce manuscrit est médiocre; l'on y trouve quelques unes des formes usitées dans les anciens dialectes du
nord de la France.

II : N° 601, in-folio sur papier, du milieu du xvıᵉ siècle, ff. 168-175 v° : recueil de pièces diverses, tournois, joûtes, duels judiciaires, rois de l'Epinette de Lille,
etc. (3). L'auteur du catalogue des manuscrits de la bi-

(1) M. Caffiaux, bibliothécaire et archiviste de la ville de Valenciennes, me permettra de lui renouveler ici mes bien affectueux
remerciements, pour l'extrême obligeance qu'il n'a cessé de me té-
moigner durant le cours de mes recherches à la bibliothèque de
Valenciennes.

(2) Ce recueil contient outre la relation du tournois de Gand, un
fragment des mémoires d'Olivier de la Marche (le chapitre ıv du
livre ıı, presque en entier), différentes poésies du franc-comtois
Pierre Michaut, et diverses autres pièces dont on peut voir l'inventaire dans le *Catalogue descriptif et raisonné des manuscrits de la
bibliothèque de Valenciennes*, par J. Mangeart : Paris, Valenciennes, 1860, 1 vol. gr. in-8°, pp. 576-578.

(3) Voir la description de ce manuscrit et la liste des pièces qu'il
contient dans le *Catalogue.... des manuscrits de la bibliothèque
de Valenciennes*, pp. 593-595.

bliothèque de Valenciennes, M. Mangeart, attribue ce manuscrit avec beaucoup de vraisemblance au valenciennois Jacques Le Boucq, enlumineur et généalogiste du xvi⁰ siècle. — Copie fort défectueuse, où l'on ne reconnait guères la langue originale d'Olivier de la Marche. Cepenje dois à ce manuscrit un assez grand nombre de variantes, quelques membres de phrase omis et plusieurs mots sautés dans le ms. 581.

IV

Espitre pour tenir et célébrer la noble feste du Thoison d'Or (par messire Olivier de la Marche). — Pages 97-133.

Je publie cet opuscule inédit d'Olivier de la Marche d'après le seul manuscrit que j'en connaisse :

Paris, bibliothèque nationale, fonds français, n° 5046 (ancien 9675 e. e., Colbert 3083), in-4°, sur papier, de 136 ff., du milieu du xvi⁰ siècle : documents relatifs à l'ordre de la Toison d'Or, de 1430 à 1546. — *L'espitre* d'Olivier de la Marche occupe les feuillets 77-94. — Texte médiocre.

V

Formulaire des gaiges de bataille, par messire Hardouin de la Jaille (1). — Pages 135-191.

Publié pour la première fois en 1586, avec « Le livre

(1) Sur Hardouin de la Jaille, que quelques auteurs appellent à tort Hardouin de la *Faille*, voir p. 135, note 1.

de l'advis de gaige de bataille » d'Olivier de la Marche,
et le « Livre du seigneur de l'Isle-Adam pour gaige de
bataille, » dans les *Traitez et advis de quelques gentils-
hommes françois sur les duels et gages de bataille* (*I*).
Réimprimé par Marc Vulson, sieur de la Colombière, en
1648, dans *Le vray théâtre d'honneur et de chevalerie* (*2*)
sous le titre suivant : « Advis très-considérable et très-cu-
rieux touchant les combats en camp clos, présenté par
messire Hardouin de la Jaille, chevalier, à René, duc de
Lorraine et de Calabre, dans lequel plusieurs belles remarques sont faites. »

Ces deux éditions sont extrêmement défectueuses. Le
texte de Hardouin de la Jaille n'y a pas été plus respecté
que celui d'Olivier de la Marche (3).

Voici la liste des manuscrits qui m'ont permis de réta-
blir à peu près le texte original du « Formulaire des gaiges
de bataille : »

I : Bibliothèque nationale, manuscrits, fonds français,
n° 1981 (ancien 7910², provenant de la bibliothèque de
A. Faur), in-8°, sur vélin, de 25 ff., de la fin du xv° siè-
cie. — Incomplet de 2 feuillets (4). — A part cette lacune
dans le texte, ce manuscrit est le plus exact et le plus

(1) Voir p. v.

(2) *Le vray théâtre d'honneur et de chevalerie, ou le miroir
héroïque de la noblesse*, t. II, pp. 71-110. — Voir page vi, note 1.

(3) Voir ce que j'ai dit ci-dessus (pages v-vi) des éditions du *Livre
de l'advis de gaige de bataille*.

(4) Les deux feuillets qui manquent devraient se trouver entre
les ff. 3 v°—4r° de ce manuscrit. Le feuillet 3 v° se termine par ces
mots : *desdiz appelant* (voir mon édition, p. 140, avant-dernière
ligne); le feuillet 4r° reprend aux mots : *si les parties* (voir p. 145,
ligne 2).

correct de tous ceux qui contiennent le traité de Hardouin
de la Jaille. Il m'a servi de base pour mon édition.

II : Bibliothèque nationale, manuscrits, fonds français,
n° 14513 (ancien supplément français, 4694), in-4°, sur
vélin, de 30 ff., de la fin du xv° siècle. — Assez bon
texte.

III : Bibliothèque nationale, manuscrits, fonds français,
n° 19802 (ancien fonds Saint-Germain français 1916),
in-4° sur vélin, de 31 ff., de la fin du xv° siècle. — Ce
manuscrit est incomplet du premier feuillet et contient un
chapitre interpolé (1). Le texte, peu exact en général, a été
remanié; il m'a cependant fourni quelques leçons et une
ou deux variantes. — Le copiste du manuscrit a changé,
dans cet ouvrage, composé par Hardouin de la Jaille,
pour le duc de Lorraine, toutes les expressions relatives au duché de Lorraine, qui ne s'appliquaient pas au
royaume de France. Ainsi, dans tout le cours du traité,
les mots *duc, duché, mareschal,* etc., sont remplacés par
ceux de *roy, royaume, connestable,* etc.

IV : Bibliothèque nationale, manuscrits, fonds français,
n° 1967 (ancien 7904ᵃˑᵇˑ, Colbert 6227), in-4°, sur papier,
de 38 ff., du milieu du xvi° siècle. — Texte fort défec-
tueux. — A deux reprises, le copiste a transposé de longs
passages du manuscrit qu'il avait sous les yeux (2). Outre
ces transpositions, cette copie est très-inexacte : phrases
entières omises, mots sautés, etc.

(1) Voir pp. 162-164, note.
(2) Le premier de ces deux fragments est transposé du feuillet
28 r° au feuillet 30 r° et v°; le second passage, omis au feuillet
29 r°, se trouve intercalé aux ff. 30 v°—31 v°.

V : Bibliothèque nationale, manuscrits, fonds de Brienne, n° 272 (1), ff. 16-44 v°.

VI : Bibliothèque nationale, manuscrits, fonds français, n° 16752, ff. 33-111.

VII : Bibliothèque nationale, manuscrits, fonds français, n° 194, ff. 21-59 v°.

VI

DES ANCIENS TOURNOIS ET FAICTZ D'ARMES (PAR MESSIRE ANTOINE DE LA SALE). — Pages 193-221.

Œuvre inédite d'Antoine de la Sale (2) publiée d'après le manuscrit autographe de l'auteur :

(1) Voir, pour ce manuscrit et les deux suivants, ce que j'ai dit ci-dessus, p. viii, des manuscrits v, vi, vii du traité d'Olivier de la Marche.

(1) Antoine de la Sale, ou de la Salle, naquit dans le comté de Bourgogne vers l'an 1398 et mourut après l'an 1461. Jeune encore, il fit le voyage d'Italie : il nous apprend lui-même qu'il se trouvait à Rome en 1422. De retour en France en 1424, il exerça l'office de viguier d'Arles, et fut attaché à titre de secrétaire à la personne de Louis III, duc d'Anjou, roi de Sicile et comte de Provence. En 1425, il l'accompagna à Naples. A la mort de Louis III, de la Sale continua ses services auprès de René d'Anjou, frère et successeur de ce prince. Ecuyer, puis chambellan de René, il devint précepteur de son fils aîné, Jean d'Anjou, duc de Calabre, né en 1427. Vers l'an 1448, il quitta la maison d'Anjou pour se rendre en Bourgogne. Louis de Luxembourg, comte de St-Pol, l'emmena en Flandre, le présenta lui-même à la cour du duc Philippe le Bon, et le choisit pour précepteur de ses enfants. — Antoine de la Sale est l'auteur des ouvrages suivants : *L'hystoire et plaisante cronicque du petit Jehan de Saintré et de la jeune dame des Belles Cousines, sans autre nom nommer, avecques deux autres petites hystoires de messire Floridan et de la belle Ellinde, et l'extraict des cronicques*

Bibliothèque nationale, manuscrits, fonds français, n° 5867 (ancien 10363), in-4°, sur papier, de 39 ff., du milieu du xvᵉ siècle (1459). — A la suite *Des anciens tournois et faictz d'armes (1)* (ff. 1-27), se trouve « *La journée d'honneur et de prouesse,* » pièce de poésie inédite d'Antoine de la Sale.

de Flandres : — *La Salade... laquelle fait mention de tous les pays du monde et du pays de la belle Sibille, avec la figure pour aller au mont de ladicte Sibille. Et aussi la figure de la mer et de la terre, avec plusieurs belles remonstrances ;* — *Les quinze joyes de mariage.* — Il prit part à la rédaction des *Cent nouvelles nouvelles,* et Génin lui attribue *La farce de l'avocat Patelin,* ce chef-d'œuvre comique du xvᵉ siècle. Antoine de la Sale est en outre l'auteur de plusieurs ouvrages restés manuscrits. — Voir, sur Antoine de la Sale, un intéressant article de M. Weis, dans la *Biographie universelle* de Michaud, nouv. édit., tom. 37, pp. 478-479, et une très-curieuse notice de M. Vallet de Viriville, dans la *Nouvelle biographie générale...* publiée par Didot, sous la direction de M. le Dʳ Hœfer, tom. 29, col. 712-715. — Consulter également les préfaces des éditions modernes de l'*Histoire du petit Jehan de Saintré,* des *Quinze joyes de mariage,* des *Cent nouvelles nouvelles,* de *La farce de l'avocat Patelin,* etc. — Pour la bibliographie, voir : Brunet, *Manuel du libraire.....* au mot La Sale ; — La Croix du Maine et A. du Verdier, *Bibliothèques françoises ;* nouv. édit., augmentée des remarques de La Monnoye, de Bouhier et de Falconet, par Rigoley de Juvigny : Paris, 1772-1773, 6 vol. in-4°, t. i, pp. 51-52, t. iii, p. 140; etc. — On fait naître Antoine de la Sale dans le comté de Bourgogne, sur le témoignage de l'historien franc-comtois Gollut. Voici ce que dit cet auteur, en parlant des rois d'armes de la cour du duc Charles le Téméraire : « Ces rois d'armes et tous ceux des Gaules estoient nommés rois d'armes Poyers, à la différence de ceux de l'Empire, qui estoient appellés Royers, comme *Antoine de la Sale, de nostre pais,* hat escript, avec plusieurs choses concernantes la noblesse et le faict des héraux et rois d'armes.... » Louis Gollut, *Les mémoires historiques de la république séquanoise et des princes de la Franche-Comté de Bourgougne :* anc. édit. (1592), livre x, chap. cix, p. 890, nouv. édit. (1846), livre xii, chap. xxiv, col. 1321.

(1) Ce titre a été ajouté au manuscrit au xviiᵉ siècle.

VII

[RELATION DU PAS D'ARMES QUE MESSIRE CLAUDE DE SALINS
SOUTINT EN SON CHATEAU DE VINCELLES, le 6 MARS 1512,
nouveau style.] - - Pages 223-233.

En 1758, l'abbé Guillaume a publié cette relation dans
son *Histoire des sires de Salins* (1), d'après un manuscrit perdu aujourd'hui, appartenant alors à M. Du Tartre de Chilly. — Je reproduis ici, avec de nombreuses
corrections, le texte, assez mal édité, de l'abbé Guillaume.

VIII

[RELATION DU TOURNOI DE NOZEROY.] — Pages 235-259.

Publiée par Dunod (2), en 1740, d'après un manuscrit
appartenant comme le précédent à M. Du Tartre, et
également perdu aujourd'hui. — Je reproduis, en le cor-
rigeant, le texte donné par Dunod.

(1) L'abbé J.-B. Guillaume, *Histoire généalogique des sirès de
Salins, au comté de Bourgogne, avec des notes historiques et généa-
logiques sur l'ancienne noblesse de cette province :* Besançon,
J.-Ant. Vieille, 1758, 2 vol. in-4°, t. II, preuves, pp. 33-39.

(2) F. Dunod de Charnage, *Mémoires pour servir à l'histoire du
comté de Bourgogne :* Besançon, J.-B. Charmet, 1740, in-4°,
pp. 301-314.

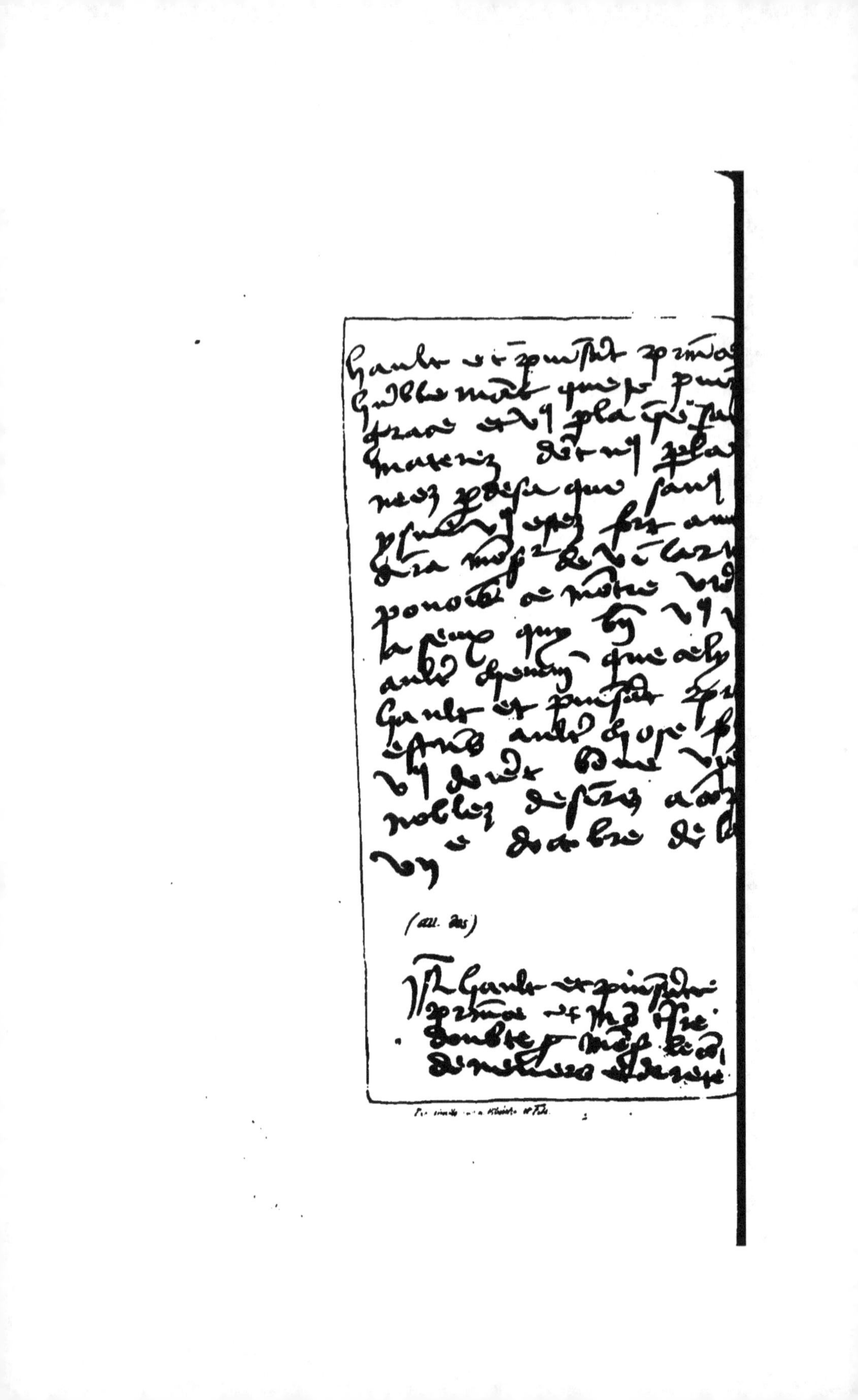

(art. 2us)

[illegible] de ulti [illegible]
[illegible]
[illegible] qui [illegible]
[illegible] pour [illegible]
[illegible] la matiere [illegible]
[illegible]
[illegible] que a [illegible]
[illegible]
[illegible] que vj [illegible]
vj [illegible] de la [illegible]
et [illegible]
que [illegible]
[illegible]
[illegible] a [illegible]
[illegible]

[illegible]
olivier de la [illegible]

Je donne ici le fac-simile d'une lettre autographe d'O-
livier de la Marche à Engilbert de Clèves, comte de
Nevers et de Rethel (1). La lecture de cette lettre étant
assez difficile, en voici la transcription :

*Hault et puisant prince et mon très-redoubté sei-
gneur, le plus très-humblemant que je puiz, je me
recommande à vostre noble grâce, et vous plaise savoir,
mon très-redoubté seigneur, que lez matèrez dont nous
parlâmez vous et moy sont à ce meneez par desà que,
s'a vous ne tient, la matère prandra bonne ysue. Vous
estez fort amé et désiré par desà, comme vous dira
monseigneur de Vilarnoul, pourteur de cestez, qu'y à
son povoir ce montre vostre cerviteur, et me samble,
monseigneur, et à seux quy bien vous veullet, que vous
ne devez prandre aultre chemin que cely qu'y vous dira
pour le bien de ladicte matère. Hault et puisant prince
et mon très-redoubté seigneur, je ne vous escris aultre
chose fors que je prie a Nostre Seigneur qu'y vous doient
bonne vie et longue, et voz haulx et noblez désirs accomplir. Escrit à Bruselle, le* vii° *d'octobre, de la main*

Vostre très-humble cerviteur,

OLIVIER DE LA MARCHE.

(1) Paris, Bibliothèque nationale, manuscrits, fonds français.
n° 2901, f. 17.

CY COMMANCE LE LIVRE DE L'ADVIS DE GAIGE DE BATAILLE (PAR MESSIRE OLIVIER DE LA MARCHE).

on très-redoubté et souverain seigneur, Phelippe (1), par la grâce de Dieu, archeduc d'Austrice, duc de Bourgongne, de Lotrich, de Brabant, de Stire, de Carinte, de Carniole, de Lembourg, de Luxembourg, de Gueldres, conte de Hasbourg, de Flandres, de Tyrol, d'Artois, de Bourgongne, palatin, de Haynault, lantgrave d'Elsate, marquis de Bourgous et du Sainct Empire, de Hollande, de Zélande, de Ferrate, de Ribourg, de Namur, de Zutphen, conte et seigneur de Frise sur la Marche d'Esclavonie, de Portenault, de Salins et de Malines,

Après que j'ay achevé pluseurs volumes grans et petiz,

(1) Philippe le Beau, fils de l'empereur Maximilien Ier et de Marie de Bourgogne, duc et comte de Bourgogne en 1493, monta sur le trône de Castille en 1504 et mourut l'an 1506.

et nomméement le Chevalier Délibéré, le Parement des
Dames, et ce que j'ay escript pour tenir forme et ordre à
la feste de la noble Toison d'Or, et le premier volume de
mes Mémoires, qui traicte de vostre généalogie et noble
descente; et combien que je aye beaucoup ailleurs à entendre et labourer, toutesfoiz, pour causes à mon advis
très-nécessaires, et qu'il me semble que mon temps sera
mieulx emploié qu'en aultre labeur, je me suis délibéré
de mectre par escript quelle chose c'est que d'ung gaige
de bataille, comment le prince et le juge s'y doit conduire
selon raison et bonne équité ; car peu de gens vivans ont
veu l'exécucion de gaige de bataille, et a plus de soixante
et dix ans que, soubz ceste maison de Bourgongne, ne fut
telle œuvre exécutée entre deux nobles hommes. Et moy
qui ay demouré en ceste noble maison près de soixante
ans, je ne veis de ma vie gaige de bataille, et si ay veu
trente fois faire armes de plaisance et combatre en lices
et champ cloz, en divers pays et royaumes, et le plus devant le bon duc Phelippe vostre ayeul (1); car il fut prince
de si hault et si triumphant affaire, que sa court estoit
plaine de noblesse et de chevallerie, pour recepvoir et respondre à tout homme qui demandoit son honneur avan-
cier et acroistre ; et pour ce venoient tous nobles hommes
estrangers devers ce vertueux prince, où ilz trouvoyent
recueil, honneur, justice et largesse. Or est bien vray, affin
que je rende compte de ce qui est venu à ma congnoissance, que je veiz à Valenciennes ung gaige combatu

(1) Philippe le Bon, fils de Jean sans Peur et de Jeanne de
Bavière, duc de Bourgogne de 1419 à 1467.

entre deux hommes non nobles, fondez sur franchise de
ville; de laquelle bataille je parleray en ce présent volume,
espérant que par le récit de la fin de ceste matière, avec
aultres raisons et exemples que j'espère bailler et escripre,
les jeunes hommes esquelx cuidier, verdeur et sang bouillant domine, et dont ilz entreprendroient légièrement plus
que besoing ne leur seroit, par quoy ils mectent bien souvent la vie, l'honneur, l'avoir, et que pis est, l'âme et le
tout au dangier et péril de fortune; et par mon récit
bien entendu, j'ay espoir qu'ilz mectront bride et frein à
telles oultrecuydées et peu prisées emprises, dont le fais est
légier à entreprendre et pesant à pourter et à soustenir.

Doncques, mon souverain seigneur, je Olivier, seigneur
de la Marche, indigne premier maistre d'ostel de vostre
maison, pour me acquicter en vostre service, en ma débile et
impotente vieillesse, désirant de mectre le temps à proffit
et eschever oysiveté, qui endort les hommes en vices et
péchez, je me suis délibéré à fournir ceste matière, non
pas comme clerc ne lectré, car je ne le suis point, dont il
me poise, toutesfois je mectray la peine en moy possible
de traictier ceste épistre par bonne équité naturelle, et selon
le sens que Dieu m'a donné, tant pour vous donner à
congnoistre comment et par quelle manière roys, princes,
connestables, mareschaulx ou juges doibvent recepvoir ou
rebouter gaiges de bataille, quant le cas vient devant
iceulx, par personnes de quelque état qu'ilz soyent. Et
congnois et confesse que icelles espreuves personnelles sont
expressément deffendues par le droit canon et civil, et que
c'est tempter Dieu en sa fortune. Et ne trouverez homme
de sain entendement qui ne face grande difficulté de donner

conseil à vous, princes et juges, de recepvoir et vouloir estre juge de deux personnes qui jurent sollempnellement une querelle en contredit. Et fault que l'ung soit monstré parjure publique, dont la sentence est criminelle, . honneur et reproche perpétuel sur le vaincu. Et dient messeigneurs les clercs ecclésiastiques et séculiers, qu'il est souvent advenu que celluy qui a le meilleur droit est vaincu par la permission de Dieu et causes à nous incongneues ; et pour ce, jeunes nobles hommes, je escripz, je crie, je admoneste tant que je puys, que vous fuyez et eschevez telles dangereuses emprises, tant qu'il vous sera possible, et quérez en voz querelles et vengences la voie de droit et de justice ; et Dieu sera pour vous, car qui plus fuyt d'entrer en tel destroit, plus a d'honneur en ceste partie. Et ont les acteurs dit et conclud, le tout considéré, que le gaige de bataille fut trouvé par le diable pour gaignier et avoir les âmes de tous les deux, tant du demandeur que du deffendeur, par les péchez d'orgueil, d'envye, de vaine gloire, par meurdre manifeste et par juremens détestables, et entreprendre et accepter la destruction de frère crestian à aultre, en oubliant l'honneur et l'âme, par volunté désordonnée, et laissant le vouloir et commandement de Dieu, pour le plaisir et désir de l'Ennemy d'enfer ensuyvir.

Et pour exemple péremptoire et venir à mes fins de rebouter à mon pouvoir ceste dangereuse emprise de champ de bataille, je ramenteveray le malheur et la fortune de messire Otte de Grantson, l'ung des renommez chevaliers de son temps, et par légièrement entreprendre et soy trop fier en sa chevallerie, il tresbucha en ceste malheureté, qu'il mourut piteusement et comme vaincu en lisses closes. Dont, pour tousjours rebouter, de ma puissance, telles dangereuses emprises, je déclaireray aucune partie de ce gaige, et comme il advint du temps du conte de Savoye, car encore n'estoit-il point duc (1). Le l'hostel dudit conte et des païs de Savoye estoit icelluy messire Otte de Grantson, moult vaillant chevalier, extimé et renommé sur tous aultres de sa personne, et avoit plusieurs foiz combatu et faict armes en lices et champ cloz, tant par armes chevalleureuses et de plaisance, comme aussi de gaige de bataille, et dont il estoit party à son honneur. Et advint que cestuy messire Otte fut envyé et mis en la malegrâce du conte de Savoye, son seigneur et son maistre, comme c'est assez la coustume de court de rebouter les bons pour les mauvais, et tellement fut mis en malegrâce que le bon chevalier fut conseillé de partir du païs et de quérir aultre demourance. Mais il estoit chevalier de si grant cueur, qu'il ne voulut point partir sans se mectre en son debvoir de son honneur garder et deffendre, et laissa certains articles pour sa descharge, par lesquelz il offroit de combatre ung, deux ou pluseurs de ceulx qui le vouldroient charger de

---

(1) Amédée VIII le Pacifique, comte (1391), puis duc (1417) de Savoie, abdiqua en 1434. Élu pape sous le nom de Félix V en 1439, il déposa la tiare en 1449 et mourut en 1451. — Sur le combat d'Othe de Granson et de Gérard d'Estavayer, voir : « L'ordonnance du gage de Messire Girerd d'Estavayé ou de Stavayé, et de Messire Othe de Gransson, chevaliers »... dans l'*Histoire généalogique de la royale maison de Savoye*... par Samuel Guichenon : Lyon, Guil. Barbier, 1660, 2 vol. in-fol., tome II, preuves, pp. 243-249 ; — *Combat en champ clos de Gérard d'Estavayer et d'Othon de Grandson, à Bourg-en-Bresse, le 7 août 1398*, d'après les documents nouveaux publiés en Italie par M. L. Cibrario : (Belley, J.-B. Verpillon, 1836), in-8°.

son honneur, jecta son gaige, bailla ses articles et chapitres, qui furent mis ès mains d'ung officier d'armes. Mais nul ne respondit, ne ne leva le gaige, ne contredit à ses raisons pour celle fois, et sur ce partit ledit messire Otte, et print son chemin en Angleterre, où il estoit bien congneu et amé par sa chevallerie, tant du roy d'Angleterre comme de sa noblesse. Et advint que luy séjournant à Calaix et actendant le vent pour son passaige, luy vint ung officier d'armes chargié de l'advertir que le gaige qu'il avoit jecté estoit levé sur tous les articles qu'il avoit baillé par escript, et ce par messire Girard d'Estavayé, lequel messire Girard d'abundant le chargeoit envers luy de faulte d'honneur et de loyaulté, en le nommant aultrement que je ne veulx de si homme de bien parler ne escripre. Cestuy messire Girard d'Estavayé estoit ung chevalier nourry et eslevé par ledit messire Otte de Grantson, et estoit moult tenu à luy ; mais par aucune jalousie de sa femme (1), il emprist ceste vengence et se bouta au gaige de bataille contre celluy qui l'avoit nourry et duyct à l'excercite d'armes. Le bon chevalier, adverti par l'officier, se partit prestement de Calaix, et retourna en Savoye pour fournir sa bataille ; et si avoit excuse raisonnable de le non fournir ne emprendre, car il avoit plus de soixante ans d'eaige, dont par droit d'armes et par le jugement de l'Arbre des Batailles (2), homme qui passe soixante ans

---

(1) Le ms. Brienne 272 porte : *Par aucune jalousie de sa renommée.* — Le mot *femme* est peut-être employé ici pour *fame* (fama).

(2) Voir l'*Arbre des Batailles*, par Honoré Bonnor ou Bonnet, édit. goth., IV⁰ partie, chap. cxiii ; — Les *Assises de la Haute Cour*, par Jean d'Ibelin, chap. cvi, et les *Assises de la Cour des*

ne doibt par juge estre reçeu à exécuter gaige de bataille,
pour ce que de icelluy les membres deffensifz et l'alaine de
l'homme sont altérez et diminuez de leur puissance. A quoy,
messeigneurs les princes et les juges, debvez, entre aultres
choses, avoir grant esgart et advis, ensemble plusieurs
aultres poins que je déclaireray cy-après. Ainsi doncques,
ce noble chevalier persévéra en ce qu'il avoit encommencé,
et mit arrière dos ce beau prévilège qui est donné à celluy
qui a soixante ans, et entra en la fournaise dont l'issue est
estroictement dangereuse. Sy luy fut baillé jour de combatre et lieu et place à Bourg en Bresse, devant le conte
de Savoye son prince ; et fut la conclusion telle, que ledit
messire Otte fut desconfit. Et dit-on que, en montant à
cheval à son logis pour venir à sa journée, une lame de
sa cuyrasse l'empescha, et prestement la fist oster par son ar-
moyer ; et là estoit présent entre les aultres gens, l'hoste de
messire Girard d'Estavayé son adversaire, qui advertit
son hoste de la lame ostée et de quel costé elle failloit.
Ledit messire Girard myt peine de la trouver au nud à
celuy endroit, et tant fist qu'il la trouva d'une espée et luy
mist dedans le ventre. Mais au commancer leur bataille,
ledit messire Otte enferra son ennemy d'ung coup de
lance en la cuisse senestre, et s'il eust voulu poursuyr,
messire Girard avoit du pire, mais il le laissa defferrer, et

Bourgeois, chap. cxlviii, dans l'édition des *Assises de Jérusalem*,
publiée par le comte Beugnot : Paris, 1841-43, 2 vol. in-fol., t. I,
p. 176, et t. II, p. 101 ; — Les *Établissements* dits de *Saint Louis*,
livre I, chap. clxviii ; — Les *Coutumes de Beauvoisis*, par Philippe
de Beaumanoir, chap. lxi, n° 6, édition du comte Beugnot : Paris,
1842, 2 vol. in-8°, t. II, p. 377.

advint de celle bataille comme j'ay dit, que messire Otte
de Grantson fut abatu et navré à mort ; et fut la fin si
piteuse, que son ennemy luy leva ¹ visière de son bassinet,
et luy creva les deux yeulx, en lui disant : « Rendz-toy et
te desditz. » Ce que le bon chevalier, pour destresse qui luy
fut faicte, ne se voulut oncques desdire ne rendre ; et disoit
tousjours tant qu'il peult parler : « Je me rendz à Dieu et à
ma dame saincte Anne » ; et ainsi mourut. Et à ceste cause
qu'il estoit mort sans se desdire ou rendre, et pour la grant
renommée de luy, ung mareschal de France qui là estoit
en habit dissimulé pour veoir l'exécucion de ce gaige, il se
fist congnoistre, et requist au conte de Savoye qu'il luy
donnast, comme mareschal de France, le corps du chevalier
vaincu ; ce qui fut faict, combien que ladicte conté de Bresse
soit terre d'empire, et luy fut le corps délivré, en délais-
sant beaucoup de cérimonies honteuses accoustumées de
faire à homme vaincu. Et ainsi ce mareschal de France fist
emporter le corps de messire Otte de Grantson et luy
donner sépulture en terre saincte. Et se fondoit ledit mareschal qu'il n'est point vaincu celluy qui ne se desdit, et
qui ne confesse le cas dont l'accuse sa partie. Et, pour mon
advis, celle oppinion faict à rebouter, et est comme ung erreur ; car nobles hommes ont leur honneur en si grant re-
commandation, que, si celle oppinion estoit tenue pour saine
et vraye, ilz se lairroient mourir mille fois devant que eulx
rendre ne desdire, qui seroit la perdicion des âmes qui
doyvent aller devant le vain honneur et la vaine gloire. Et
de moy et de mon entendement, je juge que le vaincu doyt
estre réputé pour rendu et pour desdit, et en doibt pourter
les peines, et le tout je remectz à la correction des lisans.

J'ay tousjours persévéré et persévère par ce premier
article en reboutant le gaige de bataille, tant comme je
puis ; et que les saiges soient creuz, qui monstrent les deffenses du droit canon et civil en ceste partie. Et pour
mieulx parfaire mon œuvre, je donneray par second article
à entendre et congnoistre pourquoy et pour quelle raison
les empereurs, roys et princes ont permis le gaige de bataille. Et se fondent que se ung homme criminel ne pouvoit
estre actainct que par preuve de tesmoingz, plusieurs
maléfices et violences se feroient secrettement, au grant
préjudice du grevé, soit par meurdre, soit par larrecin, ou
par violer femmes ; et demourroient telz crimes à pugnir, et
ne s'en pourroit justice faire, parce qu'il ne pourroit estre
prouvé par tesmoings souffisans. Et pour ce et à ceste cause,
non obstant les raisons premières alléguées, les princes permectent les gaiges de bataille pour vérifier et avérer le faict
de partie adverse qui demande justice, et ne le peult faire
le prince que par l'épreuve qui se pourra veoir entre les
deux champions. Pour quoy les princes permectent ceste
violence avoir lieu, et ce, soubz certaines causes et raisons
ordonnées par les princes, comme je diray cy-après, et dont
sont faictz livres et ordonnances, par coustumes de pays
et selon les régions. Mais je me suis résolu de déclairer la
forme de cestuy gaige de bataille cy escript selon la coustume de France, et selon que le laissa par escript ce saige
roy de France Charles cinquiesme de ce nom (1), combien

(1) Selon toute apparence, Olivier de la Marche veut ici parler
d'un ouvrage qu'il a déjà cité (page 6), l'*Arbre des Batailles*, que
Honoré Bonnor ou Bonnet, prieur de Salon, composa par ordre
du roi Charles V, pour l'instruction du Dauphin. Les chapitres

que j'aye veu ung aultre traicté de ceste matière, que fist le duc Thomas de Clocestre, connestable d'Angleterre, et l'adressa au Roy Richard (1), où il mist beaucoup de belles raisons et bien alléguées, pour tenir champ de bataille en raison et en ordre, autant que le cas le peult porter et soustenir.

Pour poursuyvir mon entreprinse, je me suis arresté sur le traicté que fist le seigneur de l'Isle-Adam, chevalier de l'ordre de la Toison d'Or, lequel fut mareschal de France et chevalier duyt et stillé en tous jugemens d'armes, et verray point, après aultres, à déclairer ce que j'ay peu apprendre en ceste partie, et feray plusieurs allégacions pour esclarcir mon intencion et ce que je veul dire. Et m'est force, par ce second article, d'approuver contre ma volunté que gaige de bataille est par nécessité permectable, combien que ce soit tempter Dieu contre les commandemens de la loy qui deffendent homicide (2), et aussi contre ce qu'il

cx-cxxiv et cxxviii de l'*Arbre des Batailles* traitent des « gaiges de bataille et des batailles en champ clos. »

(1) Thomas, duc de Glocester, oncle du roi Richard II et connétable d'Angleterre, rédigea en anglais, vers l'an 1390, une sorte de « Formulaire des combats en champ clos », qui, traduit en latin et en français, fut, avec quelques modifications, généralement adopté en France. Marc de Vulson, sieur de la Colombière, a publié la version française sous ce titre : « Traité des ordonnances et manières de combattre à outrance dedans les lices, sur gaiges de bataille... selon la manière qui se pratiquoit anciennement en Angleterre, traduit du latin du sieur Henry Spelman, dans *Le vray théâtre d'honneur et de chevalerie, ou le miroir héroïque de la noblesse...* : Paris, Aug. Courbé, 1648, 2 vol. in-fol., t. II, pp. 44-54. — On trouve les versions latine et française dans les manuscrits suivants de la Bibliothèque Nationale : Fonds français, nᵒˢ 194 (ff. 81-121), 1280 (ff. 88 vᵒ-99), 23998 ; fonds de Brienne, nᵒ 272 (ff. 60-90).

(2) *Non occides.* Exode, xx 13 ; Deutéronome, v 17.

dit que l'on ne doibt faire à aultruy ce que on ne vouldroit
que on luy fist (1), et tant de raisons évidentes, que, en
mon couraige, je me tiens à ma première oppinion. Mais
il m'est force, pour moy acquicter envers vous, de mectre
par escript les causes de la permission du gaige de bataille, et que je appreuve ce qui a esté par cy-devant approuvé et consenty ès empires, royaulmes et seigneuries
crestiennes. Et n'est pas chose nouvelle de tempter Dieu
pour telle cause, que prouver chose qui est obscure et non
prouvable par tesmoingz. N'avons-nous point que, du
temps des payans et infidelles, et avant que la pratique
de la bataille de deux personnes fut trouvée, l'on usoit
de porter ung fer ardant en sa main nue, certain nombre de
pas, pour avérer ou l'accusant ou l'accusé du proposé
et de la demande qui estoit faicte? Et semblablement faisoient iceulx payens ung espreuve de mectre leur bras nud
en une chauldière plaine d'eaue bouillant. Et est advenu
et se trouve qu'en ces deux manières, plusieurs hommes
et femmes se sont purgez de ce qu'on leur mectoit sus, et
ont faict icelles espreuves de bonne foy et de bon couraige,
et, comme innocens, Dieu estoit pour eulx, et n'empiroient
point ne du feu ne de l'eaue bouillant (2). Et sy trouverez

(1) *Quod ab alio oderis fieri tibi, vide ne tu aliquando alteri
facias.* Tobie, iv 16.—Voir aussi S. Luc, vi 31, et S. Mathieu, vii 12.

(2) Sur les épreuves judiciaires du fer chaud, de l'eau bouillante,
etc., voir : Du Cange, *Glossarium ad scriptores mediæ et infimæ
latinitatis*, aux mots Ferrum (ferri candentis judicium), Ignis (ignis
judicium), Vomeresigniti, Lada, Aqua (aquæ serventis, aquæ frigidæ
judicium); — Traité d'Agobard, intitulé : *Liber contra damnabilem
opinionem putantium divini judicii veritatem igne vel aquis vel con-
flictu armorum patefieri*, dans l'édition des *Opera Sancti Agobardi,*

ès anciennes croniques comme par ung levrier fut accusé ung chevalier, non pas par paroles, mais par fait, et dont le cas de meurdre qui ne pouvoit estre actaint ne prouvé, fut par le levrier, aydé de la grâce de Dieu, tellement, que le cas du meurdre vint à congnoissance de justice, et dont la pugnicion fut faicte telle qu'il appartenoit.

Et dit la cronique que ung chevalier avoit ung aultre chevalier à compaignon ; et pour ce que le compaignon estoit homme de grant vertu et de grant vaillance et de grant renommée, fort extimé, aymé et honoré du roy et des seigneurs, et avoit advancement devant l'aultre chevalier, ledit chevalier conçeut telle envie et hayne sur son compaignon, que, malicieusement et par aguet, eulx estans en ung boys, le chevalier frappa son compaignon d'une espée par

publ. par Baluze : Parisiis 1665-1666, 2 vol. in-8°, t. i, pp. 301-329, t. ii, pp. 102-107 ; — *Ivonis episcopi Carnotensis epistolæ...* publ. par Fr. Juret : Parisiis, 1610, in-8°, pp. 632-646 ; — Le père Le Cointe, *Annales ecclesiastici Francorum*, t. viii, pp. 85-99 ; — Christ. Ebeling, *Tractatus de provocatione ad judicium Dei* : Lengoviæ, 1709, in-4° ; — Basnage, *Dissertation historique sur les duels et les ordres de chevalerie* : Basle, 1740, in-8°, pp. 146-155 ; — *Histoire critique des pratiques superstitieuses qui ont séduit les peuples et embarrassé les sçavans...* par le R. P. Lebrun... (publiée par l'abbé Bellon) : Paris 1732, 3 vol. in-12, t. ii, pp. 159-318 ; — Mémoire de Duclos, dans les *Mémoires... de l'Académie... des Inscriptions et Belles-Lettres*, tome xv, pp. 617-638 ; — J. D. Meyer, *Esprit, origine et progrès des institutions judiciaires des principaux pays de l'Europe* : La Haye, Amsterdam, 1819-23, 6 vol. in-8°, t. i, p. 311 et suiv. ; — Davoud-Oghlou, *Histoire de la législation des anciens Germains* : Berlin, 1845, 2 vol. in-8°, t. i, pp. lxxxv-xci, 162, 281-82, 365, 443-44, 581-82, 632-34, t. ii, pp. 154-57, 203-204, 242-43, 265, 696-700 ; — J. Kœnigswarter, *Études historiques sur le développement de la société humaine. L'achat des femmes. La vengeance et les compositions. Le serment, les ordalies et le duel judiciaire* : Paris, 1850, in-8°, pp. 145-229 ; etc., etc.

derrier et l'occist. Et ne pouvoit ceste chose estre prouvée, car nul ne l'avoit veu que le levrier, qui de paroles ne le pouvoit descouvrir. Le chevalier meurdry s'appelloit messire Aubery de Mondidier, et le chevalier qui le meurdrit s'appelloit messire Machaire, et le meurdrit ès boys de Bondis, près de Paris. Et advint que le meurdrier avoit couvert ledit de Mondidier de feuilles et d'herbes, en telle manière qu'on ne se povoit appercevoir du mort. Mais le levrier qui aymoit son maistre Aubery, demoura auprès le corps, jusques à ce que destresse de faim le fist départir et venir à la court du roy querre sa vie, et sitost qu'il veit Machaire, le meurdrier de son maistre, il luy courut sus, et ne le povoit-on rescourre qu'il ne le voulsist estrangler ; et tant de fois le fist semblablement qu'il mist en souspeçon le roy et toute la noblesse, que le levrier ne le faisoit point sans cause et sans aucune signifiance. Et pour ce que le levrier, sitost qu'il avoit mangé son repas, il s'en retournoit devers son maistre trespassé, le roy le fist suyvir par aucuns de ses familiers, et trouvèrent Aubery gisant mort au bois et navré en plusieurs lieux, ramenèrent le levrier et feirent leur rapport au roy. Le roy prestement assembla son conseil, et fut déterminé que, pour approuver ce meurdre et ceste trahyson, Machaire combatteroit le levrier qui tant de foiz l'avoit assailly ; et fut baillé jour pour faire la bataille en l'isle Nostre-Dame. Es pretz fut Machaire enfouy jusques au fau du corps, en telle manière qu'i ne se pouvoit tourner ne virer tout à son aise. Luy fut baillé ung escu et ung baston pour toute deffense et sans aultre armeure. Les amis de Aubery de Mondidier tenoient le levrier, et fut laissé courre, et prestement courut sus à Machaire si aigrement et de tel couraige, qu'il le print aux dentz par la gorge, et luy fist regeyer et congnoistre la vérité et la trahyson qu'il avoit faict. Et ainsi le loyal levrier, ung chien, une beste mue, eust la grace et l'ayde de Dieu, et approuva la vérité de ceste matière. Et semble, par cest exemple, que Dieu veult et permect que telz cas obscurs et faitz en trahyson soient prouvez, pour en faire la pugnicion; car ledit Machaire fut pendu et estranglé au gibet de Montfaulcon, et le corps d'Aubery allé querre par ses amis et sépulturé honnorablement, comme loyal chevalier qu'il estoit (1).

Et au regard de tempter Dieu par gaige de bataille, David desconfit Golias (2), et Sanson le fort combatit le plus fort des Philistiens (3); et par ce peult sembler qu'ilz ne le firent point pour tempter Dieu, mais pour garder leur peuple de la force et violence de leurs ennemys. Et tousjours en approuvant ce deuxiesme article, semble que le gaige de bataille se peult permectre à la partie grevée, par les condicions qui seront dictes cy-après. Et pour mieulx approuver mon intencion, je bailleray ung exemple que j'ay trouvé en la cronique de Froissard, du très-horrible

(1) Sur la légende du chevalier Macaire et du levrier, voir : Bullet, *Dissertations sur la mythologie française et sur plusieurs points curieux de l'histoire de France* : Paris, 1771, in-12, pp. 64-92. — Voir surtout la savante préface de l'édition de *Macaire*, de M. Guessard (Les anciens poëtes de la France, publiés sous les auspices de S. Exc. M. le Ministre de l'instruction publique, et sous la direction de M. F. Guessard). *Macaire* : Paris, A. Franck, 1866, in-16, pp. iv-xc.

(2) Voir la Bible, les *Rois*, livre i, chap. 17.

(3) Olivier de la Marche commet ici une erreur. La Bible, qui rapporte en détail l'histoire de Samson (les *Juges*, chap. xiii-xvi), ne mentionne pas qu'il ait jamais défié quelque Philistin en combat singulier.

crime, force, violence et rap que fist Jaques Legris à la
femme de messire Karouget, son compaignon; et, s'il n'eust
esté approuvé par gaige de bataille, l'énorme cas demouroit sans pugnicion, et justice non faicte en ceste partie.

Messire Karouget alla voyager en loingtaine terre, et
laissa sa femme et ses biens en gouvernement à Jaques
Legris, son compaignon. Luy estant en voyaige, Jaques
Legris vint à l'ostel de son bon compaignon, et appella sa
femme pour parler à luy, en une tour du chasteau. La
noble dame, se fiant du compaignon de son mary, alla
parler à luy, comme celle qui cuidoit qu'il ne luy voulsist
que tout honneur et bien ; mais le desloyal homme, tempté
de l'Ennemy, print la dame à force et l'efforça et viola, au
grant desplaisir d'elle, et puis s'en alla, que peu de gens
sçeurent qu'il eust esté ceste foiz à la maison. La dame
porta son desplaisir le mieulx qu'elle peust, jusques au
retour de son mary, et, quant elle deust gésir avec luy,
elle luy dist en grans pleurs, souspirs et larmes : « Mon-
« seigneur, je ne suis pas digne de coucher en vostre lict
« ne avec vous, car je suis efforcée et violée par vostre
« desloyal compaignon Jaques Legris, et prens sus la mort
« que je doy recepvoir une foiz, que ce a esté maulgré
« moy, par force et violence. » Et luy compta comment
il l'avoit deçeue et enfermée en une tour, par quoy elle ne
peult estre ouye ne aydée en ses crys et clameurs.

Messire Karouget creut sa femme, et le lendemain monta
à cheval et vint à l'hostel du duc d'Alençon (1), et requist

(1) Il s'agit ici de Pierre II, comte d'Alençon de 1361 à 1404. —
Le comté d'Alençon ne fut érigé en duché qu'en 1415, par Charles
VI, en faveur du comte Jean IV dit le Sage.

qu'il puist avoir raison et justice de Jaques Legris, qui telle
desloyaulté et trahyson luy avoit faict, et le vouloit prouver
de son corps contre ledit Jaques Legris par gaige de bataille.
Jaques Legris s'excusoit fort, et prouvoit par ung alibi que le
jour qu'il luy mectoit sus d'avoir la dame efforcée, il avoit
esté au couchier du duc d'Alençon, son maistre, et l'endemain fut à son lever; et eust faillu qu'il eust fait ung merveilleux chemin, pour exécuter ceste dampnable emprise.
Messire Karouget poursuyvoit tousjours sa bataille; et fut
ce cas mis devant les mareschaulx de France, et par
conseil fut délibéré que le gaige jecté par messire Karouget
devoit estre levé par Jaques Legris ou par son advoué,
pour ce que c'estoit matière de rap et d'efforcement de
femmes, qui est ung des poinctz pour quoy le gaige de
bataille se permect. Car, par la coustume, une femme qui
mect son mary ou aultre en ce dangier, par son donner à entendre, elle doibt estre admenée avec son champion en ung
chariot couvert de noir; et se son champion est desconfit,
elle doibt estre brulée comme faulse accuseresse. Et sur ces
pointz fut le gaige levé par Jaques Legris, et leur fut baillié
jour pour combatre, et fut la dame amenée au péril de
la fortune, comme j'ay dit. Messire Karouget poursuyvoit
aigrement son honneur et son emprise; et si n'estoit pas
si grant ne si puissant de corps que Jaques Legris, mais
estoit vaillant chevalier et asseuré, et quéroit d'esclarcir
son cueur de l'injure que son mauvais compaignon luy
avoit faicte. Et fut la bataille d'eulx deux en telle conclusion, que Jaques Legris fut desconfit par messire Karouget,
et luy fist recongnoistre son péché et son mesfaict; et fut
faicte de Jaques Legris justice criminelle, comme il appar-

tenoit (1). Et peut sembler que Dieu, pour ce cas qui estoit si deshonneste et qui ne se pouvoit par preuve approuver, voulut et permist que par ce gaige de bataille la chose fut advérée, affin que justice publique fust faicte de si desloyal homme, comme Jaques Legris fut réallement prouvé. Et telz exemples me font condescendre contre ma volunté, comme j'ay dit, à la permission de gaige de bataille, et dont je parleray plus amplement.

J'ay dit une fois en ceste épistre (2) que je ne veiz oncques gaige de bataille, sinon celluy qui se fist à Valencic .nes, et pour ce que j'ay dit que j'en parleroye, je veuil esclarcir ma parole. Il est notoire que la ville de Valenciennes est augmentée par prévilèges donnez par les contes de Haynault

(1) Voir les *Chroniques* de Froissart, liv. iii, chap. 49; — *Collection de documents inédits sur l'histoire de France... Chronique du religieux de Saint-Denys, contenant le règne de Charles VI, de 1380 à 1422,* publiée en latin pour la première fois et traduite par M. L. Bellaguet : Paris, 1839-1852, 6 vol. in-4°, t. i, pp. 462-467 ; — *Histoire de Charles VI, roy de France, et des choses mémorables advenues durant 42 années de son règne, depuis 1380 jusques à 1422,* par Jean Juvénal des Ursins, édition de D. Godefroy : Paris, 1653, in-folio, p. 59 ; — *Stilus antiquus supremæ curiæ amplissimi ordinis Parlamenti Parisiensis.... cum novis annotationibus C. Molinæi.... et antiquis additionibus S. Aufrerii,* quinta pars, questiones variæ... per Joannem Galli... recollectæ, questiones, 76, 77, 79, 85, 86 : Parisiis, 1558, in-4°, pp. 272-273, 276-277 ; — *Discours notable des duels, de leur origine en France et du malheur qui en arrive tous les jours au grand intérest du public...* par messire Jean de la Taille : Paris, Cl. Rigaud, 1607, petit in-8°, pp. 40-46; — *Le vray et ancien usage des duels,* par le sieur d'Audiguier : Paris, P. Billaine, 1617, in-8°, pp. 354-360. — Voir aussi Buchon, édition de *Froissard* (Panthéon littéraire), t. ii, pp. 537-538, et aux Archives Nationales, le registre du Parlement coté X 2ᴬ 10 (ms. du xive siècle, in-folio, sur vélin), ff. 232-233, 238 vᵒ-239 vᵒ, 242, 243 vᵒ.

(2) Page 2.

et aultres princes (1) ; et, entre les aultres, ilz ont prévilège
de recueillir et faire leurs bourgois, de tous homicides qui
jurent qu'ilz ont tué l'homme pour quoy ilz prenent la
franchise, de beau fait, qui est à entendre en son corps
deffendant, ou en assaillant sa partie, et l'escryer de loing,
ou luy notiffier qu'il se garde de luy, car il a querelle,
pour quoy il le menace de la vie. Et ne se peult prouver
contre celluy qui prent la franchise qu'il ayt meurdry sa
partie, c'est-à-dire sans l'escrier ou deffier, sinon à l'escu
et au baston, par manière de gaige de bataille. Et est certain que ung nommé Mahuot print la franchise pour ung
homicide qu'il avoit faict, et sur les sermens dessus nommez. Ung nommez Jacotin Plouvier, qui estoit parent
de celluy qui estoit occis, vint à Valenciennes, et, devant le
prévost et ceux de la loy, requist que l'on fist venir
Mahuot devant luy; et après les cérymonies et coustumes
faictes, ledit Jacotin dist audit Mahuot et luy mist sus et
de faict, qu'il avoit meurdry son parent recelléement, et
luy jecta ung gand pour gaige, et le vouloit combatre
à l'escu et au baston, selon la coustume et franchise de
Valenciennes. Mahuot leva le gaige, et leur fut baillé jour
pour combatre ; ce qu'ilz firent, et tindrent ceulx de
Valenciennes en ce gaige grans cérémonies. Et pour conclure, Mahuot, qui estoit deffendeur, n'estoit point si grant
ne si puissant que Jacotin, qui estoit appellant; mais
touteffois au commencement de leur débat, ledit Mahuot
donna de son baston sur le front de Jacotin Plouvier

(1) Voir : *Histoire de la ville et comté de Valentiennes*, par feu
Henri d'Outreman... illustrée et augmentée par le R. Père Pierre
d'Outreman: Douay, Ve Marc Wyon, 1639, in-4°, pp. 332-341.

tellement, que il luy fist une grant playe dont le sang sailloit à grant force ; mais, pour conclusion, Jacotin poursuyvit tellement sa bataille qu'il abatit ledit Mahuot dessoubz luy, et le vainquit, luy donnant tant de coupz, que, après qu'il fut mis hors de la lisse et confessé, il mourut, et fut mené au gibet et pendu comme meurdrier. Et toutesfois ceulx de la ville estoient en leurs couraiges pour ledit Mahuot, pour ce qu'il combatoit pour leur franchise. Et ainsi fut le cas avéré du meurdre que ledit Mahuot avoit faict, ce qui n'eust jamais esté faict par aultre preuve (1). Et semble, par tous ces exemples, que Dieu veult, quant justice est mucée par faulte de preuve, qu'elle soit réveillée et faicte par l'inconvénient de gaige de bataille. Et fault que je donne adveu à la permission de gaige de bataille, combien que la raison en face grant difficulté et le reboute, comme il appert par le premier article que j'ay baillié par escript.

Mon souverain seigneur, je vous ay monstré par le premier article de ceste épistre, comment et par quelle cause le droit canon et civil deffendent et reboutent le gaige de bataille, et puis vous ay remonstré pourquoy et à quelle cause le gaige de bataille se peult et doibt permectre, et pourquoy les empereurs, les roys et les princes les ont permis. Et pour ce que telz cas peuvent advenir devant vostre noble présence et soubz votre jugement, ou de voz officiers par vous commis, il est raison que, avant que je déclaire comment et par quel ordre se doibt conduyre le

(1) Dans ses *Mémoires* (livre I, chap. xxxii), Olivier de la Marche raconte plus au long ce combat qui eut lieu en mai 1455. Voir également : *Chroniques* de Mathieu d'Escouchy, chap. cxu.

gaige de bataille, que je vous déclaire, par manière d'exemple, ce qui en est advenu devant le duc Philippe, vostre ayeul (1), combien que je ne l'aye point veu, et que ce n'est point de mon temps. Et est vray que, après la conqueste de Hollande faicte par ledit duc Philippe nommé l'Asseuré (2), deux nobles hommes comparurent devant luy, dont l'ung se nommoit de Soupplenville, tenant le party françois, et estoit demandeur et appellant, et l'aultre fut nommé Henry Lallemant, qui estoit deffendeur en ceste partie. Soupplenville disoit avoir la foy de Henry Lallemant, comme prisonnier de guerre, et Henry Lallemant, deffendeur, maintenoit que non, et tenoit le party de Bourgongne. Et fut trouvé par conseil que puisque aultre preuve n'y pouvoit estre, que le gaige de bataille devoit estre permis en ceste partie, pour ce que, si ledit Henry estoit trouvé prisonnier, il devoit ranson, et qui retient la ranson de celluy qui a la foy de luy, c'est larrecin. Et soubz ce mot de larrecin, fut le gaige adjugé estre vallable, combien que pour larrecin formé ne se doibt permectre gaige de bataille. La bataille de ces deux nobles hommes fut à Haustredam en Hollande, devant le duc Philippe, et, après avoir longuement combatu, Soupplenville se desdit, car il fut desconfit. Et à la requeste de Henry Lallemant, son adversaire, le duc Philippe luy donna la vie ; et fut mis ès mains du bourreau, et par les quatre coings hors de la lisse fut banny hors des pays de mondit seigneur ; sa cotte d'armes luy fut arrachée, et deffendu de jamais la porter, ne les armes qu'il avoit portées. Et de

(1) et (2) Philippe le Bon, duc de Bourgogne de 1419 à 1467.

ceste matière, et le dangier qu'il en peult advenir à celluy
qui est desconfit, j'en parleray plus à plain à la fin de ce
présent volume, et me suffist, pour le présent, de vous
donner à entendre pourquoy le duc Philippe permit de
veoir la bataille de ces deux nobles hommes.

Et depuis comparurent devant le duc Phelippe messire
Hector de Flavy et ung escuier nommé Maillotin de
Bours. L'escuyer maintenoit que messire Hector de Flavy,
tenant le party françois, avoit voulu marchander avec
luy, qui tenoit le party de Bourgongne, pour prendre
messire Nicolas Rolin, chancellier de Bourgongne. Et
offroit ledit messire Hector audit Maillotin de lui bailler
la moictié de la rançon; et disoit ledit Maillotin que jamais
n'y voulut consentir, en accusant ledit messire Hector de
Flavy de desloyaulté, et mesmes qu'il l'avoit voulu bouter
au péché et vice de trahyson. Messire Hector deffendoit le
contraire; et, en conclusion, le gaige fut jecté par Maillotin
et levé par messire Hector. Et fut la bataille faicte
devant le duc Phelippe, et combatirent si longuement
et chevalleureusement ensemble, que l'on ne sçavoit qui
auroit le meilleur. Mais le duc Phelippe ne laissa point
oultrer la bataille, les fist prendre et amener devant luy,
et, par l'accord de tous les deux, la question fut mise ès
mains du duc Phelippe qui les appaisa; et furent les champions prins en bon convenant, et l'ung et l'aultre saisiz
de leurs bastons, et estoient encores entiers, sans avoir
fait grant foule l'ung à l'aultre (1). Et pour vous donner

(1) Le duel d'Hector de Flavy et de Maillotin de Bours eut lieu
à Arras le 20 juin 1431. Monstrelet en parle au long dans ses *Chroniques*, livre II, chap. CII.

à entendre la vérité du faict, en ceste querelle n'avoit
point de gaige de bataille, car le chancelier Rolin ne fut
oncques prins ne chassé, et n'estoit point le cas advenu.
Mais le bon duc fut prince de si noble couraige, qu'il véoit
voluntiers telles espreuves et telles escolles d'armes exécuter
devant luy, pour recorder et apprendre le mestier ; car
par deux foiz en sa vie il voulut combatre en lisses, l'une
foiz à l'encontre du duc de Clocestre, frère du roy d'Angleterre (1), et ce, pour la querelle de Hollande et de
Haynault ; et l'aultre foiz, il voulut combatre contre ung
duc de Zasse (2), pour la querelle de madame Katherine
de Ghenrich, sa belle-tante, à cause de la duché de
Luxembourg, où elle prétendoit droit par succession, et
ledit duc de Zasse pareillement querelloit ladicte duché.
Et ainsi ce noble duc offrit par deux fois son corps à
combatre devant l'empereur aux deux personnaiges que
j'ay dit cy-dessus ; et pour ce, véoit voluntiers ce bon duc
l'escolle et discipline de combatre corps à corps. Et maintenant je cesseray de rémonstrer et d'escripre les causes
pourquoy le gaige de bataille ne se doibt point permectre
par les princes et par les juges, et aussi pourquoy il se
doibt et peult permectre ; ce que vous, messeigneurs les

---

(1) Humfroy, duc de Glocester, frère du roi Henri V (1413-1422).
était l'oncle de Henri VI (1422-1461). — Sur le duel que lui proposa
le duc de Bourgogne, en 1425, voir les *Chroniques* de Monstrelet.
livre iv, chap. xxv-xxviii, xxxiv-xxxvi ; — les *Mémoires* de Pierre de
Fenin, édition de Mᴵˡᵉ Dupont : Paris, 1837, in-8°. pp. 232-34.
237-42 ; — les *Mémoires* de Jean Lefèvre dit Toison d'Or, seigneur
de Saint-Remy, chap. cxxxv-cxxxvi, cxxxviii.

(2) Frédéric II dit le Bon, duc électeur de Saxe de 1428 à 1464.
— Sur la proposition de combat singulier que lui fit le duc de Bourgogne, en 1443, voir les *Mémoires* d'Olivier de la Marche, livre i,
chap. xi.

princes, devez beaucoup peser avant que de le consentir.

Nous entrerons en ceste matière par demander que c'est de gaige de bataille (1). A ce je respons, selon que je l'ay peu apprendre et expérimenter, que c'est ung offensé qui requiert son offenseur, comme celluy qui ne le peult par preuve actaindre, sinon de son corps seullement, et vient demander droit devant le juge, et gecte son gaige d'ung gand ou chapperon. Lequel gaige doyt estre caucionné, par pleiges souffisans, de comparoir au jour qui sera ordonné au demandeur, pour fournir sa bataille ; et si le deffendant lieve le gaige, il se fera semblablement caucionner de comparoir au jour. Et pour ce que le gaige est jecté et caucionné, on l'appelle gaige de bataille, c'est-à-dire que ce gaige doibt estre racheté par la bataille tant de l'appellant que du deffendeur. Et vous ay, mon souverain seigneur, monstré par cest article que c'est et pourquoy on l'appelle gaige de bataille, car en toutes aultres manières d'armes, soit à oultrance ou armes de plaisance, il ne se gecte point de gaige aultre que le consentement des parties, qui se veulent, pour advancer leur honneur, esprouver et combatre. Et ces derniers poinctz appreuvent les loix et reboutent le gaige de bataille, et dient que gaige de bataille est une oultrecuydance, orgueil et présumpcion, volunté de meurdre et désir de destruyre sa partie d'honneur et de vie, par quoy il fait à fuyr et rebouter ; et les armes de plaisance se font pour excercer les armes et pour continuer le mestier, pour habiliter les corps et apprendre à valloir

____

(1) Le ms. d'Angers porte cette variante : *Nous lisons en beaucoup de lieux de ceste matière, mais pour poursuyvre mon premier propos, et pour savoir que c'est de gaige de bataille, à ce je respons,* etc.

pour la deffense du bien publique. Et pour ces causes appreuvent les loix les armes de plaisance et reboutent le gaige de bataille, comme dit est.

Et toutesfois, mon souverain seigneur, pour moy acquicter envers vous, après vous avoir monstré comment et pourquoy les empereurs, les roys et les princes ont permis le gaige de bataille, nous viendrons à continuer nostre propoz, et dirons comment se peult et doibt commencer gaige de bataille. Viendra quelque ung déliberé devant le prince ou le juge, et doibt demander congé et licence de faire proposer aucune plainte qu'il veult faire de tel son offenseur; et ne doibt point luy-mesmes proposer, ne lui doibt estre permis, pour ce que matière de gaige est chouse dangereuse et pesante, et se celluy à qui il touche parloit luy-mesmes, il pourroit plus dire qu'il ne doibt, par collère, hayne ou aultrement. Et pour ce, veult la coustume qu'il face parler par aultruy et advouer les parolles de son advocat, car l'advocat parlera plus froidement que ne feroit le principal, pour ce que le cas ne luy touche, sinon autant que sa commission. Et dira l'advocat la plaincte de son maistre faicte de tel qui l'a offensé, et pour ce que aultrement ne le peult prouver, il vient, le gand en la main, pour jecter son gaige, et prouver de son corps, par luy ou par son advoué, l'offense que tel luy a faicte. A ceste cause et première demande, le prince ou le juge ne doit poinct permectre que le gaige soit jecté, mais doit commectre deux hommes pour appaiser ceste matière, s'il est possible; dont l'ung doit estre ung clerc bien entendu et lectré, et l'aultre ung officier d'armes expérimenté et congnoissant en tel cas. Le clerc doit dire et remonstrer à l'appellant comment les droiz canon et civil

deffendent le gaige de bataille, ensemble le péril de l'âme et de l'honneur ; car, pour sa bataille fournir, il fault qu'il face de grans sermens publiques, et si les sermens estoient contre vérité, l'âme et la conscience en seroient fort chargées et en danger. D'aultre part, l'officier d'armes lui doit remonstrer en quel danger il mect son corps, ses biens et l'honneur de luy et des siens, et qu'il ne se doit pas tant fier à la puissance de ses bras ne en la permission de Dieu, que les choses ne puissent aultrement advenir qu'il n'entend. Et en ceste persuasion doyvent tendre tous les deux commis à retirer le demandeur de sa demande, s'il leur est possible ; et si l'appellant, qui se fait demandeur, persévère en son propoz, le prince ou le juge ne peult reffuser de tenir la coustume en ceste partie, et doyt bailler jour à l'appellant ; et à ce jour fera-il adjourner par ung officier d'armes la partie dont le demandeur se plainct, pour comparoir devant le prince ou le juge l'ung devant l'aultre.

Et de rechef le demandeur doyt faire proposer sa demande et la cause de la plaincte et du grief dont il se deult de sa partie, et demander licence au prince ou juge de jecter son gand pour gaige, offrant de comparoir au jour qui luy sera baillé pour fournir la bataille par luy requise, à l'encontre de tel son adversaire et offenseur. Et ne suis point d'oppinion que, pour celle seconde requeste, le prince ou juge doyve donner congé de jecter le gand et le gaige, mais pourra celluy jour oyr et entendre les deffenses et excusacions du deffendeur, lequel doyt faire parler pour luy-mesme, car en légièrement parlant, pourroit advenir que le deffendeur se feroit appellant, qui n'est point petit change d'avantaige ; et doyt faire dire en ses deffenses

qu'il entend de deffendre son droit par luy ou par son
advoué, s'il est adjugé que bataille y doyve avoir, ce qu'i
doyt remectre au juge et à son conseil. Celle journée se
doibt passer par demandes et par deffenses, et les pourra
le juge faire retirer pour celle foiz, et doibt envoyer les deux
personnaiges qui ont parlé à l'appellant, et semblablement
remonstrer au deffendant que s'il sentoit avoir tort, qu'il
n'entrast point en ce danger, mais se mist au bon plaisir
et vouloir du juge, en espoir de y trouver bon appoinctement. Et aussy luy remonstreront chascun en son endroit
les périlz, dangers et le doubte où se mect celluy qui en tel
péril combat, tant de l'âme, de l'honneur, du corps que des
biens, à quoy il doibt bien penser. Et se iceulx trouvent le
deffendeur obstiné de combatre et de soy purger par la
bataille de son corps, ilz en doyvent faire rapport au prince,
et leur doibt le prince ou le juge bailler aultre journée, pour
comparoir devant luy et recommencer leur procès, comme
la première foiz.

Et selon que mect par escript ung nommé le Bouteiller (1),
qui traicte de ce et de plusieurs notables choses, qui dit
que l'advocat de l'appellant doibt parler en grant cremeur,
et faire grans excuses de ce qu'il fault qu'il propose, et
qu'il ne le fait pour hayne qu'il ait à la partie adverse ne
à ses parens et amis, mais le fait seullement parce qu'il
est à la soulde de l'appellant, et a ses mémoires signez et
séellez de luy, qu'il ne vouldroit passer pour riens, quoy
qui luy deust advenir. Et puis, par la licence du prince,

(1) Jehan Boutillier, *Somme rural* : Bruges 1479, in-fol., goth.
f. XLVII ; édition publiée par L. Charondas Le Caron : Paris, 1603
et 1612, in-4°, pp. 879-880.

pourra l'advocat proposer son cas et se faire advouer par son maistre, en la présence du juge; et puis doibt demander licence que son maistre puist jecter son gand pour gaige, en la présence d'icelluy, en intencion et propoz de fournir sa bataille au jour qui luy sera ordonné par le prince ou juge. Et dit le Bouteiller qu'il se fonde sur les loix et coutumes, que, avant que le gaige de bataille soit adjugé, quatre choses sont requises nécessairement d'estre sçeues par le prince ou juge. Premièrement, que le faict dont le gaige de bataille est fondé doibt estre prouvé advenu; secondement, qu'i soit permanent, c'est-à-dire que le demandeur persévère en sa première demande; tiercement, que le cas ne puist aultrement estre prouvé; quartement, que le cas dont l'appellant appelle sa partie, que ce soit pour crime capital, c'est-à-dire pour matière de crime qui demande la mort en sa pugnicion. Et certes j'appreuve les raisons de Bouteiller, et que le prince ou le juge y doibvent avoir grant regard. Et combien que j'ay leu et veu moult de belles ordonnances faictes sur le gaige de bataille, affin, mon souverain seigneur, que je vous donne plus loyal advis et conseil, comme j'ay dit une fois, je me tiens à ce qu'en dit ce saige chevalier le seigneur de l'Isle-Adam, et entresuivray ce qu'il a mis par escript de poinct en poinct, sans riens passer de son ordonnance touchant le faict dudit gaige, et comment l'appellant et le deffendant s'i doyvent conduyre pour leur droit maintenir. Et, si je diz aucune chose hors de ce que mist par escript ledit seigneur de l'Isle-Adam, je n'entens pas que ce soit en riens pour corriger son escript, mais seullement pour mieulx esclarcir devant vous ceste matière qui vault et doibt estre bien entendue.

Et aussi je pourray persuader en aucuns poinctz et articles ce que j'ay tousjours maintenu et maintiens, que, tant que faire se peult, le gaige de bataille ne se doibt conseiller à nulle des parties ; toutesfois, puisque faire le convient, et qu'il est besoing que les princes et juges permectent ceste coustume et dangereuse exécucion, je mectray par escript en ce présent volume de mot à mot l'advis et la doctrine du seigneur de l'Isle-Adam, affin que vous soyez mieulx esclairci et entendu de ceste matière ; et diray deux motz d'incident avant que je mecte par escript le faict dudit chevalier. Partout, les acteurs qui ont parlé en forme de gaige de bataille, ilz mectent en leurs escriptz que l'appellant doibt dire en son plaidoier qu'il maintiendra son donner à entendre, par luy ou par son advoué, et en ses protestacions, requestes ou demandes, fait autant de poursuicte pour son advoué comme pour luy, et semblablement le deffendant. J'ay bien trouvé qu'il se faict en telle manière, mais je n'ay jamais veu par récit, escript ou aultrement, que jamais advoué combatist pour son maistre, et tousjours ont esté les batailles faictes par les deux propres à qui la chose touche ; toutesfois je n'entens pas qu'il se doyve faire aultrement que selon la coustume. Et maintenant je entre à mectre par escript le bon advis et bonne doctrine de ce gentil chevalier le seigneur de l'Isle-Adam.

CY COMMENCE LE LIVRE DU SEIGNEUR DE L'ISLE-ADAM POUR GAIGE DE BATAILLE.

Très-hault et très-puissant prince et mon très-redoubté seigneur Philippe (1), par la grâce de Dieu, duc de Bour-

(1) Philippe le Bon, duc de Bourgogne, de 1419 à 1467.

gongne, de Lotrich, de Brabant et de Lembourg, conte de Flandres, d'Artois et de Bourgongne, palatin, de Haynault, de Hollande, de Zellande et de Namur, marquis du Sainct Empire, seigneur de Frise, de Salins et de Malines,

Pour ce que je Jehan de Villiers, chevalier, seigneur de l'Isle-Adam, vostre très-humble serviteur, conseiller et chambellan, ay sceu que désirez avoir par escript pour quelles causes, selon les constitucions et ordonnances de France, gaige de bataille est adjugé, et comment on adjuge l'ordonnance dudit jour du gaige, et que, ledit jour, appartient à faire aux offices du connestable et des mareschaulx, ou leurs lieuxtenans, les sermens que l'on doibt faire, et quelz droiz lesditz connestables et mareschaulx y ont ; j'en ay diligemment enquis et trouvé ce qui en est escript en ce petit livre. Si vous supplie très-humblement, très-hault et très-puissant prince et mon très-redoubté seigneur, qu'il vous plaise prendre en bon gré et suppléer aux deffaultes.

Mon très-redoubté seigneur, quant au premier point, c'est assavoir pour quelle cause gaige de bataille doibt estre adjugé, il est vray que par l'usage de France, et selon les ordonnances royaulx sur ce faictes et escriptes, qui vallent loy (1), il convient notter quatre choses principalles et concurrentes.

La première, que il soit chose notoire, certaine et évi-

(1) Les deux principales ordonnances des rois de France, relatives aux duels judiciaires, sont celles de saint Louis (février 1260 ?), et de Philippe le Bel (1er juin 1306). Voir la grande collection des *Ordonnances des rois de France de la troisième race*, t. 1, pp. 86-93, 435-441.

dente que le faict imposé par l'appellant contre l'appellé soit advenu, combien qu'il ne soit point certain que l'appellé ait commis le délict : si comme j'ay mis sus à ung aultre qu'il a tué mon frère, il convient que il soit chose certaine que mon frère soit mort de mort violente, ou aultre semblable cas.

La seconde, que le cas dont l'appel vient soit tel, que peine de mort s'en doibve ensuyvir, excepté larrecin, en quoy gaige ne peult estre reçeu.

La tierce, que le cas soit advenu en trahyson ou en repost, tellement qu'il ne puist estre prouvé par tesmoingz ne aultrement que par voie de gaige.

La quatriesme, que celluy que l'on veult appeller soit diffamé du faict par renommée, indices et présumpcions semblables à voir.

Et s'entendent ces choses ès termes communs dont les ordonnances parlent ; car moult de gaiges ont esté reçeuz et souffers, aucunz par arrestz et aucuns par le vouloir et par consentement des parties, en la court de France, entre nobles espéciallement, tant sur faict d'armes que aultrement, où l'on disoit que toutes les quatre choses dessus déclarées n'estoient pas. Et pour ce, pourroit estre advenu et encore pourroit advenir, selon la diversité des cas, qui ne pevent estre tous nombrez, et aucunes foiz selon la qualité et estat des personnes.

Item : quant au second point, comment gaige doibt estre adjugé, ce doibt estre en jugement, et doibt-on en substance réciter le cas proposé par l'appellant et les deffenses de l'appellé, et ce qui a esté faict au procès, et comment et sur quoy les parties sont en droit appointées ; et puis, si la cause désire adjudicacion, doibt-on dire que, tout considéré, gaige de bataille chet en ce cas, et l'en adjuger, en réservant à donner jour et lieu aux parties pour leur debvoir faire. Et est à entendre que, si les parties ont tendu à fin de recepvoir ou non recepvoir, ou à aultres fins et faictz précédens, on les doibt avant juger; et doibt chascun batailleur bailler ostaiges de comparoir, ester à droit, et faire ce que la court ordonnera des injures, dommaiges, despens et intérestz de partie.

Item : quant à l'ordonnance du jour du gaige, à ce jour, si c'est en présence du roy ou prince, il doibt avoir son lieu hault au-dessus des lisses, de l'ung des costez, et au milieu et avec luy, de ses barons et conseillers, et au-dessoubz, doibt avoir siège pour le président et aultres du conseil, et pour le greffier ou notaire. Et est le Livre devant eulx, pour prendre les sermens qui cy-après seront devisez.

Item : le connestable et les mareschaulx doibvent estre ès lisses, et avec eulx des gens telz et en tel nombre que bon leur semblera, et si raisonnablement qu'ilz ne donnent pas encombrement à la place, et doibvent estre tous montez à cheval et en armes.

Item : ledit jour doibvent l'appellant et l'appellé venir ès lisses, dedans l'heure de midy au plus tard. Et l'appellant a coustume de venir le premier, combien qu'il ne soit point de neccessité qu'i viengne ou entre le premier èsdictes lisses; mais que heure ne soit passée.

Item : tous les deux séparéement doibvent et ont accoustumé entrer ès lisses à cheval, et en la manière que combatre se debveront.

Item : doibvent avoir deux sièges aux boutz des lisses

pour retraire avant la bataille, l'appellant à la partie dextre du prince, et l'appellé à la partie senestre. Et quant l'appellant est entré ès lisses tantost en l'estat qu'il est, sans lever sa visière, se doibt traire par devers le connestable, qui lors se doibt tenir en parc, tout à cheval, à l'endroit du roy ou prince, et auprès de luy les mareschaulx, s'il leur plaist. Et là, audit connestable, par son conseil, se doibt présenter ledit appellant, sa personne, son cheval et ses armes, contre son adversaire, et le nommer; et semblablement aussy se doibt présenter l'appellé, si tost qu'il est venu ès dictes lisses; et, avec leurs présentacions, doyvent faire et dire de bouche protestacions et les bailler par escript, en la manière qui s'ensuyt :

« Monseigneur le connestable, vécy tel homme, lequel
« pardevant vous, comme celluy qui représente en tel cas
« la personne du roy nostre sire, se présente avec son
« cheval et ses armes, en habit et estat de gentilhomme
« et d'homme qui doibt entrer en champ pour combatre
« contre tel, en nom de Dieu et de la Vierge Marie,
« sa mère, et de saint George le bon chevalier, au lieu,
« au jour et à l'heure à luy assignée par le roy nostre sire,
« par son bon conseil et par la coustume, et se offre et est
« prest de faire son debvoir par luy et par son advoué, des
« choses qu'il a maintenues et proposées, ou faict proposer,
« contre tel, par devant le roy nostre sire, par lesquelles
« la bataille a esté jugée entre eulx, et par la manière par
« laquelle la court l'a ordonné. Et vous requiers que vous
« luy baillez et faictes partie de champ et de soleil, et de tout
« ce qui est nécessaire, proffitable et convenable à gentil-
« homme, en tel cas, et se offre par luy ou par son advoué,
« à l'ayde de Dieu et de Nostre Dame.

« Et faict protestacion et retenue, tant pour luy comme
« pour son advoué, d'avoir son advoué toutes fois que le
« cas le requerra, et le lieu et le temps sera, ou qu'il auroit
« loyal essonne, tant pour luy comme pour son cheval et
« ses armes.

« Item : faict protestacion de muer et changer cheval et
« armes, tant pour luy comme pour son advoué, et son
« cheval et le cheval de son advoué.

« Item : de descendre et de remonter, de restraindre
« et de reslargir, de haulser et de desvaller sa visière,
« toutes fois et quantes que mestier sera, et qu'il luy
« plaira.

« Item : de combatre à pied ou à cheval, et de soy aider de
« toutes ses armeures et de chascune d'icelles, et de laisser
« celles qu'il auroit et doibt prendre premièrement, et
« de prandre aultres, et après de reprendre celles qu'il
« auroit premièrement laissées ou aultres, et de toutes les
« choses dessus dictes et de chascune d'icelles faire, luy ou
« son advoué, toutes fois et quantes qu'il luy plaira, et
« que Dieu luy donnera aisement de le faire.

« Item : faict protestacion que si ledit tel portoit aultres
« armes en champ, qu'il ne pourroit ou debveroit porter par
« la constitucion de France, que icelles luy soyent ostées,
« et qu'en lieu d'icelles nulles aultres armes ne ait et ne
« puist avoir.

« Item : s'il avoit armes forgées par mauvais art, ou par
« invocacions des Ennemys, que chose qu'il en face ne luy
« profflicte, ne nuyse audit tel. Et vous requiert que sur
« ce par espécial vous le faiciés jurer.

« Item : que au cas que ledit tel ne viengne dedans l'heure

« deue par la coustume, qu'il ne soit plus receu en champ,
« mais soit tenu pour oultré et convaincu.

« Item : faict protestacion que s'il plaisoit à Dieu qu'il ne
« puist desconfire ne vaincre son adversaire de jour, la-
« quelle chose il fera, si Dieu plaist, qu'il puist continuer
« sa bataille du jour au lendemain, ou à tel jour que la
« court ordonnera, et en la manière que requis l'a devant
« le roy.

« Item : faict expresse protestacion de dire et de faire et
« avoir tous les aultres garnemens qui sont nécessaires,
« proffitables ou convenables à gentilhomme, en tel cas,
« ou pourroient estre en tel besoing, et avoir à boire et à
« menger pour luy et pour son cheval, se besoing et mes-
« tier en avoient.

« Item : faict expresse protestacion en général et espécial
« retenue, que toutes les choses dessus dictes lui vallent
« et proffictent, et à son advoué, comme se il, de chascune
« chose à luy ou à son advoué neccessaire, proffitable ou con-
« venable, en tel cas faisoit protestacion, et diviséement ou
« particulièrement, et le recepvez en ses protestacions, et les
« choses dessus dictes luy octroyez, et tout ce qui en tel cas
« est proffitable, et nécessairement accoustumé de faire. »

Et la court, c'est assavoir le chancelier, le président ou
le connestable, s'il luy plaist, doibt respondre à chascun,
que les présentacions et les protestacions, pour tant que à
ung chascun peult valloir, sont receues. Et, ce faict, chascun
des deux qui se doibvent combatre se doibt retraire à son
lieu et siège.

Or est ainsi que, quant le roy ou prince est venu, le
connestable et les mareschaulx, avant ce que ceulx qui se

doibvent combatre soient venuz, ne aucuns d'eulx, l'on doibt faire ès lisses ung cry tel :

Premièrement, c'est assavoir que sur peine de perdre corps et avoir, nulz ne soit armez, ne porte cousteaulx, espées, ne aucunes aultres armeures, si ce ne sont ceulx qui sont depputez de par le roy ou le prince, le connestable ou les mareschaulx, pour garder le champ, ou s'il n'a congié du roy, du connestable ou des mareschaulx.

Le second cry doibt estre fait quant l'ung des combatans est venu, espéciallement l'appellant; auquel cry est deffendu que nul ne viengne ès lisses, ne y demeure à cheval, sur peyne de perdre le cheval ou la valleur, si ce ne sont les deux qui sont engaigez, et ceulx qui seront venuz avec eulx à l'entrée des lisses renvoient tantost leur chevaulx, sur ladicte peyne.

Le tiers cry doibt estre faict quant le second qui se doibt combatre est venu au champ, et il est présenté comme il doibt faire, en la manière dessus devisée ; auquel cry doibt estre deffendu que homme, quel qu'il soit, n'entre dedans le parc, ne y demeure, ne se tiengne sur les lisses, à payne de perdre le poing, si ce n'est par le congé du roy, ou du prince, du connestable ou des mareschaulx.

Et doyvent iceulx criz estre ʿ   z par personne qui ayt haulte voix, et qui soit sur la barrière de l'entrée des lisses, si que l'on le puist bien ouyr et entendre dedans et dehors, et doibt dire à chascune foiz : « Or oez, or oez, or oez, de « par le roy nostre sire (ou de par le prince par devant « lequel se doibt acomplir le gaige, nommer le nom du « roy ou du prince), et de par son connestable et de par

« ses mareschaulx, l'on deffend etc., » et dire ainsi qu'il est déclairé au second cry.

Et doibvent toutesfois les deux qui se doyvent combatre estre tous deux venuz et présentez, et chascun en son siège, quant le tiers cry est faict.

Et après ces choses, doibt-l'on recepvoir les sermens, de chascune partie, trois.

Et premièrement, vient l'appellant à la table où est le Livre et le président, et vient à pied tout embassiné, sa visière abatue et ses ganteletz mis ; et, la main mise sur le Livre, l'on faict jurer l'appellant sur les sainctes évangilles, et sur la foy et baptesme qu'il tient de Dieu, qu'il croit en vérité avoir bonne cause et bon droit d'avoir appellé celluy qu'il appelle, et l'appellé a mauvaise cause. Et puis luy dit-l'on qu'il s'en voise à son siège, et y doibt aller. Et puis vient en ceste mesme manière l'appellé, et jure sur les sainctes évangilles, et sur la foy et baptesme qu'il tient de Dieu, qu'il tient pour vérité et sçait bien que l'appellant a mauvaise cause de luy appeller, et il a bonne et loyalle cause de soy deffendre. Et à faire ce serment premier, n'ostent point les ganteletz, et puis s'en va à son siége comme l'aultre.

Secondement : l'appellant vient premier et sans son adversaire, en la manière que devant, et jure sur les sainctes évangilles, et sur la foy et baptesme qu'il tient de Dieu, qu'il n'a sur luy ne sur son cheval pierres, parolles, charmes, brevetz, ne aultre chose où il ait espérance, qui luy puist ayder à grever son ennemy, ne où il ait fiance, fors en Dieu et en son bon droit, son corps, ses armes et son cheval. Et ces parolles ainsi dictes, il s'en retourne à son siège comme il est dit dessus. L'appellé vient après, et jure en semblable manière, et puis s'en retourne à son siège, sans oster leurs ganteletz à ce second serment, ne leurs visières lever, néant plus qu'au premier serment.

Tiercement : les deux qui se doibvent combatre viennent chascun de son costé, et sont ensemble devant le président, lequel leur faict lors oster leurs ganteletz et lever leurs visières, si qu'ilz voient l'ung l'aultre, tant comme ilz sont illecques ; et leur deffend-l'on bien qu'ilz n'estraingnent ne meffacent l'ung à l'aultre, eulx estans là. Et si les faict-l'on tenir l'ung l'aultre par les mains senestres qu'ilz mectent en la main du président, et les mains dextres mectent sur le Livre. Et dit l'appellant : « O tu, homme que « je tiens par la main, je jure sur les sainctes évangilles, « et sur la foy et baptesme que je tiens de Dieu, que les « faictz et parolles que j'ay proposées et faict proposer contre « toy sont vraies, et que j'ay bonne cause et loyalle de toy « appeller, et tu l'as mauvaise. » Et puis l'appellé jure, et dit ainsi : « O tu, homme que je tiens par la main, je « jure sur les sainctes évangilles, et sur la foy et baptesme « que je tiens de Dieu, que tu as mauvaise cause de moy « appeller, et que je l'ay bonne et loyalle de moy deffen- « dre. » Et ces sermens ainsi faitz en la présence l'ung de l'aultre, on les fait aller chascun à ses droiz. Et c'est ce qui est à faire au regard des sermens, ainsy que j'ay peu sçavoir et trouver (1).

Item : lesditz sermens faitz, et chascun des deux retournez

(1) Ce dernier membre de phrase *(ainsy que j'ay peu sçavoir et trouver)* se trouve dans le seul ms. 1980.

à leurs sièges, l'on doibt faire troiz aultres criz, en la manière que dit est des aultres premiers.

L'ung, que nul, de quelque estat qu'il soit, sur quant ques il peult mesfaire envers le roy ou le prince, en corps ne en biens, ne demeure dedens le parc, que ceulx que le roy nostre sire, son connestable ou ses mareschaulx ont ordonné ou ordonneront à y demourer (1).

L'aultre, que nul, quel qu'i soit, ne preste force, conseil ou aultre aide aux combatans, et ne leur face signe, ne donne aucun enseignement, par parler ne aultrement, en quelconque manière que ce soit, sur ladicte peine de corps et de biens (2).

Le dernier, que, sur lesdictes peynes, chascun se taise, sans faire noise ne dire mot.

Et puis lors la besongne commence, car chascun des combatans se doibt mectre en arroy pour grever son ennemy, et estre prest quant le connestable l'ordonnera. Et pour ce, doibvent aviser le connestable et les mareschaulx, que le parc soit bien vuydé de toutes gens qui n'y doibvent estre, et que nulz n'y demeurent, fors ceulx de leur compaignie, et ceulx que le roy ou le prince ordonnera, et les conseillers principaulx des combatans, car ceulx-là y convient-il estre, pour requérir justice, se le cas s'y offre. Et si doibvent avoir le connestable et les mareschaulx gens armez en bonne quantité, selon le pays où l'on est, qui soient hors des

---

(1) Variantes: Mss. d'Angers et 1436: *L'ung, que nul, de quelque estat qu'il soit, sur tant qu'il craint désobéyr au roi ou le prince, ne demeure dedans le parc..... à demourer, et ce sur peine de la vie.* — Ms. 1980: *L'ung, que nul, ne quel qu'il soit,* etc. — Ms. 272: *L'un, que nul, de quelque estat qu'il soit, sur peine de se meffaire,* etc.

(2) Les mss. d'Angers et 1436 portent : *Sur ladicte peine de la vie.*

lisses, prestz de faire ce qui leur sera commandé, et deffendre que murmure ne force n'y surviengne, et que tout soit bien gardé dedans et dehors.

Après ces solempnitez, et tout appaisé, se doyvent traire à part tous les mareschaulx, et tous aultres qui sont au parc, et ceulx qui sont des deux parties se doibvent tenir chascun de son costé. Et doibt estre le parc si bien wuidé et si bien gardé, que les deux qui doyvent combatre voient à plain l'ung l'aultre, et n'y ait homme entre eulx deux, fors seulement le connestable, à l'endroit du roy ou du prince. Lequel connestable doibt estre au milieu des deux combatans, desquelz par sa bonne provision et discrétion, il doibt sçavoir l'estat certainement, et actendre qu'ilz soient bien prestz, s'en l'ung ne tient par si grant demeure, qu'il le convenist juger, ce qui n'est pas accoustumé. Et lorsque ledit connestable sçait qu'ilz sont prestz, doibt ung chapperon ou aultre enseigne, qu'il tiendra en sa main, tourner par plusieurs fois, si que chascun le puisse adviser, et puis le gecter en hault et laissier choir à terre. Et c'est l'enseigne et signe que ceulx qui combatre se doibvent facent leur debvoir, et lors le doibvent faire sans plus actendre.

Item : la bataille doibvent principalement adviser le connestable et les mareschaulx, et le faict proprement des deux combatans, et que le parc et ce qui est commandé et deffendu ès cris dessus dictz soient bien gardez et tenuz, et que à chascun desdictz combatans soit gardée droicture, si que l'ung ne ait advantaige sur l'aultre, par engin ou par cautelle d'aultruy, ne par plus ne aultres armes avoir que celles qui ordonnées sont, et aussi que par challeur, ne par trop grant hastiveté, ou par braire ou force des amys, l'on ne donne légièrement oppinion sur l'ung ou sur l'aultre, avant qu'il soit oultré. Et ce doibt légièrement apparoir et certainement, tellement qu'il n'y ait point de remède, car aucunessoiz il advient que ung combatant est au-dessoubz, qui depuis se relève, et beaucoup d'aventures peuvent advenir à ung combattant, et tant qu'on ne les oseroit penser. Et pour ce, si l'ung des deux combatans ne se rend, et que le connestable ou les mareschaulx luy oient dire, ne doit la bataille cesser tant qu'ilz soient certainz de parfaicte oultrance, et ce chiet en ceulx qui sont expers en armes.

Et quant l'ung est oultré, laquelle oultrance chiet en trois choses, entre les aultres. La première est quant l'ung confesse sa coulpe, ou se rend. La seconde, quant son ennemy le mect à mort, et hors des lisses avant luy. La tierce, que, sans le mectre à mort, il le mect par force hors du parc et des lisses, et y demoure; et, en ce cas, la besongne n'est point parfaicte, et touteffoiz est le corps délivré, comme attainct du cas, aux mareschaulx, pour en faire justice. Et le vainqueur, après que le vaincu est hors des lisses, s'en doibt partir à cheval et en ses armes, à honneur et en grant joye, et luy et ses ostaiges estre délivrez, et les ostaiges du vaincu doibvent demourer pour les injures, dommaiges et intérestz de partie, et doibvent estre confisquez les biens du vaincu, après la restitucion et satiffacion de partie.

Et quant aux droiz, le connestable doibt avoir le cheval et les choses du vaincu, qui sont demourées au champ dont il a la garde, après le roy ou le prince; et les mareschaulx doibvent avoir ce qui est demouré sur le corps du vaincu, dont ilz font la justice; et la forfaicture vient au roy ou prince, comme seigneur. Ainsi a chascun son droit (1).

Mon souverain seigneur, je départs cette présente épistre en trois parties. La première partie parle de la cause pour quoy gaige de bataille ne faict à recepvoir, et aussi pour quoy et à quelle cause le gaige de bataille est permis; et ces deux poincts j'ay esclarcy, à mon entendement, ce qu'il m'a esté possible. La seconde partie touche entièrement et de mot à mot ce que le seigneur de l'Isle-Adam, chevalier de l'ordre de la Toison d'Or et mareschal de France, mist par escript et compila en ung volume, de la conduicte de gaige de bataille, et le donna au duc Philippe, vostre ayeul. Et maintenant, je commenceray la troisiesme partie de cette épistre, où seront contenues pluseurs remonstrances, affin que du tout soyez mieulx informé et adverty. Et commencerons à escripre ce que dit Bartole, en praticquant les loix, et aussi maistre Nicole de Lira, moult grant docteur et sollempnel. Et dit Bartole (2) qu'il ouyt dire à l'empereur de son temps, que cinq choses estoient requises avant que l'on permist le gaige de bataille : premièrement, que celluy que l'on appelle en champ soit suspect et diffamé du cas qu'on luy mect sus; secondement, que l'on ne puisse avoir aultre vraie probacion de ce dont on lui demande; tiercement, que

(1) Ici se termine le Traité de Jean de Villiers, seigneur de l'Isle-Adam. — A l'alinéa suivant, Olivier de la Marche reprend la parole.

(2) J'ai cherché vainement dans les Œuvres de Barthole (Bartoli a Saxoferrato opera... : Venetiis,) 1590, 11 vol. in-folio, le passage que cite ici Olivier de la Marche.

celuy qui est assailly soit de semblable force et pouvoir que l'assaillant, à quoy les princes et juges doyvent avoir grant regard ; quartement, que la cause dont l'assaillant assault sa partie soit personnelle, c'est-à-dire que ce soit cause criminelle, et non pas pécunielle ; quintement, que la cause requière la voye d'armes, et non pas la voye judiciale. Et appert clèrement, par le récit de Bartole, que le gaige de bataille est permis par les empereurs, roys et princes. Et au regard de maistre Nicole de Lira (1), il ne contredit point à la permission de gaige de bataille, mais il en fait grant conscience, et dit que l'assaillant et le permectant péchent en ceste partie plus griefvement que ne faict le deffendant ; par quoy il appert qu'il ne contredit point, mais il dit que c'est charge de conscience, et je l'advoue.

Et en continuant l'advertissement que je vous baille en ceste partie, nous déclairerons les considéracions que le prince ou le juge doibt avoir, avant qu'il permecte que le gaige soit jecté ne la bataille faicte. Et, premièrement, il doibt regarder et cougnoistre les personnaiges de l'appellant et du deffendant, et que l'appellant ne soit point de plus extrême force que le deffendant ; car souvent il advient que ung hayneulx, puissant de son corps, assault ung plus foible plus par vengence que par droit. — Secondement, doibt avoir regard le prince ou le juge, que l'appellant ne soit homme furieux et coustumier d'assaillir sa partie, en

(1) Voir : Nicolai de Lyra *Postilllæ perpetuæ in Vetus et Novum Testamentum, addito textu sacro....* Venetiis, Joan. de Colonia. Nic. Jenson, etc., 1481, 5 vol. in-folio, t. II (Regum lib. I. cap. XVII, commentaire sur le combat de David et de Goliath).

fiance de sa puissance et sans tiltre de raison. — Tiercement, doibt avoir regard que le deffendant soit sain de ses
membres, sans estre borgne, boiteux ou affollé de l'ung
de ses bras, et qu'il soit homme entier pour deffendre son
honneur et sa vie. Et dit le droit que s'il avoit défaillance
en sa personne, que l'on debveroit à l'assaillant et demandeur faire le samblable, c'est assavoir se le deffendant avoit
perdu ung œil, on doibt bander ung œil au demandant, et
s'il a ung bras affolé, on doibt occuper le bras de l'appellant,
tellement qu'il ne s'en puisse ayder, et ainsi des aultres
membres deffensibles et aydables; mais, de ma part, je
reboute ceste oppinion, et donne advis que le prince ou le
juge doit plustost refuser et non permectre le gaige de
bataille. — Quartement, on doibt avoir regard et en faire
bonne enqueste, que le deffendant n'ait aucune maladie
secrète qui l'empeschast à deffendre son droit, comme
raige de chief, maladie caducque, et pluseurs aultres incon-
véniens, dont le prince ou le juge doibt suppourter et excuser
le deffendant; et au regard de l'appellant, il ne faict point
tant à favoriser que le deffendant, pour ce qu'il est requérant en ceste partie. — Quintement, doibt avoir regard que
l'appellant soit aussi gentilhomme que le deffendant, car
par ce point pourroit deffendre le deffendant, pour ce que la
coustume veult que les juges aient regard que les personnaiges soient égaulx tant en puissance de corps, que en
noblesse, le plus que faire se peult. Mais si l'appellant
accuse sa partie de trahyson, et qu'il touche cryme de lèse-
majesté, en ce cas l'appellant sera ouy, et pourra faire sa bataille par de deux voyes. L'une, la première, s'il n'est point
gentilhomme, il peult combatre selon l'ancienne coustume,

armé de cuir bouilly, et atout ung baston sans poincte, sans
tranchant et sans fer; et ainsi le souloit-on faire du temps
passé, quant ung vilain assailloit un noble homme. Mais,
comme j'ay dit, si le cas touche trahyson contre le prince et
de cryme de lèse-majesté. le prince peult anoblir celluy qui
le veult advertir de son péril ou danger, pour asseurer sa
personne; et par ceste seconde voye l'appellant anobli nou-
vellement peult combatre comme ung noble homme, d'armeures et de bastons, et porter cotte d'armes et telles armes
que le prince luy donnera, et à ce ne peult débatre le deffendant. — Le sixiesme point à quoy le prince ou le juge doibt
avoir regard, c'est que le deffendant ne soit clerc; car vous
ne trouverez par nulle loy ne coustume, que ung clerc soit
tenu de combatre, sinon en deux voies : la première, qu'il
soit chargé de trahyson et de cryme de lèse-majesté, comme
dessus est dit, et qu'il touche le prince, et, en ce cas, il est
tenu de respondre et de deffendre la charge qu'on lui
baille; le second point, se la charge à lui baillée touchoit
la foy. En ces deux cas, le clerc est tenu de respondre ;
et pour les aultres cas qu'on luy pourroit demander, le
prince ou le juge doyvent enquérir en quel temps il a esté
clerc; car, à la bonne équité, s'il s'est fait clerc depuis le
crisme commis, que l'on luy meet sus. il samble qu'il devroit respondre. et que la clergie ne seroit pas souffisante
de l'excuser, et sambleroit qu'il se seroit fait clerc affin de
non respondre et d'estre exempt de deffendre la charge
que on lui peult donner (1).

(1) Variante des mss. d'Angers et 1436 : *Le prince ou le juge doib-*
vent enquérir en quel temps il a esté clerc. Depuis le cryme commis,
selon équité. s'il se faict clerc, il doibt respondre, et ne luy doibt la

Et pour ce, mon souverain seigneur, qu'il est besoing qu'en ceste partie et en aultres. vous cougnoissez ceulx que vous debvez tenir pour gentilzhommes, pour nobles hommes, et pour non nobles, car il y a différence entre gentilzhommes et nobles hommes, le gentilhomme est celluy qui, d'ancienneté, est issu de gentilzhommes et gentilzfemmes, et ceulx sont gentilzhommes et leurs postéritez entretenues par mariaige, comme dit est. Et au regard de la noblesse, qui est commencement de gentillesse, elle est acquise, premièrement, par possesseur des grans offices du prince. et par ce moyen sont anobliz et eulx et leurs postéritez, et par entretenance de franches conditions ⁽¹⁾, et de mener vie honneste de nobles hommes, et se peuvent les hoirs venans d'eulx nommer gentilzhommes. Tiercement, quant ung serviteur de prince, ou aultre, a honnorablement vescu, et le prince le faict chevalier, il anoblist luy et sa postérité, et n'y a point tant à faire de créer ung chevalier que ung gentilhomme, et ung noble homme samblablement. Quartement, suyvir les armes en estat d'omme d'armes, et servir le prince valeureusement en vaillance et continuacion de guerre, ce point anoblist l'omme. Et, pour le cinquiesme poinct, quant le prince veult anoblir ung homme, il le peult faire et luy bailler lectres d'estre noble, ou pour son bon service, ou pour sa vertueuse vie, ou par sa richesse. Et combien que ceste voye

clergie de riens prouffiter : car l'on pourroit dire que il l'auroit faict. affin d'être quicte et exempt de deffendre ladicte charge qu'on luy peult donner.

(1) Les mss. 5518 et 272 portent : *Par entretenance de francs mariaiges.*

d'estre noble par lectres soit la moins auctorisée, touteffois
est-il apparent que les anciennes noblesses sont venues
d'anciennes richesses ; et est plus heureux, et fait plus à
extimer celluy qui commance ses noblesses par vertu, que
celluy qui finist les siennes par vices.

Or vous ay-je monstré les condicions et les causes pour
quoy ung prince ou juge doibt avoir regard, avant qu'il permecte le gaige de bataille, et aussi que c'est de gentillesse
et de noblesse, affin que vous, mon souverain seigneur,
sachez à chascun deppartir l'honneur qui luy appartient,
et en ordonner à la raison. Et maintenant, je reviendray à
mon premier propoz, qui est de donner cause et entendement, tant que mon sens le pourra porter et soustenir, que
nulles gens, de quelque estat qu'ilz soient, n'entrent ou se
boutent en ceste périlleuse queste de gaige de bataille. Et
oultre les raisons par avant dictes, je requiers que par mon
récit les jeunes gens et ceulx qui peu ont expérimenté
telles infortuneuses adventures, pensent plus d'une foiz et
calculent ce qui leur peult ou pourroit advenir, selon que
la fortune leur donneroit en ceste malheureuse et dampnable espreuve. Et déclaireray la honte, la pugnicion et
le dommaige que seuffre et porte le vaincu, car au mieulx
qu'il en peult eschapper, c'est de cougnoistre de sa bouche
qu'il a tort, et qu'il est parjure publique, et se desdit ,soit
d'avoir appellé ou deffendu. Et, à la requeste de son adversaire, le prince ou le juge luy peult donner la vie. Et là
viennent les héraulx, qui luy arrachent et deschirent sa cotte
d'armes sur le doz, comme homme non digne de jamais
pourter armes d'homme noble en blasons, cottes d'armes
ou aultrement ; et puis les héraulx luy couppent les aguil-

letes qui tiennent son harnois, et luy ostent ses armeures, et les jectent emmy le champ. Et puis est le vaincu amené en reculon jusques hors de la lisse et du champ cloz ; et là, le bourreau le prent, et, par les quatre coings hors de la lisse, le bannist perpétuelment hors des pays et seigneuries du seigneur soubz qui il a esté vaincu ; et luy est deffendu, pour luy et pour sa postérité, de jamais porter armes et armeures, et que luy et sa postérité ne se pourront plus nommer du surnom dont ilz ont estez nommez jusques à ce jour, et fault qu'il parte dedens xxiiii heures, pour vuider le pays ; et ainsi est dégradé de tout honneur et de tous biens. Et s'il advenoit que le vaincu fust tué ès lisses, ou que le prince ou le juge ne luy accordast point la vie, en fournissant les pugnicions avant dictes et les dégrade- mens d'honneur et de chevance pour luy et sa postérité. il seroit livré ès mains du bourreau qui le menroit pendre au gibet ; mais je ne treuve point qu'il doibve estre trayné, si le cas dont il est vaincu n'est trahyson ou cryme de lèse-majesté, et, en l'ung de ces cas, il doibt estre trayné jusques au gibet.

Or, messeigneurs nobles et non nobles, qui lirez ou orrez ceste épistre, souviengne vous de moy, et que je vous advertis du danger et péril où vous pouvez entrer, d'âme, d'honneur et de chevance, car c'est l'assault périlleux, qui fault, il est perdu, mort et destruict. Si pensez plus d'une foiz avant que vous entreprenez faiz si pesant, où il y a plus de follie que de sens, et plus de dangereux espoir que de seureté.

Et ainsi, par telle manière, j'ay monstré comment gaige se peult permectre, et remonstré les causes pour quoy on le doibt et peult fuyr. Et n'en puis mains escripre, pour l'aquict de ma conscience; car qui conseillera à aultruy de faire ceste dangereuse entreprise, il péche mortellement, et ne donne point conseil de vray ami. Toutesloiz, si ung amy est requis par son amy, soit appellant ou deffendant, et l'homme soit délibéré d'entrer audit gaige de bataille, après luy avoir souffisamment remonstré les dangiers et périlz où il se boutte, l'amy peult bien conseillier sans péché son amy de la manière qu'il a à tenir, soit pour appeller ou pour deffendre, la manière de soy armer et de combatre, pour maintenir ceste querelle. Et pour conclure et mectre à fin ceste matière, que j'ay calculée et esclarcie au mieulx qu'il m'a esté possible, reste seulement que je face trois questions où je donneray mon advis à chascune, et prie qu'elles soyent entendues, et là où j'auray failly, que l'on y donne amendement.

La première question si est telle que, supposons que ung homme noble aye plusieurs enffans, et ait ceste fortune que d'estre desconfit en champ cloz par gaige de bataille, auquel cas il confisque la vie, les biens, l'honneur, les armes et le nom, comme j'ay cy-devant dit, assavoir se les enfans nez avant le délit et le cas advenu, dont il se trouve chargié, se iceulx enfans avant nez doibvent partir à la pugnicion du cryme, comme ceulx qui sont nez depuis. Et peult sembler de prime face, que toute sa postérité et enfans quelzconques, nez devant ou après le délit commis, dont il est condampné, doibvent porter la perte et la honte de leur père, sans y mectre nulle excepcion. Et touteffois la glose (1) et la bonne équité monstrent le contraire, et dient

(1) La *Glose* désigne la *Grande Glose* sur le droit romain, de

que l'enfant qui est né avant le mal conceupt et perpétré,
dont le père est desconfit et jugié pour desconfit et chargié
de crime déshonneste et capital, que icellui enfant ou enfans doibvent demourer en leur nom et porter leurs armes
acoustumées; mais ceulx qui sont nez depuis le cryme
perpétré doibvent estre forclos d'armes, de surnoms et de
biens, comme leur père. Mais quant à la chevance et en la
porcion, le prince doibt avoir regard à ceulx qui sont nez
devant le délit et faulte commis. Et, au regard de mon advis,
ie demeure en celle oppinion.

La seconde question est assavoir si une femme noble (1)
doibt estre creue sans aultre preuve à charger ung
homme de tel cryme que d'efforcement, et adventurer
son mary, son frère ou son parent d'entrer en champ
de bataille contre celuy dont elle fait plaincte. Et n'est pas
petite question; car une femme est peu (2) souvent appellée
ou creue en tesmongnaige devant justice et devant loy, s'il
n'y a aultre preuve et indices. Et comment doncques est-il
que par la relacion et plaincte d'une femme aulcuns veulent entrer en gaige de bataille, qui est chose si périlleuse,
et à quoy le juge doibt avoir grant regard, car souvent il
advient que une femme forme mortellement hayne à l'encontre d'ung homme, et ne luy chault qu'elle face ou dit,
mais qu'elle luy puisse porter dommaige ou déshonneur.
Et bien souvent il advient que une femme est amoureuse
d'aucun espécial amy de son mary, et, comme folle et

François Accurse, célèbre jurisconsulte italien du moyen âge. J'ai
cherché inutilement dans ce volumineux commentaire le passage
mentionné ici par notre auteur.

(1) Variante du ms. 272 : *Si une femme noble ou non noble*.

(2) Il faut lire : « Car une femme *peult estre* souvent appellée. »

nabandonnée de son honneur, le dit à celuy qu'elle ayme.
Et pourroit advenir que le léal homme, ou serviteur ou
amy du mary d'elle, ne se vouldra pas accorder à sa désordonnée requeste, dont la mauvaise femme tournera
au contraire, et dira à son mary qu'i l'a voulu déshonnorer
ou fait de fait, et tellement anymera son mary ou son prochain parent, qu'ilz acuseront de trayson celuy qui peult-
estre n'en fut oncques coulpable. Exemple suffisant de la
femme de Phutifar, prince de l'excercite du roy Pharaon
d'Egipte, qui s'enamoura de Joseph ; et, pour ce qu'il ne
volut obtempérer ne faire sa volunté, gardant sa loyaulté
et son serment envers son maistre, ladicte femme conceut
sy grant haine, et voulut si grant mal contre ledit Joseph,
qu'elle fist acroire à son mary qu'il l'avoit voulu prandre
par force et faire sa volunté d'elle, en demandant vengence de la desloyaulté de Joseph, et pourchassa sa mort
à son povoir, et tellement, que ledit Phutifar fist prendre
Joseph, et le mectre en chartre criminelle. Et se ne fust que
Dieu donna à Joseph esperit prophétique, et qu'il exposa
le songe du roy d'Egipte, que nul aultre ne sceut faire, des
sept gras beufz et des sept maigres, comme il est contenu
en la Bible (1), sans nulle faulte le roy d'Egipte l'eust fait
mourir sans desserte, à l'appétit de la mauvaise femme.
Mais Dieu préserva Joseph, et gouverna depuis tout le
royaume d'Egipte. Par telz exemples ou semblables,
n'est pas ceste seconde question mal fondée ; et samble de
prime face que telle femme ne faict à oyr, ne celuy qui veult
entrer en champ de bataille pour la cause d'icelle, ne faict

(1) Voir la Bible, *Genèse*, chap. xxxix et les suiv.

à recepvoir. Touteffois, pour les raisons que je déclaireray, il a esté et doyt estre permis, le champ de bataille, ou cas que la violence y ayt esté, et que les raisons que je diray cy-après y soient conjecturées et entendues. Qui est la femme si désordonnée, qui vouldroit esclandrer son honneur, qui est le soing que doit avoir femme de bien et de bon renom ? Et sambleroit estrange chose que une femme, sans grans causes et raisons, se voulsist déshonnorer publicquement, pour se venger d'aultruy. Ou qui seroit la femme si advantureuse qui, pour prendre vengence de partie, et haine, voulsist adventurer son mary ou son parent à si grant dangier que de gaige de bataille ? Et, qui plus est, comme j'ay dit cy-devant (1), elle se mect en dangier de mort et d'estre brûlée, si son champion est vaincu, et d'estre pugnie de la vie, comme faulse accuseresse : et telle est la coustume. Et pour ces dernières raisons alléguées, il est permis que, soubz sa relacion seulement, le champion qui se présentera pour elle sera receu, et luy est permis d'entreprendre le gaige, s'il le veult faire. Et, quant à moy, je tiens et advoue ceste dernière oppinion.

La tierce question si est que, comme j'ay dit cy-devant (2), ung prince peult anoblir ung homme non noble, s'i veult charger ung homme noble ou gentilhomme de cryme de lèse-majesté ou de trahyson contre le prince, et aultrement ne peult prouver que par son corps, comme fist le viel charpentier à Nostre-Dame de Cambron, qui combatit ung juif qui avoit donné à l'ymaige de Nostre-

(1) Page 16.
(2) Page 44.

Dame d'une lance au front, en despitant la glorieuse Vierge
et nostre foy, et dont le sang saillit de la playe de la glorieuse Dame, comme il est encores approuvé en l'église de
Cambron, où la glorieuse Vierge Marie faict et permect à
son ymaige plusieurs beaulx miraicles. Ce cas ne povoit
estre prouvé contre le juif, se ne fust que le povre vieil
charpentier, meu de bonne foy, accusa le juif, qui estoit
ung beau jeune homme; et combatit ledit juif à l'escu et au
baston par gaige de bataille, et si bien s'esprouva contre le
juif, qu'i le desconfist; et congneut son péché et fut le juif
pendu au gibet, entre deux mastins, comme c'est la coustume et veult la loy, que, en faisant justice d'ung juif, il soit
pendu entre deux chiens, comme homme bestial et sans
foy (1).

Revenant à nostre matière, je demande par ma tierce
question, s'il advenoit que trayson feust conspirée contre
le prince, et ne se peult prover que par ung homme non
noble, et qui pis est, vilain, serf et de servile condicion,
assavoir si le prince, pour estre advèrty de la conspiracion et
trayson emprinse contre sa personne, et touche ce cas
cryme de lèse-majesté, pour ce que si le vilain accuse ung
gentilhomme ou homme noble, le gentilhomme se peult

(1) *Chronicon Willelmi monachi et procuratoris Egmondani...*
et *Chronycke van Joannes van der Beke canonic t'Utrecht,* dans les
Veteris aevi analecta... Ant. Matthæi : Hagæ-Comitum, 1738, 5 vol.
in-4°, t. ii p. 642, t. iii pp. 214-215 ; — *Annales de la province et
comté d'Haynau...* par Pr. Vinchant et Ant. Ruteau : Mons, 1648,
in-folio, pp. 326-328 ; — *Historiæ Camberonensis pars prior, sive
Diva Camberonensis a Judæo perfido quinquies icta et cruentata,
duobus distincta libris. Accedit et Divæ Lumbisiolanæ, sive a Ceraso,
juxta Cambenorem Historia,* par dom Ant. Le Waitte : Parisiis,
ex Typographia Cramosiana, 1672, in-4°, pp. 31-64.

deffendre et maintenir que contre ung vilain ne se doibt point combatre; et par ainsi l'esclarcissement du faict du prince ne peult estre esclarci ne sceu. Et semble, par ceste première raison, que le noble homme n'est point tenu de respondre, et principalment quant sa partie est homme de mainmorte et de servile condicion; et semble que vile chose seroit à noblesse, si ung noble homme estoit tenu de respondre à ung vilain serf. Or est ainsi que le faict du prince est si privilégié, puisqu'il touche trayson contre luy ou sa généracion, que, à la bonne équité et par raison, le prince, pour avérer son fait, peut homme serf affranchir, et puis anoblir; et peut porter armures, armes et blason, telz que le prince luy donra, pour maintenir sa querelle, pourveu touteffois que la mainmorte soit à luy, et qu'il en soit le seigneur naturel; mais si la mainmorte estoit à ung aultre seigneur, qui fût son subject, ou aultre, il ne le pourroit faire sans le consentement du seigneur à qui seroit ladicte mainmorte, selon raison, justice et équité. Et, de ceste dernière question, je demeure en ceste dernière oppinion; et me soit pardonné si j'ay donné advis sur les trois oppinions dessus escriptes, quar je le remectz en la correction des plus saiges.

Or, mon souverain seigneur, après avoir conclud que c'est de gaige de bataille, et bien débatu les causes pour quoy il se doit et peult refuser ou permectre, et principalment par le prince ou juge, et que j'ay donné exemple, advis et regard, et débatu que c'est de gentillesse et de noblesse, et comment la coustume veult, pour bonnes causes, que le gaige soit permis; les poinctz cy-dessus bien débatuz, et aussi que j'ay monstré et enregistré en ceste épistre, le livret que fist le seigneur de l'Isle-Adam, adressant au duc Philippe l'Asséuré, vostre ayeul, par lequel vous povez fermer vostre advis, si le cas le requiert; et, après que j'ay fondé trois questions servans à ce propoz, et donné mon advis à correction des saiges, je metcz fin et conclusion en ce présent volume, et le présente en toute humilité à vous et à vostre noble conseil, priant et requérant que mes faultes me soient pardonnées, et soit prinse mon œuvre en bon vouloir. Et je prie à Dieu, mon souverain seigneur, qu'il vous doinst en toutes voz chouses estre si bien conseillé, que vous vous puissiez monstrer et apparoir prince vertueux et parfaict en justice et raison.

TANT A SOUFFERT LA MARCHE.

TRAICTÉ D'UN TOURNOY TENU A GAND PAR CLAUDE DE VAULDRAY, SEIGNEUR DE L'AIGLE, L'AN 1469 (VIEUX STYLE).

Hault, puissant et vertueux prince, monseigneur le conte de Bresse et de Baugy (1), à vous se recommande en toute humilité celui qui est tout vostre, la Marche. Et pour ce que je sçay que vous avés le cœur eslevé à oyr et sçavoir toutes choses honnourables et dignes de loenges, et principalement par inclination de amour et d'affection, vostre désir est de sçavoir du bon estat et de la disposition de ceste noble maison de Bourgongne, dont vous estes parent (2), et que je sçay bien que c'est la maison du monde dont vous désirés avoir meilleurs nouvelles, et meisme-

(1) Philippe, comte de Bresse et de Bâgé, cinquième fils de Louis, duc de Savoie, et d'Anne de Lusignan, naquit le 5 février 1438. En 1496, il succéda comme duc de Savoie à son petit-neveu Charles II mort sans proche héritier. Il mourut le 7 novembre 1497. — Voir: *Histoire de Bresse et de Bagey...* par Samuel Guichenon : Lyon, 1650, 2 vol. in-fol., t. 1 (première partie) pp. 90-97.

(2) Le comte Philippe appartenait à la maison de Bourgogne par sa grand'mère paternelle, Marie de Bourgogne, fille du duc de Bourgogne Philippe le Hardi, qui épousa, en 1393, Amédée VIII dit le Pacifique, duc de Savoie. — Le père du comte Philippe, le duc Louis, était fils d'Amédée VIII et de Marie de Bourgogne.

ment du tamps passé, et des œuvres que font messigneurs vos cousins, vos sochons et vos serviteurs estans en ceste noble maison, dont il y a tel nombre et sy grant quantité que vous sçavés, et lesquelz, à toute bonne chière et à toutes honnourables exercites, vous désirent, demandent et regrètent sur tous les signeurs de ce monde. Et pour parfaire la cause pour quoy je vous escrips présentement, c'est en effect pour vous advertir et faire sçavoir d'un pas, par manière de gracieuses armes, fait et acomply à bastons rabattus par messire Glaude de Vaudray (1), seigneur de

(1) Claude de Vaudrey, chevalier, seigneur de l'Aigle, de Chilly, etc., conseiller et chambellan du duc de Bourgogne, chevalier d'honneur au parlement de Dole, nommé bailli de la Montagne le 3 avril 1474 (n. st.), bailli d'Aval de 1487 à 1492?, mort sans postérité vers l'an 1515. — Voir : *Mémoires* de Philippe de Commynes. Nouvelle édition... publiée... par Mlle Dupont : Paris, 1840-1847, 3 vol. in-8°, t. II, p. 199 (liv. VI, chap. III) ; — *Collection des chroniques nationales françaises... Chroniques* de Jean Molinet, publiées par J.-A. Buchon : Paris, 1827-1828, 5 vol. in-8°, t. V, p. 24 ; — *La très-joyeuse, plaisante et récréative hystoire composée par le loyal serviteur, des faiz, gestes, triumphes et prouesses du bon chevalier sans paour et sans reprouche, le gentil seigneur de Bayart...* (Paris, G. Dupré, 1527, in-4° goth.), chap. VI-VIII, ff. VI-X ; — Jacq. Meyer, *Commentarii sive annales rerum Flandricarum libri septendecim...* Antuerpiæ, 1561, in-fol., fol. 345 ; — Guill. Paradin, *Annales de Bourgongne*: Lyon, 1566, in-fol., pp. 692-693 ; — Pierre de Sainct Julien, *Meslanges historiques et recueils de diverses matières pour la pluspart paradoxalles et néantmoins vrayes*: Lyon, Ben. Rigaud, 1588, pet. in-8°, pp. 474-475 ; — Gollut, *Les Mémoires historiques de la République Séquanoise et des princes de la Franche-Comté de Bourgougne...* Nouvelle édition... par Ch. Duvernoy... et Emm. Bousson de Mairet..... : Arbois, 1846, gr. in-8°, col. 1228, 1232, 1368, 1371-72, 1375, 1380, 1386, 1414, 1436-37, 1754, 1759 ; — Ponti Heuteri Delfii *Rerum Belgicarum libri quindecim...* : Antuerpiæ, 1598, pet. in-4°, pp. 72-73 ; — Claude Jurain, *Histoire des antiquitez et prérogatives de la ville et comté d'Aussonne...*: Dijon, 1611, pet. in-8°, p. 92 ; — (Lefèvre

l'Aigle, conseillier et chambellam de monseigneur le duc de Bourgongne (1); lequel, messire Glaude, meu de bon voloir et gentil couraige, fist cryer et publier, dès le mois de décembre, en la ville de Bruxelles. Et a esté fait et exécuté cestui pas en ceste bonne ville de Gand, en la pré-

de la Barre) *Mémoires pour servir à l'histoire de France et de Bourgogne..*: Paris, 1729, 2 tom. en 1 vol. in-4°, t. 11, pp. 264-265, 273; — Dunod, *Histoire du Comté de Bourgogne..*: Dijon, 1735-37, 2 vol. in-4°, t. 11, p. 374-375, et *Mémoires pour servir à l'histoire du Comté de Bourgogne..* : Besançon, 1740, in-4°, pp. 223, 411; — (dom Urb. Plancher et dom Merle) *Histoire générale et particulière de Bourgogne..*: Dijon, 1739-1781, 4 vol. in-fol., t. iv, pp. 487, 489; — (dom Grappin) *Histoire abrégée du comté de Bourgogne..*: Besançon, 1780, in-8°, pp. 289-290; — Crestin, *Histoire de Gray*: Besançon, 1785, in-8°, pp. 108-109; — Béchet, *Recherches historiques sur la ville de Salins* : Besançon, Bintot, 1830, 2 vol. in-12, t. 11 pp. 147, 155-157; — *Album franc-comtois*, publié par M. Clovis Guyornaud : (Besançon, A. Girod), 1842, in-4°, pp. 231-238; — Désiré Monnier, *Annuaire du département du Jura pour l'année 1847* : Lons-le-Saunier, 1847, in-18, p. 248 (article sur le château de l'Aigle); — l'abbé Gatin et l'abbé Besson, *Histoire de la ville de Gray....*: Besançon, 1851, in-8°, pp. 102-108; — Eug. Rougebief, *Histoire de la Franche-Comté ancienne et moderne..*: Paris, 1851, in-4°, pp. 385-386, 388-389, 392; — Rossignol, *Histoire de la Bourgogne pendant la période monarchique... Conquête de la Bourgogne après la mort de Charles-le-Téméraire. 1476-1483* : Dijon, 1853, in-8°, pp. 68, 123-125, 261, 268; — A. Rousset, *Dictionnaire géographique, historique et statistique des communes de la Franche-Comté... Département du Jura....*: Besançon, Lons-le-Saunier, 1853-1858, 6 vol. in-8°, t. 11 pp. 79, 133, t. v, 445-46; — *Histoire de Bourgogne sous Charles VIII*, par M. Rossignol, dans les Mémoires de l'Académie... de Dijon : année 1857, p. 2; année 1861 pp. 98, 125, 165; — Paris, Bibliothèque nationale, Mss., collection de Bourgogne, t. 43, f. 123 r° et v°; — Dijon, archives départementales, série B, n° 1281, 1765, 1792, 1795, 1798, 4755, 5666-69.

(1) Charles surnommé le Hardi, le Guerrier, le Terrible ou le Téméraire, fils du duc Philippe le Bon et d'Isabelle de Portugal, duc de Bourgogne de 1465 à 1477.

sence de mondit seigneur et de madame la duchesse (1),
de grand signourie, et de beaucops de peuples, comme
vous povez assés sçavoir. Et pour ce que je sçay que
désirés d'estre adverti bien au long de ceste matière, je
commenceray à escripre comme le pas fut cryé par le roy
d'armes de Brabant et lut par Charolois, le hérault, au
lieu et ou temps dessusdit. Et dont, cy-après, s'ensièvent
les chappitres de cestui noble pas.

S'ENSIÈVENT LES CHAPPITRES DU CHEVALIER A LA DAME
SAUVAIGE.

A tous emprereux, rois, ducz et princes, et généralement à tous ceulz à qui nobles emprises appartiennent à
sçavoir, se recommande en toute humilité le Compaignon
de la Joyeuse Queste, lequel, par cestes, vous advertist de
son adventure, affin d'estre son cas mieulx entendu, et
l'emprise cy-après déclarée estre mieulx prise et agréé de
ung chascum, et luy, mieulx secouru et aydé à son besoing.

Vray est que ledit entrepreneur, pour sa première
bonne adventure, se partist, n'a pas grammment, du riche
royeaume d'Enfance, et entra en ung pays gasté, maigre
et stérile, que on appelle Jonesse. Et fut longtamps vaucrant et errant ycelluy païs, sans estre repeu que de pensées,
cuidiers, ou d'espérance; qui fut la pasture qui plus le
soustint et conforta en iceluy voyaige, ouquel ne trouva
aventure que à compter face, jusques ad ce qu'il se trouva

(1) La duchesse de Bourgogne dont il est ici question est Marguerite d'Yorck, sœur d'Édouard IV, roi d'Angleterre. Charles
le Téméraire l'épousa en troisièmes noces le 3 juillet 1468. Elle
mourut en 1503.

en la grant plaine de Plaisance, qui siet entre le chasteau
de Beaulté et la noble montaigne de Grâce, que l'on dist
Bonne Renommée. Et sytost qu'il entra en ycelle plaine,
il vit contre luy venir ung chevalier armés de toutes armes,
duquel l'escu et parure de son cheval furent tous semés de
doulces atraites. Et qui me demanderoit qui fut le chevalier, je diroie que c'estoit Regart, qui, pour celle heure,
avoit empris la garde de la plaine de Plaisance. Et, sitost
qu'il percheut le chevalier entrepreneur, il laisse courre
contre luy, tant qu'il peut du cheval traire ; et, avant que
l'entrepreneur fut pourveu de se deffendre, il luy donna tel
cop, que, pour l'escu ne le harnas, ne remaint qu'il ne lui
mist la glaive parmy le corps, et jusques au cœur, sy durement qu'il se sentira toute sa vie, et l'abbaty par terre,
comme mort. Ainsy advint-il à l'entrepreneur de sa première queste ; et se ne fust ung hermite, qui près de là
demouroit, qui le mena à toute paine en l'ermitaige de Bel
Acoeil, qui est scituée au hault de la montaigne de Grâce,
et le médicina et aléga, certes il fust mors sans remède.
Et ainsy luy advint que la dame d'icelle signourie sceut
ledit chevalier estre en celluy lieu, en périlleux dangier
de sa vie, et comme son serviteur Regard l'avoit navré et
abbatu ; pour quoi, elle, par sa courtoisie, se tira celle
part acompaignié très-noblement et en grant estat, et visita
le chevalier malade, le médicinant de parolles et responses
et d'entretenues tant et sy honnourablement, que, sans
saner et garir la première et principale blesçure, plus n'en
povoit faire. Et, pour esclarcir à ung chascum l'entendement et la vérité de ceste adventure, ceste dame ouquel
servaige et soubz quel povoir se trouva ledit chevalier, estoit

une Dame Sauvaige, couverte naturèlement par toutes les parties de son corps, de cheveux et de long poil, le plus bel et le plus blont que l'on porroit veoir, sans quelque aultre vesture, ayant sur son chief une moult belle couronne de petis ramealx flouris. Et par la beaulté, doulceur et courtoisie d'elle, le chevalier reprint couraige, et tant s'esvertua, qu'il requist à la dame, que, pour charité et aumonsne, et pour préserver sa vie, luy pleust ottroyer et donner tant de grâce que de le retenir pour son serviteur, car tel estoit-il destiné de demourer à toujours. Mais la dame, par une doulce rigeur, luy fist aulcuns refus de sa requeste; et, par les parolles d'elle, le chevalier cogneut bien que, par prières, maintien ou renommée, il n'estoit point digne d'avoir response selon son désir. Pour quoy, pour non despérer ou aggraver sa maladie, lui respondit que, quant elle appercevroit et sçauroit qu'il seroit de lieu, auroit hanté et prins noureture en lieu digne d'acquérir vertus et loenges, et qu'il auroit fait voler et estendre le nom de luy par chevalereuses et nobles excercites, lors luy feroit response dont il deveroit estre content. Et sur ce point, se parti le chevalier de la Dame Sauvaige, et tant chemina par les pénibles désers de Pensées, et par les croylis et marescaiges d'Imaginations, qu'il composa çertains chapitres de l'emprise par manière de pas, en exercite de gratieuses armes, dont cy-après la teneur s'ensieult :

« Je, le serviteur de la Sauvaige Dame, fay assavoir à
« tous nobles hommes, que, par congié et licence de très-
« hault, très-excellent et victorieux prince, mon très-re-
« doubté et souverain seigneur et maistre, monseigneur

« le duc de Bourgongne et de Brabant (1), que l'on me trou-
« vera le xiiii° jour de janvier prochain venant, en ceste
« bonne ville de Bruxelles, ou là où mondit seigneur le
« duc sera prest, pour rechepvoir et furnir à tous nobles
« hommes, par manière d'un gracieux pardon d'armes ;
« c'est assavoir à ung chescun, une course de lance et
« xvii cops d'espée féruz par l'un de nous deux. Et se
« conduira iceste emprinse en fourme d'un pas, par la
« fourme et manière qui cy-après s'ensieult.

« Item : et selonc le grant nombre de ceulx qui cest
« honneur me feront de venir à mon emprise, l'on me
« trouvera les xv⁰ˢ et les xvi⁰ˢ jours ensievant, et, se
« besoing est, tant de jours tenans l'un l'autre, que j'auray
« furny le contenu de mon emprise.

« Premièrement : pour les causes contenues en l'inti-
« tulation de ces présens chappitres, et pour ce que je
« désire de monstrer à celle qui me tient en servaige, que
« j'ay pris nourreture en maison florissant et plaine de
« noblesse, et que le renommé et vertueux excercite d'ar-
« mes a plus de cours, d'usaige et d'entremise en ceste
« noble maison de Bourgongne que autre part, j'ay re-
« quis et supplié à la dame dessusdite de moy prester
« deux damoiselles errans, ses plus féables et privées,
« affin que, en leur présence et pour tesmoing, je me

(1) Charles le Hardi était duc de Bourgogne, de Lothier (Basse
Lorraine) et de Brabant, de Limbourg, de Luxembourg et de
Gueldre, comte de Flandre, d'Artois et de Bourgogne, comte pala-
tin, comte de Hainaut, de Hollande, de Zélande, de Namur et de
Zutphen, marquis du saint Empire, seigneur de Frise, de Salins et
de Malines.

« puisse mettre en devoir d'aucun bien faire, ou au mains
« de l'emprendre.

« Item : et affin que mieulx et plus seurement puissent
« lesdites damoiselles faire rapport des nobles hommes,
« chevaliers et escuyers, qui tant d'honneur me feront que
« de venir à l'exécution de mon emprise, lesdites damoi-
« selles auront leur eschafault sur les rencz ; et devant
« elles, aura ung grant pavais à la fachon de Castille, tout
« bleu, ouquel pavais je seray escript ou millieu. Et selonc
« que les nobles hommes deveront venir à l'encontre de
« moy, ilz se feront escripre audit pavais, c'est assavoir
« leur nom, leur mot, l'un ou tous les deux. Et par icestui
« pavais raporté à ma dame, elle pourra cougnoistre en
« quel compaignie j'ay esté nourri, et se icelle maison,
« dont je suis homme lige et subgect, est asseulée et des-
« pourveue de nobles hommes.

« Item : et, l'escripture mise, se pourra présenter le che-
« valier ou noble homme, qui, pour ceste fois, aura son
« tour de besongnier devant mon souverain signeur des-
« susdit, ou ses nobles commis ; et sera monté et armé à
« son plaisir, sauf et réservé qu'il sera visité par lesdiz
« commis, qu'il ne soit lié ou ataché à la selle. Et pareil-
« lement aussy moy de mon costé.

« Item : et après la présentation du venant de dehors,
« je qui suis entrepreneur feray la mienne. Et devant moy
« venront les officiers d'armes, qui se tirreront devers les
« commis et ordonnés de par mondit très-redoubté sei-
« gneur ; et, par iceulx leur sera baillié deux lances et deux
« espées, dont mon compaignon aura le chois.

« Item : et après chascun de nous saisy de ses bastons,

« au premier son d'une trompette, nous courrons une
« seule course de lance, et puis prenderons les espées, et
« batterons, jusques à l'acomplissement de dix-sept cops
« d'espée férus par l'un de nous deux. Et nous fera dé-
« partir mondit seigneur ou ses commis, à son bon plaisir,
« et par les moyens que de sa grâce il avisera.

« Item : et s'il advenoit que l'un de nous deux, ou tous
« deux, feussons portés par terre de chocq de cop de
« lance, d'espée ou aultrement, en ce cas, celle emprinse
« sera tenue pour acomplie entre luy et moy; et sera
« quicte celui à qui ce advenra, pour requérir aux dames
« rémission et pardon de sa mésaventure.

« Item : et s'il ádvenoit que, en combattant, l'un de
« nous deux par meschief ou aultrement perdesist son
« espée, mondit seigneur de Bourgongne, ou les commis
« de par luy, ordonneront de la manière de pourveoir sur
« ce, assavoir de lui faire rendre et rebaillier son espée, ou
« de cesser pour ceste fois.

« Item : et pour ce que je voeil, et est mon intention
« de faire et acomplir franchement et sans mal engin le
« contenu de tous ces chappitres, mon entendement est
« que l'on demandera au venant de dehors, à sa présen-
« tation, s'il entent de combatre de son espée, ou de venir à
« bras de corps, affin que je soye adverti pour furnir se-
« lonc son intention ; car s'il n'estoit premier dit et déclairé
« par les dessusdiz, et il le feist, cellui qui ainsi le feroit et
« le commenceroit cest outrage, seroit fourclos des pris de
« cestui pas, et seroit à la miséricorde et grâce de mondit
« seigneur.

« Item : moy ayant le derrenier venant à mon pas

« acompli et furni sur les rencz, sans aler autre part, les
« deux damoiselles de la Dame Sauvage livreront ès
« mains des officiers d'armes les pris qui sont ordonnés
« pour le guerredon, mérite et bien fait des venans de
« dehors. Et premièrement sera donné à celui venant de
« dehors, qui aura donné plus beau cop de lance et fait
« plus belle atainte, une riche targe où sera paincte et
« figurée la Dame Sauvage, pour qui est cette chose
« emprise. Et à cellui, comme dessus, qui mieulx aura
« batu d'espée sera donné ung riche manicle en manière
« de ung riche brachelet, qui est une parure et joliveté ès
« dames de Castille et aussy de Portugal.

« Item : et pour toutes ces choses plus ordonnéement
« parfaire, achever et mener à fin, mondit seigneur pourra
« acourchier et ralongier les jours et le terme de cestui
« pas, commettre juges et commis, et du tout faire et
« ordonner à son bon plaisir.

« Item : et seront tenus tous ceux qui deveront venir à
« cestui pas, de eulx comparoir par devant mondit sei-
« gneur le duc de Bourgongne, xxiiii heures avant le
« commencement de icellui pas; et se présenteront à la
« furniture par ordre, ainsy que par mondit seigneur, ou
« ses nobles commis, seront nommés et bailliés par billetz
« ès mains des roys d'armes et héraulx à ce commis et
« ordonnés.

« Item : et est deffendu de férir le cheval de son com-
« paignon, soit de lance ou d'espée. Et qui tuera ledit
« cheval, comme dit est, il sera tenu de le payer au dit
« des juges ordonnés, et n'aura point de pris en ceste
« emprise.

« Sy prie à tous nobles hommes que, pour les consi-
« dérations cy-dessus escriptes, et pour leur meismes gloire,
« et affin d'estre congnus et nommés en diverses contrées,
« ilz se enregistrent en ce noble pavais, lequel, je vous
« certefie, sera présenté devant celle à qui tous les nobles
« cœurs du monde doivent révérence, honneur et service.
« Et oultre plus, je prie à ung chascun qu'il prengne en
« agréé ceste mon emprinse, aussy franchement et en
« aussy bon voloir et sans mal engin, comme je fais,
« qu'i me tieng et répute leur serviteur et oblégé, se
« mestier est.

« Et pour signe de vérité, et affin que nul ne doubte
« rompture ou défaillance en ceste emprinse, je Glaude
« de Vaudray, chevalier et chambellam de très-hault,
« très-excellent et victorieux prince monseigneur le duc
« de Bourgongne et de Brabant, prometz pour le servi-
« teur de la Sauvaige Dame, que les choses dessusdites
« seront faictes, fermes et acomplies, à l'aide de Dieu et
« de monseigneur saint George. Tesmoing mon saing
« manuel cy mis, le xiiiie jour de décembre mil quatre
« cens soixante-noeuf. »

Par la manière qu'il est dessus escript fut cestui pas
cryé et publié, et fut couru, fait et achevé en la ville de
Gand. Et quant ce vint à l'aprochier près du terme ordonné, le chevalier entrepreneur fit cryer que, s'il y avoit
aucuns qui céléement vousist venir à cestui pas sans estre
congneu, il se povoit faire nommer et escripre par autre
nom que par le sien, pourveu que mondit seigneur le
duc seulement fust adverti de luy; et que les venans de
dehors se pourroient présenter le xiiie jour de janvier à

Thoison d'Or (1) et au roy d'armes de Flandres, lesquelz enregistront les venans par ordre, ainsy qu'ilz se seroient présentés, pour en faire le rapport à mondit seigneur, affin de ordonner, par chascune journée, lesquelz et par quel ordre ilz deveront besongnier, et eulx faire escripre ou payés dessus nommé.

Le dimenche, XIIIIe jour de janvier, monsigneur le duc et madame la ducesse, grandement acompaigniés de moult grande noblesse, de dames et demoiselles, vindrent sur les rencz et à la place qui fut apparillié pour le pas, et arrivèrent environ deux heures après midi, et prindrent la maison qui pour eulx estoit habillée et tapissée, comme il appartenoit. Sy me tairay atant de monseigneur et de madame et de leur compaignie, et revendray à parler de l'ordonnance et de la manière de la place qui fut toute close et fermée, à manière de lice, et comme il estoit ordonné.

(1) En 1470, année où eut lieu le tournoi de Gand décrit par Olivier de la Marche, le *roi d'armes de Bourgogne* ou *héraut d'armes de l'ordre de la Toison d'Or*, était Gilles Gobet ou Gobert, qui, en l'an 1461, succéda dans cette charge à Jean Lefèvre, seigneur de Saint Remy, et resta en fonction jusqu'en 1492. Georges Chatelain n'a donc pas été roi d'armes de la Toison d'Or de 1468 à 1475, comme l'avancent plusieurs de ses biographes. — Voir : baron de Reiffenberg, *Histoire de la Toison d'Or...* : Bruxelles, 1830, in-4°, p. 582 ; — Notice sur George Chastellain, par Alex. Pinchart, dans le *Messager des Sciences historiques, ou archives des arts et de la bibliographie de Belgique,* année 1862 : (Gand, s. d., in-8°), pp. 318-321 ; — *Œuvres de Georges Chastellain,* publiées par M. le baron Kervyn de Lettenhove : Bruxelles, 1863-1866, 8 vol. in-8°, t. I, introduction (pp. v-lxiv) ; — *Chronique de J. de Lalain,* par G. Chastellain (dans la Collection des Chronique... de Buchon, tome XLI) : Paris, 1825, in-8°, pp. VIII et 393 (note) ; — *Nouvelle Biographie générale,* publiée par Didot, article de M. Vallet de Viriville, sur Chatelain ; etc.

Comme dit est, la place fut ordonnée sur le marchié de la Vieserie de Gand; et fut le champ carré, large et spacieux, clos et fermé de toutes pars, fors en deux parties seulement, dont l'une des entrées estoit du costé des dames, et fut ordonné pour ceulx qui vendroient de dehors. Et d'icelui costé, au coing de la lice, avoit ung montoir de ɪɪɪɪ degrés, pour aidier et aisier à armer et à désarmer les venans de dehors. Et comme au milieu de celle place, tirant de la maison de monseigneur, du loing du marché, à la main senestre, avoit ung hourc à double renc, yssant d'une maison, et tenant sur le bort de la lice, lequel hourc estoit tapissié de verdure, dont à l'ung des rencz estoient les ɪɪɪɪ juges ordonnés de par monsigneur, c'est assavoir messire Phelippe Pot, signeur de la Roche, messire Jehan de Reubempré, signeur de Bèvres, et messire Piètre Was, capitaine de Huy, et le roy d'armes de la Thoison d'Or. Ces quatre furent ordonnés de par mondit signeur pour avoir l'ordonnance et le regart sur tout ce que en ceste matère pourroit advenir. Et en l'autre renc d'icellui hourc estoient grand nombre d'officiers d'armes; et devant eux estoit aux piés du hourc, à cheval, une trompette qui servoit de sonner la bataille et la retraite, quant lesdiz juges le commanderoient. Et au plus hault d'icellui hourc estoit le pavais, qui fut tout bleu; et au milieu d'icellui pavais avoit escript en lettres blanches : *Glaude de Vaudray;* et dechà et delà de son nom, avoit VV. en lettres grégeoises, enchaînées de chainnes d'or à l'entour de son nom, moult gentement. Et au piet dudit pavais avoit ung blason de ses armes (1),

(1) Les de Vaudrey portaient pour armoiries *de gueules, emman-*

et ledit blason estoit tenu de unne grosse aigle d'or. Et me dist que la cause pour quoy il se fist escripre audit pavais de lettre blanche sans or et sans argent, il le fist à deux fins : l'une pour ce qu'il se réputoit estre le mendre et de la plus petite valeur de tous ceux qui cest honneur lui feroient, que de eux faire escripre en ce noble pavais ; et l'autre, pour ce qu'il vouloit estre différent d'escripre aux venans de dehors ; car son entendement estoit de faire escripre les chevaliers en lettre d'or, et les escuiers en lettre d'argent.

Item : et à l'opposite des dames, estoit une haulte porte ordonnée pour l'entrée du chevalier entrepreneur. Et sur celle haulte porte, avoit ung hourc, ordonné et paré moult honnestement, lequel fut préparé pour servir, comme cy-après vous sera devisé. Et fut ledit hourc, la porte et la tente, dont cy-après sera escript, parés d'arbres et de verdure, comme s'il partist de ung boys.

Dèrière icelle porte, avoit une haulte tente close et habilliée, pour aidier et aisier l'entrepreneur ; et touchoit ladite tente ès maisons où ledit chevalier se povoit armer et faire ce qui lui estoit besoing.

Le bailly de Gand, bourguemaistre et eschevins, avecques

---

ché d'argent de deux pièces. Ils avaient pour adage et devise : « Acta non verba », « Coup de lance des Vaudrey », et enfin « J'ai valu, vaulx et Vauldray ». — Cette dernière devise donna occasion à un jeu de mots. Les seigneurs de Rans et toute la noblesse franc-comtoise, jalouse de la puissante maison de Vaudrey, ajoutaient : « J'ai valu, vaulx et Vauldray jamais Rans. » Ran, en vieux patois de Franche-Comté, signifie rien. C'était donc dire à la fois : Vaudrey n'a jamais valu et ne vaudra jamais Rans. Et : Les de Vaudrey n'ont jamais rien valu et ne vaudront jamais rien.

leurs sergens, gardoient le champ clos, et les archiers de corps de monseigneur gardoient les entrées. Et n'est pas à oublier du grand nombre des fenestres parées et des hours qui furent là, de la noblesse et du peuple qui là estoit, car il sembloit que toutes les maisons et tout le marchié fussent plains de gens.

Les juges avoient ordonnés le roy d'armes de Flandres, à cheval, acompaignié de deux poursieuvans, pour présenter les bastons aux venans de dehors.

Item : avoient ordonnés VIII escuiers à cheval, c'est assavoir les quatre chief d'office, et chascun acompaignié de ung de ses compaignons, lesquelz furent montés sur bons chevaulx, chascun ung baston blanc en la main, pour départir les campions, quant la trompette sonneroit la retraite.

Item : fut ordonné messire Phelippe, bastard de la Viesville, cappitaine des archiers à cheval, et embastonné comme les autres, avecq XII archiers de corps à piet, atout grandes demy-lances sans fer, pour aller aidier à ceulx de cheval, s'il estoit besoing. Et au regard du hourc et de l'ordonnance, je m'en tais et déporte pour le présent, pour revenir et deviser de l'exécution de cestui noble pas.

Cellui dimenche XIIII⁰ jour, comme dit est, furent trouvés escrips ou noble pavais trois seigneurs ou nobles hommes, dont le premier fut messire Anthoine de Luxembourg, chevalier, conte de Roussy, filz de monseigneur de Saint-Pol, connestable de France, et se fist escripre : *Anthoine de Luxembourg, A l'Innocent;* et fut escript en lettre d'or. Le second fut Pierre de Salins (1), et se fist es-

(1) Pierre de Salins assista aux fêtes qui eurent lieu à Gand en 1468, à l'occasion du mariage du duc Charles le Téméraire avec Margue-

cripre en lettre d'argent. Le iiie fut messire Iehan de Berghes, chevalier, et se fist escripre : *Riens pour ma part ;* et fut escript en lettre d'or.

Environ deux heures et demye, arriva monseur le conte de Roussy dedens les rencz, et le conduisoit messire Jehan de Luxembourg, son cousin germain, et le marquis de Férare. Et pour ce que ledit monseur de Roussy sçavoit que les anchiens et les saiges sont consilliés en telle manière, il se voult pourveoir de conseil, et faisoit chevauchier devant lui, sur une grant mulle, ung fol qui est à lui, habillié d'une longue robe de soye blanche et noire, et sy avoit en sa teste ung chapperon fourré, à manière de conseillier ; et le nommoit son chancelier. Et, après lui, avoit deux des plus petis paiges de ceste maison, lesquelz estoient montés pareillement chascun sur une mulle ; et estoient lesdiz paiges habilliés et vestus de longues robes de meismes ; et furent ceux-là ses principaulx consilliers. Et au regard de sa personne, il estoit monté et armé sy bien que à son souhait ; son cheval estoit couvert d'une couverture de veloux cramoisy chargé d'orfaverie blanche, à grandes lettres d'orfaverie d'or parmy, moult richement faicte. Et sambloit bien, à le regarder, chevalier et homme de fait.

rite d'Yorck, sœur du roi d'Angleterre Edouard IV. — Gollut, *Mémoires historiques de la république séquanoise et des princes de la Franche-Comté de Bourgougne,.* nouv. édition, col. 1228. — L'abbé Guillaume, qui a donné la généalogie des diverses branches de la maison de Salins, mentionne un Pierre de Salins, mais anterieur à celui dont il est ici question. Voir : *Histoire généalogique des sires de Salins :* Besançon, 1757-1758, 2 in-4°, t. ii, troisième partie, pp. 84-85.

Tantost après, fut la porte de l'entrepreneur ouverte, lequel fist son entrée par la manière qui s'ensieult. Premièrement, marchoient devant luy deux hommes sauvages qui estoient trompettes, et avoient grandes bannières d'azur à deux VV, en lettre de cyfre, l'un d'or et l'autre d'argent. Et après, venoient deux autres hommes sauvages, chascun menant devant, en une main, une haghenée blanche, en selle de drap d'or très-richement; et sur chascune haguenée avoit une femme sauvaige, dont ceste qui estoit au costé dextre avoit à son col pendu le targon d'azur, painct à la Dame Sauvaige, qui estoit ordonné pour le pris de celui qui fierroit le plus beau cop de lance à cestui pas. Et l'homme sauvaige qui la menoist par la bride, en sa dextre main, tenoit une grant bannière plantée en une lance, paincte des VV, et de cyfres, à la manière des trompettes de hommes sauvaiges.

Item : et l'autre femme sauvaige avoit à son col le riche manicle qui estoit ordonné pour le pris de cellui qui fierroit mieulx d'espée, comme il est ès chappitres ci-dessus escrips. Et l'omme sauvaige qui menoit ladite femme par la bride, tenoit en sa main senestre ung penon d'azur aux lettres et cyfres dessusdites. Et n'est pas à oublier que les hommes et les femmes sauvaiges estoient tous de poil d'or moult bien fait; et estoit moult estrange chose à les veoir. Et n'y avoit différence en l'abillement des femmes sauvaiges et des hommes, sinon que les deux femmes estoient habilliées chescune d'une mantelinne d'estrange fourme. Et après iceulx, comme entre les deux, venoit le chevalier entrepreneur, lequel estoit armé de toutes armes. Son cheval estoit couvert d'ung veloux vert tout découppé à fœulles de chesne, que l'on pooit veoir la dobleure qui fut d'un vollet blanc tout parmy. Et samblablement estoient couvertes les deux haguenées des deux damoiselles sauvaiges acompaignans ledit entrepreneur.

En cest estat marcha l'entrepreneur, à trompettes et clarons sonnans, jusques devant la maison de monseigneur le duc de Bourgongne et de madame la ducesse. Il estoit à dextre de monseigneur le bastart de Bourgongne, conte de la Roche; et quant il vint devant la maison de mondit seigneur le duc, il s'enclina devant mondit seigneur, le plus bas qu'il peut faire; et pareillement les deux damoiselles sauvaiges. Et fut dit par moy telles parolles ou samblables pardevant mondit seigneur :

« Mon très-redoubté seigneur, les damoiselles de la Dame
« Sauvaige vous font très-humble révérence, et vous présente
« messire Glaude de Waudrey, le chevalier de leur mais-
« tresse, vous suppliant que le ayés pour recommandé. »

Lequel monseigneur les recoeillit très-humainement; et de là se partirent, et passèrent devant les juges, où pareillement présentèrent ledit chevalier entrepreneur; et puis ledit chevalier prinst son renc de son costé.

Tantost après, le roy d'armes de Flandres, acompaigniés de deux poursievans, se tirèrent devers les juges, et leur furent bailliés deux lances et deux espées. Les deux espées estoient garnies de gainnes et de couroyes, comme il appartenoit. Et tantost monseigneur le conte de Roussy, filz de monsigneur de Saint-Pol, connestable de France, fist choisir par les deux pages, qui estoient ses consilliers, les deux bastons qui lui devoient demourer. Et demoura ung des poursievans avecques lui, comme il estoit ordonné;

et par ledit roy de Flandres, lui fist demandé s'il vouloit combatre de son baston, ou prendre à bras de corps, comme il estoit ordonné et escript cy-dessus. Sur quoy ledit seigneur respondi qu'il entendoit combatre de son baston, et n'entendoit de faire autrement que les chapitres portoient. Et sur ces parolles, le roy de Flandres avecq les deux bastons retourna aux juges, et, de là, devers l'entrepreneur, tant pour lui livrer ses bastons, comme pour faire son rapport.

Les deux qui furent ordonnés pour les visiter furent Phelippe Bouton, premier escuyer trenchant, et Gaspart de Dourtan (1), escuyer d'escuirie, pour ce que tous deux avoient fait armes, et avecq fut adjoinct le bastard de la Viesville, cappitaine des archiers. Et se tirèrent premièrement devers monseigneur de Roussy, et, après, devers le

(1) « Gaspart de Dourtain, ung escuyer de Bourgongne, en celuy temps puissant et redouté à merveille, » dit Olivier de la Marche dans ses Mémoires, livre I, chap. XXI. — Gaspard de Dortans, chevalier, troisième fils de Claude de Dortans, écuyer et seigneur de Villard Saint-Sauveur, fut nommé écuyer d'écurie de Charles de Bourgogne par lettres-patentes du 20 novembre 1463, puis conseiller et maître-d'hôtel de ce prince, par lettres-patentes du 11 juillet 1475. Il prit part au fameux pas d'armes tenu par Jacques de Lalain à « la Fontaine de Plours », près de Chalon-sur-Saône, en l'an 1450. Voir : Sam. Guichenon, *Histoire de Bresse et de Bugey*... t. II (continuation de la 3e partie), p. 104 ; — Gollut, *Mémoires historiques de la République Séquanoise et des princes de la Franche-Comté de Bourgougne*... nouv. édit., col. 1159 ; — De la Chénaye des Bois, *Dictionnaire de la noblesse*... : Paris, 1770-1778, 12 vol. in-8°, t. V, p. 631 ; — Rousset, *Dictionnaire... historique... du Jura*, t. VI, p. 215. — Le continuateur de dom Plancher donne par erreur à Gaspard de Dortans le nom de « Gaspard de Dourlain. » Voir : (dom Plancher et dom Merle) *Histoire générale et particulière de Bourgogne*, t. IV, p. 270. — Le ms. B. de Valenciennes porte également par erreur « Gaspart de Dourlan ».

chevalier, et n'y trouvèrent chose qui fut à reprenre. Et ainsy chascun fut saisy de ses bastons, c'est assavoir de lance et d'espée, et se mirent l'un devant l'autre, la lance sur la cuisse; et prestement sonna la trompette pour faire commencer leur emprinse.

Les chevaliers bessièrent leurs lances, et laissèrent courre tant qu'ilz porent du cheval traire, et ne s'ataindirent point des fers des lances, mais firent croisée, et prestement retournèrent l'un sur l'autre, les espées en la main; et commença entre eux le chapplis des espées grant et pesant. Messire Glaude de Vaudray deffendoit son pas fièrement et de grant courage, et ledit seigneur de Roussy le assailloit baudement et de grant force; et, les xvii cops achevés, furent pris et départis par les gardes, et furent ١amenés devant les juges, auquel lieu se touchèrent par les mains les deux chevaliers, et remerchia ledit messire Glaude ledit seigneur de Roussy de l'honneur qu'il luy avoit fait. Sy se désarma ledit seigneur de Roussy de la teste, et prit congié de monseigneur et de madame. Et, à la vérité, ledit seigneur de Roussy se monstra puissant chevalier, et donna à l'entrepreneur de grans cops qui sont demourés escrips et parissans sur le harnas.

Les damoiselles sauvaiges et leurs gens revindrent quérir l'entrepreneur; et sytost quelles furent devant les juges, lesdiz hommes sauvaiges prindrent les trois couvertes de veloux, tant celle du cheval de l'entrepreneur comme des deux haghenées des damoiselles sauvaiges, et les deschargèrent, et les gectèrent parmy le parc; et en prist chascun sa pièce. Et ainsy s'en retourna le chevalier en sa tente.

Pour ce que l'entrée dudit entrepreneur estoit faicte, les femmes sauvages ensamble les trompettes montèrent ou hourc qui fut pour eux préparé sur la porte dudit entrepreneur. Et ne demoura de la sauvaige compaignie avecq lui que les deux vallets qui portoient la bannière et le penon, lesquelles furent mises et attachiés au hourc dessusdit.

Assés tost entra après Pierre de Salins, monté sur ung dextrier bay harnasché d'un harnas fait de boullons d'argent, l'un blanc et l'autre doré. Il estoit armé de toutes armes. Sy lui furent présentées deux espées et deux lances. Et tantost se comparut l'entrepreneur, son cheval couvert de satin jaune, à une bordure et croix saint Andrieu, de bleu velours tout décoppé; et pareillement lui fut baillié sa lance et son espée.

Ilz laissèrent courre l'un contre l'autre, et rompy ledit Salins sa lance moult gentement; et puis coururent sus aux espées moult vigoureusement. Mais du ve cop d'espée, il advint que le cheval dudit messire Glaude se trouva craintif d'aprochier, et ledit seigneur Glau le féroit, et ne trouvoit riens devant sa main; par quoy, d'un cop perdu, lui eschappa son espée. Sy requéroit ledit messire Glaude qu'il peust acomplir ses cops; mais il fut jugé, puisque l'aventure lui estoit venue en combatant, que l'emprise des deux estoit achevée. Et ainsy touchèrent ensamble les deux compagnons, et s'en retourna ledit de Salins en son logis, et l'entrepreneur demoura, affin d'estre plus prest pour despeschier le IIIe.

Tantost après, arriva messire Jehan de Berghes, filz du seigneur de Berghes. Son cheval estoit harnasché de veloux noir, à grandes lettres en brodures d'or et d'argent. Il

estoit beau chevalier et bien armé; et lui fut baillé sa lance
et son espée, et pareillement à l'entrepreneur. Sy laissèrent courre l'un contre l'autre de tout leur povoir, et, de la
course de lance, ne firent que une croisie; et puis mirent
les mains aux espées, et se combatirent bien et fièrement;
et sy souvent se trouvèrent l'un l'autre, que les xvii cops
de l'emprise furent acomplis. Et furent départis l'un de
l'autre, et fut trouvé l'espée de l'entrepreneur rompue assés
près de la croysée. Et après avoir touchiés ès mains l'un
de l'aultre, s'en retourna ledit messire Jehan de Berghes à
son logis, et les hommes sauvaiges prindrent la housseure
du cheval de l'entrepreneur, et la deschargèrent; et en prit
chascun sa pièce, qui en poeut avoir. Et ainsy fut achevée celle journée; et se retournèrent monseigneur et madame et toute la signourie en leurs hostelz.

L'endemain, qui fut xvᵉ jour de janvier, se firent escripre
ou pavais trois escuiers, c'est assavoir Antoine d'Uysie (1),
qui portoit en son mot: *Dehet sans cause;* Phelippe de Fontettes, qui portoit : *J'atens l'heure;* et Charles de la Viesville, qui portoit : *Je ne vœul autre.* Tous trois furent escrips en lettres d'argent; dont cy-après s'ensieult leur
adventure en ceste partie.

Assés tost après deux heures, arriva Anthoine d'Uysie
sur les rencz. Son cheval estoit harnasché de veloux violet
à franges noires et blanches. Il estoit gentement monté et
armé; et, après les sérémonies faictes, lui furent ses bas-

---

(1) Antoine d'Usie, écuyer du duc de Bourgogne vers l'an 1461,
assista aux fêtes qui eurent lieu à Gand en 1468... Voir : Gollut,
Mémoires historiques... col. 1190 et 1228; — l'abbé Guillaume,
Histoire généalogique des sires de Salins, t. 1, p. 57.

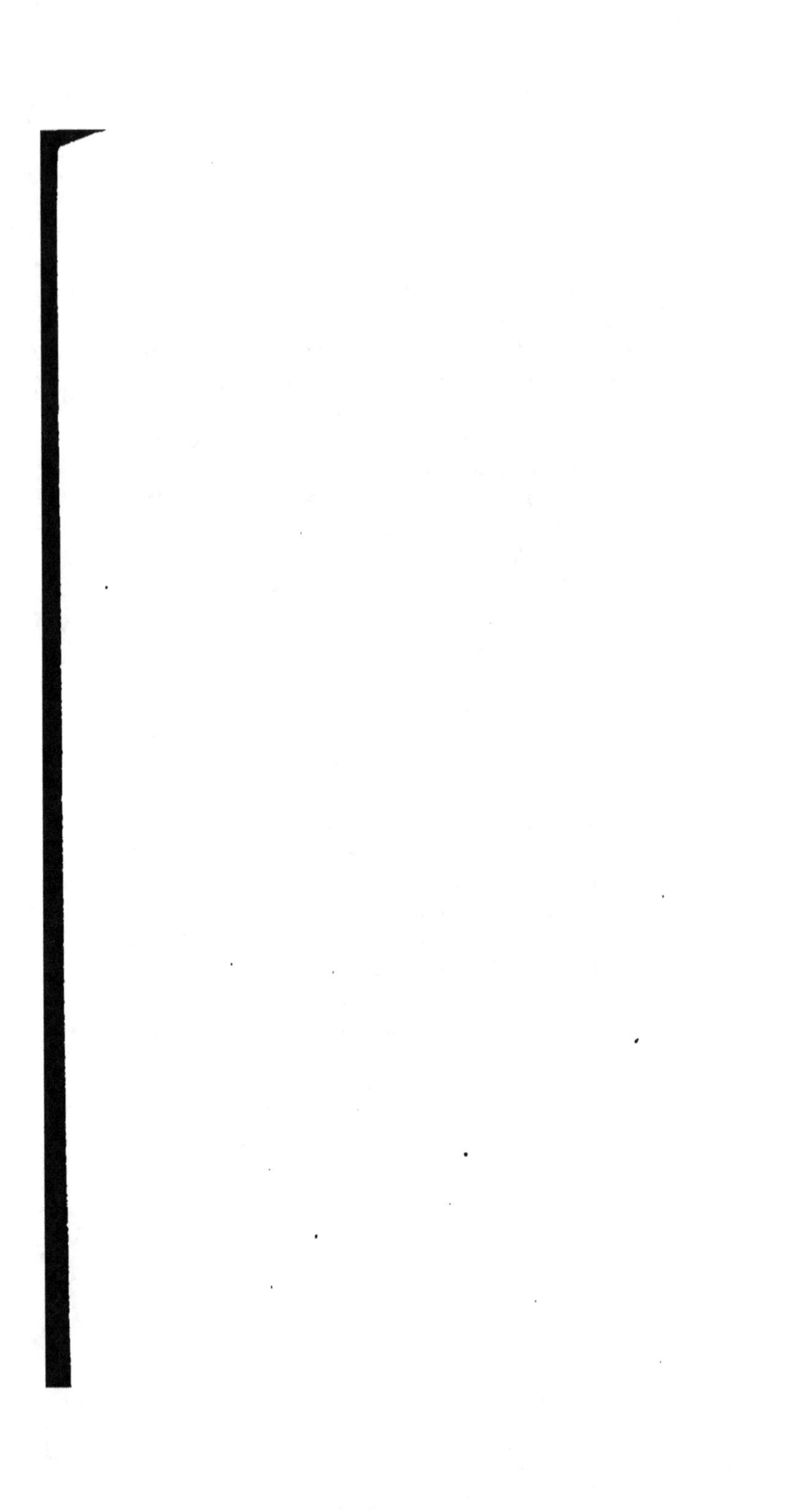

tons présentés. Et, tantost après, entra le chevalier entrepreneur par la porte, et au partir se dressèrent les femmes sauvaiges qui estoient en leur hourc, et les trompettes commencèrent à sonner moult haultement. Son cheval estoit couvert d'un satin blanc à une bordure et croix de saint Andrieu de veloux cramoisy. Et estoit conduit par monseigneur le bastard et monseigneur le conte de Charny; et luy furent ses bastons bailliés. Et sur ce point sonna la trompette, et commencha la bataille entre eux deulx.

A la course de lance, ilz ne firent point d'actainte, et puis vindrent pour eulx joindre aux espées; mais à l'assambler, l'espée du chevalier chut à terre. Si furent départis et reculez loing l'un de l'autre. L'entrepreneur demandoit son espée et le requéroit aux juges. Et sur ce furent enquestes faictes; et disoient les aucuns que selonc la première ordonnance, que s'ilz avoient commencé la bataille et tenu les espées en la main, que celle emprise estoit acomplie. Et à l'enqueste fut trouvé que ladite espée estoit chute à l'aborder, et avant qu'il la tînt en sa main; par quoy lui fut son espée rendue. Lors coururent les deux hommes d'armes; et fut celle bataille bien et fièrement combatue; et jasoit ce qu'ilz fussent cousins germains, chescun faisoit son debvoir de son pooir et de toute sa force. Et sur ce point furent départis l'un de l'autre, et touchèrent ensamble devant les juges, et s'en ala chascun là où il devoit aler.

Tantost après, arriva Phelippe de Fontettes. Son cheval estoit harnasché d'un harnas de brodure, à lettres enlachées d'or et d'argent moult richement. Luy furent présentés ses bastons, et toutes choses faictes à la manière acoustumée. Et tantost le chevalier entrepreneur entra par sa porte sur ung [cheval] couvert de soye blanche, recouvert d'un vollet décoppé en pluiseurs lieux; ses bastons luy furent bailliés. Et coururent la course de lance, et fyrent une si rudde croisée que la lance de l'entrepreneur rompy avant cheoir à terre; et puis [mirent] les mains aux espées, et se combatirent eux deux ensamble moult vigoreusement, dont il advint que ledit de Fontettes, de toute sa force féroit sur l'entrepreneur, luy donna ung sy grant cop, qu'il rompy son espée par le millieu. Et l'entrepreneur donnoit cops grans et pesans sur ledit de Fontettes; mais ledit de Fontettes atout sa demye espée se recouvroit, et joindoit sy près de son compaignon, qu'ilz acomplirent leurs cops que à paines savoit-on dire qui plus tost de eulx deux les avoit acomplis. Ainsy furent départis, et touchèrent ensemble; et se retraït chescun, comme il estoit de coustume.

Après, entra ès lices Charles de la Viesville, armé comme il appartenoit, son cheval harnasché d'un harnas de veloux noir brodé d'or et d'argent, à grandes violettes en brodure, et franges de meismes; et estoit ledit harnas houppeté de grans houppes d'or et d'argent. Il estoit acompaignié de messire Josse de Lalaing, chevalier, et de Pierre de Lannoy, escuier, lesquelz avoient leurs chevaulx harnaschés de meismes et de pareil que ledit Charles. Et avoient yceulx deux palletos de satin violet, où estoient lesdites violettes en brodeure; lesquelles violettes me sambloient arményes. En cest estat fist sa présentation, et luy furent les bastons présentés. Et tantost après, entra l'entrepreneur, son cheval couvert de veloux bleu ; et luy furent ses bastons bailliés. Et, au son de la trompette, ilz firent cours de la lance, et n'y eut que une croysié ; et puis chascun d'eux mist la main aux espées, et se coururent sus moult vigoureusement, dont il advint que à l'assambler qu'ilz firent, ledit Charles perdy son espée ; par quoy ilz furent départis. Et fut remonstré aux juges que ledit Charles ne avoit encores riens féru de son espée, en requérant qu'elle luy fût rendue. Sur quoy il y eult pluiseurs opinions. Les ungs disoient que le chevalier l'avoit attaint sur la main, pour quoi il l'avoit perdue ; et les autres disoient qu'il l'avoit perdue de luy-meisme, par ung cop perdu. Touttefois, il fut ordonné que l'on lui renderoit son espée, ce qui fut fait. Et lors commencha la battaille entre les deux compaignons, qui fut bien et durement combatue, et tellement que les cops de leur emprise furent acomplis. Et furent pris et emmenés devant les juges ; et se retourna chascun, comme l'en avoit accoustumé. Et plus ne fut féru pour celui jour.

Le mardi, qui fut XVIe jour de janvier ensieuvant, se firent escripre au pavais trois escuiers, dont le premier fut Charles de Wisan, et se fist escripre : *Visen, tout à par moy*. Le second fut ung escuyer allemant du pays du conte palatin, eschanson de monseigneur le duc, nommé Frédéricque de Flamessan, et portoit en son mot : *Sans repos*. Et le tiers fut ung escuier de Picardie, nourry en la maison de monseigneur de Créquy, nommé Jehan du Byes, et portoit en son mot et devise : *Par bon moyen*.

Celluy mardy furent les hours préparés, comme devant, et se présenta Charles de Visan le premier. Lequel Charles

estoit bien armé et bien monté ; son cheval estoit couvert
de veloux sur veloux cramoisy à une bordure blanche décoppé ; on luy bailla sa lance et son espée. Et tantost se
comparut le chevalier entrepreneur, sur ung cheval couvert de taffetas tanné, et une bordure et crois saint
Andrieu noir. Et sytost qu'il eut ses bastons, ilz laissèrent
courre moult vigoureusement. Ledit Charles de Visan
courut ront et francq, et vint attaindre l'entrepreneur
entre les quatre poins, et rompy sa lance. Et puis mirent
la main aux espées, et commencèrent leur bataille forte et
dure d'un costé et d'autre. Mais pour ce que la grant bannière de la barbute dudit Charles de Visen ne fut point
abbatue à prendre son espée, par faulte d'une coroye rompue, il sambla par ledit banière qu'i tenoit, qu'il fust
désarmé du visaige ; par quoy on se mist entre deux ; mais
quant on vit que non estoit, on les laissa parfaire. Les
deux compaignons se quéroient moult bien, en hommes
d'armes et de bonne fachon, et se vindrent joindre l'un
sur l'autre, et donnèrent de grans cops et pesans, et se
trouvèrent sy souvent que, en peu d'heure, furent les xvii
cops acomplis. Et firent jugier qui plustost les avoit férus,
et puis touchèrent ensamble ; et s'en retourna chascun,
par la manière acoustumée.

Après, entra l'escuyer allemant nommé Frédéricq de
Framessan, lequel avoit son cheval harnasché d'un veloux
vert, brodé de lettres grégoises, à manière de LL et YY ; et
estoient icelles lettres enchainnées d'une chaine tenant à
une sérure eslevée. Ses bastons luy furent présentés. Et
tantost se présenta le chevalier entrepreneur, sur ung
cheval couvert de veloux cramoisy, à une petite bordure

de taffetas bleu décoppé, que l'en véoit parmy. Et sytost qu'il fu saisy de ses bastons, ilz laissèrent courre d'un costé et d'autre; et, de celle course, le chevalier entrepreneur attaint ledit Frédéricq sur le grant gardebras, et, de cop, il rompy sa lance par le milieu, et emporta le grant gardebras dudit Frédéricq. Et prestement se coururent sus aux espées, et commenchèrent sy prompt la bataille; et jasoit que ledit Frédéricq fust désarmé, comme dit est, on ne se peult mettre entre deux, que desjà n'eussent mailliés l'un sur l'autre par pluiseurs cops. Mais toutefois on les départy; et fut l'escuier rarmé comme il appartenoit. Et puis recommencèrent leur bataille moult bien et fièrement. L'escuier allemant féroit de grans cops, et tellement que son espée fut toute ployée; mais son cheval ne povoit soustenir le fais ne les cops de l'entrepreneur, ne la poissance de son cheval, et tellement que le cheval dudit allemant fut fort reculé, et jusques en dangier d'estre abbatu sur son cul. Et sur ce point fut la bataille achevée et accomplie. Et s'en retourna ledit allemand, et l'entrepreneur descendy emmy les rencz, et s'en retourna à pié en sa tente, pour soy aisier et mettre à point pour achever son emprinse, pour cestui jour.

Le derrenier qui pour cellui jour se présenta, fut ledit Jehan du Byes; son cheval estoit harnasché d'un harnas de brodure couvert d'un vollet à grandes houpppes d'or et d'argent. Et prestement rentra l'entrepreneur, et leur furent leurs bastons présentés. Du cop de la lance, firent une sy rude croisié, que la garde du bras destre, dont l'escuier estoit armé, fut emportée; et demoura désarmé de la pluspart de son bras. Pour quoy on ne les laissa point assembler aux espées, jusques à ce que ledit escuier fut rarmé; et puis commencha entre eux deux la bataille. Et se conduisy l'escuier très-vigoreusement et très-vaillamment; et, combien que ledit escuier eut cheval non pas moult puissant pour soustenir les grans cops de l'entrepreneur, et qu'il fust foiblement monté, par quoy ledit entrepreneur en ceste partie avoit grant avantaige, touttefois fist ledit escuier très-bien son debvoir; et fut combatue ceste bataille de sy près, qu'ilz combatirent des espées et des gantelès. Et sçay bien que je vis férir à l'entrepreneur pluiseurs cops du pommeau de l'espée. Et ainsy se départi celle bataille bien combatue d'un costé et d'autre, et puis touchèrent ès mains. Et fut ce qui fu fait et acomply pour ycelluy jour.

L'endemain, qui fut le merquedy, disc septiesme jour du mois, ceulx de la ville de Gand vindrent supplier à monseigneur qu'il luy pleust à prendre le soupper et le bancquet à l'ostel de la ville, le dimenche syeuvant, et que madame la ducesse, ensamble les dames, luy tinssent compaignie; ce que mondit seigneur accorda très-volentiers. Et pour ce que les chevaliers et nobles requéroient à sy grant nombre de venir à cestui pas, et que ce eust esté une chose très-longue à donner à chascun congié, mondit seigneur ordonna que l'on ne courroit plus que le jeudy syevant et le dimenche, et que les pris seroient délivrés le derrenier jour, à l'ostel de la ville. Et ainsy, cellui merquedy, ne fut riens fait touchant cellui cas.

Le jœudy, qui fut xviiie dudit mois, se firent escripre trois chevaliers, dont le premier fut messire Jacques de Damas, seigneur de la Warenne; et portoit son mot : *Tout partout.* Le second fut messire Phelippe de Poitiers, seigneur de la Freté (1), et se fist escripre : *Le chevalier à la Blanche Dame.* Le derrenier qui se présenta pour celui jour, fut ung chevalier de Gresse, nommé messire Anthoine de Trapesonde, et portoit en son mot : *De tout n'ay riens.* Cestui chevalier vint jouesne enfant, avecques son père, en l'ambassade d'Orient, qui fut conduitte par le patriarche d'Acquilée (2), dont après qu'il eut esté devers le roy et les princes de France, pour le bien de la foy, ilz eurent nouvelles que le Turch avoit gaignié leur pays; pour quoi le pére dudit chevalicret lui demourèrent par deça, en la prouvision de monseigneur de Bourgongne. Et ainsy ces trois chevaliers chambellans eurent la journée, comme dit est.

Messire Jacques de Damas fut le premier qui se présenta. Il estoit grant et bel homme d'armes; son cheval estoit harnasché d'un harnas de veloux noir bordé d'ung drap violet et décoppures; et sur le velours avoit brodure de fil d'or. Et de l'autre part, se présenta à l'encontre

(1) Philippe de Poitiers, chevalier, baron de Vadans, seigneur d'Arcis-sur-Aube, de la Ferté, de Souvans, de Dormans, etc., chambeilan du duc de Bourgogne, mort gouverneur d'Arras en 1503.—Voir : Gollut, *Mémoires historiques....,* col. 1189 et 1227 ; — Histoire généalogique des comtes de Valentinois et de Diois, seigneurs de Saint-Valier, de Vadans et de la Ferté, de la maison de Poitiers, dans l'*Histoire généalogique des ducs de Bourgongne de la maison de France...* par A. Duchesne : Paris, S. Cramoisy, 1628, in-4°. pp. 118-119, preuves, pp. 109-110 ; — le P. Anselme, *Histoire généalogique et chronologique de la maison royale de France, des pairs, grands officiers de la couronne et de la maison du roy, et des anciens barons du royaume...* : Paris, 1726-1733, 9 vol. in-fol.. t. ii, pp. 208-209, t. viii, p. 74 ; — De la Chénaye des Bois, *Dictionnaire de la noblesse,* t. xi, p. 383.

(2) Il s'agit ici de l'ambassade du patriarche Louis de Bologne auprès du roi de France, Louis XI, et du duc de Bourgogne, Phi-

l'entrepreneur; son cheval estoit couvert de veloux noir, à une grant crette et bordure blanche décoppée. Les lances et les espées leur furent présentées et bailliées, et firent la course de lance, sans faire attainte ne croisée; et puis mirent la main aux espées, et donnèrent des grans cops et l'un et l'autre. Et advint que, après avoir féru IIII ou V cops, ledit messire Jacques de Damas donna sy grant cop à l'entrepreneur, que le clou de la visière du bachinet rompy, et fut sa visière desclocé d'un costé; par icellui cop, dommagea si fort son espée, qu'il fut jugié de lui en rendre une aultre. Les chevaliers furent départis, et la visière de l'entrepreneur reclocée; et puis recommencha leur bataille, qui fut très-bien et durement combatue d'un costé et d'autre. Et sur ce point furent départis, et touchèrent ensemble, et se retrahi chascun à son bon plaisir.

Messire Phelippe de Poitiers, signeur de la Freté, fut le second qui se présenta pour cestui jour; son cheval estoit harnasché d'un harnas de drap d'or cramoisi. Et d'autre

lippe-le-Bon (mai 1461). — Louis de Bologne prenait indifféremment le titre de patriarche d'Orient, d'Antioche ou d'Aquilée.—Voir: Baronius, *Annales ecclesiastici* (continuées par Oderic Raynaldi, avec notes du Père J. D. Mansi) : Lucæ, 1738-1759, 37 vol. in-fol., t. XXIX, p. 280-282; — *Annales Minorum seu historia trium ordinum a S. Francisco institutorum*, auctore R. P. Luca Waddingo... editio secunda : Romæ, 1731-1747, 22 vol. in-fol., t. XIII, pp. 153-157; — Jacq. Meyer, *Commentarii sive Annales rerum Flandricarum libri septendecim* : Antuerpiæ, 1561, in-fol., fol. 327 r° et v°; — Les *Annales de Bourgongne*, par Guillaume Paradin...: Lyon, 1566, in-fol., pp. 845-849; — *Chroniques* d'Enguerran de Monstrelet... (édit. de Denis Sauvage) : Paris, 1572, 3 vol. in-fol., t. III (continuation de Monstrelet), fol. 87 r° et v°. — *Histoire de Charles VII, roy de France*, publiée par D. Godeffoy : Paris, 1661, p. 356.

part, se présenta le chevalier entrepreneur, son cheval couvert d'une couverture moitié de veloux bleu et l'autre moitié de satin blanc, et sur le bleu estoit bordé de veloux noir, et sur le blanc, de veloux cramoisi. Et les deux chevaliers prindrent leurs lances et leurs espées ; et, de la course de lance, l'entrepreneur fist attainte sur son compaignon telle que le feu en prist, mais la lance ne fut point rompue. Et puis prindrent les espées, et se coururent sus tous deux fièrement; et, en hommes d'armes, se vindrent arrester l'un devant l'autre. Et chapellèrent des espées grans cops et durs ; et tantost firent qu'ilz achevèrent leurs cops en plus peu d'espace que nulz des aultres ; dont disoient les aucuns qu'ilz avoient leurs cops achevés, et les autres non. Mais peu s'en falloit; car il advint, sur la fin de leur bataille, que l'entrepreneur avoit donné ung si grant cop d'espée audit signeur de la Ferté, qu'il avoit avallé la bannière de sa barbute, tellement que, du cop, il avoit la pluspart du visaige descouvert ; et fut la cause pour quoy ilz furent sy promptement départis. Mais, à la vérité, ledit messire Phelippe se monstra en ceste bataille tel qu'il estoit, c'est assavoir homme d'arme puissant et adestre. Et ainsy furent départis les chevaliers, et touchèrent ensemble; et s'en retourna ledit signeur de la Ferté, et ledit chevalier entrepreneur descendi devant les juges, et s'en retourna à pié dedens sa tente, pour soy rabillier de nouvel, pour attendre le tiers.

Ne demoura guerres que le IIIe chevalier se présenta, qui fut messire Anthoine de Trapesonde. Il estoit bien monté et armé; son cheval estoit harnasché d'un harnas de veloux cramoisi frangé de frange d'or et de soye. Et pa-

reillement se présenta le chevalier entrepreneur, bien monté
et bien armé. Si leur furent leurs lances et leurs espées
bailliées, et coururent la course de lances sans attaindre.
Et prindrent leurs espées ; et fut celle bataille très-bien et
durement combatue ; et fut trouvé le gardebras dudit
Trapesonde descloé de celle bataille. Et firent tous deux
très-bien leur debvoir ; et fut dit que ledit entrepreneur
s'estoit monstré plus fort, plus frès et plus puissant, ce
darrain jour, que au commenchement de son emprise. Les
chevaliers départis l'un de l'autre, ilz touchèrent ensamble.
Et ainsi fut celle journée acomplie, et n'y eut autre chose
qui a ramentevoir face.

Le dimenche xxie jour dudit mois, arrivèrent les dames
sur les rencz ; et, tantost après, vint monseigneur le duc sur
ung coursier bay harnasché d'un harnas tout de perles et
de pierries. Le cheval avoit ung chanfrain moult richement estoffé à deux plumes noirs. Mondit seigneur avoit
vestu une robe longue d'orfaverie d'or, et estoit acompaignié de pluiseurs de son sang, chevaliers et escuiers, dont
il y avoit beaucop de gorgias et de gens bien en point. Et
plus que nulz des autres jours, mondit seigneur passa du
long des rencz, et ala veoir l'entrepreneur ; et, après qu'i
l'eut visité, il s'en retourna en sa maison pour luy ordonner.

Cellui jour, s'estoient fais escripre trois escuiers et ung
chevalier. Le premier fut Rousquin du Fay, et portoit en
son mot : *De deux l'ung*. Le second fut Gérard de Marbais, qui portoit : *Tous temps léal.* Et le tiers, le forestier
de Bruges, et portoit : *A moy ne tient.* Et le iiiie et
derrenier estoit messire Franchisque de Est, marquis

de Férare (1), et portoit en son mot : *Non sans cause.*

Ne demora guerres que (2) Rosquin du Fay, premier escuier d'escuirie de monseigneur le duc, arriva sur les rencz, monté sur ung moult bon cheval, bien armé et bien ensellé, ung plumas sur sa teste ; son cheval estoit couvert d'une couverte d'orfaverie très-richement ; et se vint présenter, comme il appartenoit. Et tantost entra ledit entrepreneur, sur ung cheval couvert de drap d'or de couleur vert. Et après les sérimonies faictes et passées, leur fut

(1) Olivier de la Marche a déjà fait mention de ce marquis de Ferrare (page 70). — On ne connait de la maison d'Este aucun prince du nom de François, vivant en 1470 et assistant au pas d'armes de Gand. Dans la généalogie de cette famille, Muratori ne mentionne que trois princes du nom de François : François I, marquis d'Este, assassiné le 23 août 1312 ; François II, marquis d'Este, mort en 1384 ; et François d'Este, troisième fils du duc de Ferrare, Alphonse I, et de Lucrèce Borgia, né en 1516, mort le 23 février 1578. — En l'an 1470, le marquis de Ferrare était un des fils naturels de Nicolas III, Borso, marquis d'Este, seigneur de Ferrare, de Modène, de Parme et de Reggio. Borso succéda à son frère naturel Lionel, en 1450, fut créé duc de Modène et de Reggio par l'empereur Frédéric III, le 18 mai 1452, et recueillit la succession de la maison d'Este en 1453 ; nommé duc de Ferrare par Pie II le 14 avril 1471, il mourut le 20 août de la même année. — Il s'agit peut-être ici d'un des fils de Lionel, seigneur de Ferrare, de Modène et de Reggio, Nicolas d'Este, qui mourut en 1476 ; ou du fils naturel de Nicolas III, marquis de Ferrare, Sigismond d'Este, qui mourut le 1er avril 1507. — Voir : Lod. Ant. Muratori, *Delle antichità Estensi ed Italiane :* Modéna, 1717-1740, 2 vol. in-fol., t. II, pp. 70, 151, 201, 207, 234, 282, 321, 398, etc. — Les *Mémoires pour servir à l'histoire de Bourgogne* (t. II, p. 219), mentionnent, mais sans le nommer, « le marquis de Ferrare, chambellan du duc » (1464). — Gollut (*Mémoires historiques de la République Séquanoise......* col. 1664) rapporte que « don Francisque de Este, frère du duc de Ferrare, » assistait au tournoi tenu à Bruxelles en 1549.

(2) Les deux mss. de Valenciennes portent par erreur *de* au lieu de *que.*

· bailliez leurs bastons, et coururent une course de lance. Et, de celle course, fist l'entrepreneur une attainte sur l'escuier, mais il n'y eut point de lance rompue. Et puis parfist chascun sa course, et se désarmèrent de leurs lances et de leurs pièces moult froidement d'un costé et d'autre; puis prindrent les espées, et se coururent sus, chascun à son mieulx et à son avantaige, moult bien, en hommes d'armes et en gens de fait. Ilz estoient bien montés, et chascun en désir de soy monstrer; et se donnèrent de grans cops. Si se vindrent les deux compaignons arrester l'un devant l'autre, et tant maillièrent et frappèrent l'un sur l'aultre que, en pou de temps, leurs cops furent fais et acomplis. Le plumas de l'escuier fut abbatu d'un cop d'espée de l'entrepreneur; et fut bien et bel et vaillanment ceste bataille combatue. Si furent pris et départis les deux chevaliers; et quant ilz furent devant les juges, ilz ne povoient approchier pour touchier l'un l'autre ès mains, par la fierté de leurs chevaulx. Si se départirent l'un de l'autre en bonnes parolles et en amour, en faisant signes seullement.

Gérard de Marbais, escuier trenchant de monseigneur le duc de Bourgongne, ung noble escuier de la conté de Namur, se présenta le second pour ycellui jour. Son cheval estoit couvert d'une couverture de taffetast violet bordé de jaune à grandes campanes ; et, par-dessus la cruppe d'icelle housseure, avoit grans boullons d'argent, à manière de sonnettes. Et tantost se présenta ledit chevalier entrepreneur, monté sur ung cheval couvert d'une couverture blanc et tanné à une bordure de velours cramoisi. Si leurs furent présentés leurs bastons, c'est assavoir les lances et les espées. Si advint que, de la course de la lance, pour aucune traverse qui fut faicte, par aucun inconvénient dudit escuier, il ne voulut joindre, mais passa l'entrepreneur tout oultre ; et l'escuier se désarma de sa lance sans dessaisir, et parfit son poindre. Et quant il fut au bout de la lice, il remist sa lance en l'arrest pour recommencer la course ; mais pour ce que les chappitres de l'entrepreneur ne portoient que une course de lance seulement, ledit entrepreneur se désarma de sa lance et de ses pièces, et prinst son espée, et s'arresta tout froidement sur son bout, sans faire quelque manière, et commença à regarder son compaignon pour sçavoir quelque (1) chose il voulroit faire. Et quant ledit escuier vit et aperchut ledit chevalier entrepreneur désarmé et dessaisy de sa lance, au plus diligamment et le plus légièrement qu'il peut, il se désarma pareillement de sa lance, et incontinent mist la main à son espée. Et ainsy se commença la bataille entre les deux compaignons, qui [fut] très-bien achevée et vaillanment combatue tant de l'un comme de l'autre, comme jugoit chascun qui les avoit regardés. Si furent pris et amenés pardevant les juges, et touchèrent ensamble ; et s'en retourna ledit escuier à son logis. Et ledit chevalier entrepreneur descendi de son cheval, et mit pié à terre droitement au milieu de la place, et s'en retourna en sa tente, pour soy mettre en point et pour soy rabillier de nouvel, pour attendre le tiers qui pareillement debvoit faire emprise contre ledit chevalier entrepreneur.

Assés tost après, entra le forestier de Bruges, sur ung cheval harnasché d'un harnas blanc; et ne demora guerres que le chevalier entrepreneur se présenta de son costé. Les

(1) Il faut lire : *quelle.*

lances et les espées leur furent bailliées ; et, de la course,
l'entrepreneur rompy sa lance sur ledit forestier ; et puis
prindrent les espées, et commenchèrent leur bataille. Le
forestier féroit de toute sa force, pour employer son emprinse, et l'entrepreneur le chaudoioit de moult grant co-
rage, et, par pluiseurs fois, le prist à l'avantaige de son cheval, tellement qu'i mettoit le dos du forestier devers lui. Et
furent leurs cops achevés fort à l'avantaige de l'entrepreneur, car ledit entrepreneur n'avoit pas cheval sy bon ne
sy adestre que l'autre ; et, toutefois, il fist très bien son
debvoir. Ainsi furent départis, et touchèrent ensamble, et
se retraït chascun comme il estoit de coustume.

En attendant le iiiie, Charolois, le hérault, monta devant
les juges, et crya trois fois : « Or oès. » Et là s'assam-
blèrent pluiseurs gens à pié et à cheval ; et là fut cryé une
feste par la manière qui s'ensieult :

« Très-hault, très-excellent et très-puissant prince,
« princesses, chevaliers, escuiers, dames et damoiselles,
« on vous fait assavoir ung très-noble et très-riche par-
« don d'armes et une belle jouste, qui se feront du jour
« d'hui en ung mois, là où que mon très-redoubté seigneur
« sera, et de par quatre chevaliers de la Table Ronde,
« lesquelz se trouveront pour icellui jour armés, en har-
« nas et en selle de guerre, sans arrest avantageux, le
« heaulme en la teste, et ayans chascun leurs noms escrips
« en leurs grans gardebras, pour tenir cellui jour les rencz
« contre tous venans. Les dames livreront les lances qui
« à ce jour se romperont, lesquelles on trouvera sur les
« rencz toutes ferrées et garnies, réservé de rondelles, dont
« chascun se pourvoyra. Et ne pourra-on pour ce jour

« jouster d'autres lances ne avoir autre habillement de
« teste que dessus est dit. Et faudra que tous ceux qui
« venir y voldront, que, le vendredi devant, en dedens le
« midi, viennent devers Charolois, hérault de mon très-
« redoubté seigneur, pour lui baillier les noms et les
« sournoms, ou autrement nul n'y sera receu. Et celui de
« dehors qui mieulx le fera, gaignera une belle barbute
« de guerre estoffée d'or et de beau plumas très-richement.
« Et cellui de dedens gaignera ung bel et honneste gor-
« gerin garny d'or, que les dames et damoiselles de leur
« bonne grâce lui (1) donneront. »

Assès tost après la jouste cryée, arriva le marquis de
Férare, lequel marquis estoit bien monté et armé ; son
cheval estoit harnasché d'ung harnas de gros estocz d'argent eslevé, et sur le cul du cheval, à manière d'une grosse
houppe de meismes estocs. Et, d'autre part, se présenta
le chevalier entrepreneur, son cheval couvert de veloux
cramoisi, décoppé à grandes fœulles, que l'on véoit la
doublure parmy, et estoit de taffetas bleu. Lances et
espées leur furent présentées ; et, après, au son de la trompette, coururent la course de la lance, dont il advint que
l'entrepreneur, d'une croisié, descloa le gardebras destre
dudit marquis ; et de ceste croisié fut la lance de l'entrepreneur rompue. Et puis mirent les deux chevaliers les
mains aux espées ; et quant ilz se voulrent courre sus, on se
perchut du gardebras dudit marquis, qui estoit descloé. Par
quoy l'on se mist entre deux, et fist-on ramener (2) ledit

(1) Les deux mss. de Valenciennes portent fautivement *leur*.
(2) Il faut lire : *rarmer*.

marquis. Puis commencha la bataille des deux chevaliers, qui fut bien et durement combatue ; et féroient de taille et de revers l'un sus l'autre, et à la fois du poing et du pommeau, qui mieulx mieulx. Et pour ce qu'il estoient les derreniers, on ne se hasta point de les départir ; et croy que ilz férirent chascun plus de trente cops d'espée. Et, sur ce point, furent les deux chevaliers départis. Et fut dit de chescun que l'entrepreneur avoit bien et honnourablement fait son emprinse, et vaillanment achevée et parfournye, et s'estoit monstré plus fiers et plus puissant à la fin que au commencement.

Ainsy et par telle manière, fut l'emprise de messire Glaude de Vaudrey achevée. Sy se fist désarmer de la teste ; et, tandis qu'il se désarmoit, entrèrent par la porte les gens sauvaiges qu'il avoit avecques luy amenez, c'est assavoir les deux trompettes, premièrement ; et après eux venoient incontinent les deux hommes sauvaiges, portans la bannière et le penon, et menant deux haguenées parées moult richement de deux couvertures de veloux cramoisi, décoppées et doublées à la manière et fachon de la couverture du cheval du chevalier entrepreneur. Et dessus icelles haguenées ainsy couvertes, comme dit est, estoient les deux damoiselles sauvaiges habillées en la manière comme cy-dessus est escript ; lesquelles damoiselles portoient la noble targe et le riche manicle ordonnés pour le pris à ceulx qui mieulx auroient combatu. Et tantost qu'ilz approchèrent près du chevalier, le chevalier les salua, et les damoiselles lui rendirent son salut ; et se mist le chevalier entre eux deux pour venir devers les juges. Et tantost les vallets et la commune de la compaignie coururent aux

trois housseures de velours, les prinrent et les deschirèrent,
et en prinst chascun sa pièche, comme ilz avoient fait le
premier jour.

Ce fait, les damoiselles et le chevalier se présentèrent
devant les juges, baillèrent le targon et le manicle ès mains
desdiz juges, et puis demandèrent qu'on leur délivrast le
riche pavais où furent escrips les noms de ceux qui sont
venus à cestui noble pas ; lequel pavais fut mis ès mains
du roy d'armes de Flandres. Et après que les damoiselles
et le chevalier eurent merchié les juges et pris congié, ilz
se tirèrent devers monseigneur en bel ordonnance, le pavais
hault eslevé et monstré, et fut dit par moy :

« Mon très-redoubté seigneur, les damoiselles de la
« Dame Sauvaige vous merchient en toute humilité du
« grant honneur et de la bonne justice que avés fait à
« messire Glaude de Vaudray, son serviteur et vostre sub-
« ject, et de ce que par vos juges leur a esté délivré le
« noble pavais, duquel, ensamble de vostre bonne grâce,
« lesdites damoiselles feront le rapport et devoir, comme
« il appartient ».

Et sus ce point, humblement enclinant, l'entrepreneur et
les deux damoiselles prinrent congié, et mondit seigneur
et madame et toute la noble compaignie le saluèrent très-
courtoisement.

En l'ordonnance devant dicte, c'est assavoir les trompettes devant le roy de Flandres, portant le pavais, après,
les deux damoiselles sauvages et leurs vallets de pié, portans leurs bannières, se mirent au chemin contre la tente
de l'entrepreneur ; et le chevalier venoit après, armés de
toutes armes, fors de la teste seulement ; et l'adestroient

monseigneur le conte de la Roche et monseigneur le conte
de Charni, qui à ce pas luy firent (1) de moult bon ayde et de
moult bon conseil. Et quant le chevalier fut à la porte, il
se retourna devers les deux contes, et les remerchia de
l'honneur qu'ilz lui avoient fait, et puis s'en ala. Et fut
après lui la porte fermée.

Par ceste manière fut le pas clos et adchevé du serviteur
de la Sauvage Dame, nommé messire Glaude de Vaudrey
dessusdit, lequel fut fort prisié de ung chascun ; et, à la
vérité, ledit messire Glaude se est conduit en ceste matière
vigoureusement et bien, et a monstré qu'il est homme, une
fois, à l'ayde de Dieu, pour faire chose digne de mémoire.

Celle nuyt fut le bancquet à l'ostel de la ville, donné
par ceulx de Gand, où fut monseigneur, madame la ducesse, mademoiselle de Bourgongne (2), mademoiselle
d'Arguel (3), toutes les dames et damoiselles, ensamble
toute la noblesse de la maison de Bourgongne. Et, après
le soupper, furent faictes pluiseurs danses et mommeries

(1) Il faut lire : *furent*.

(2) Marie de Bourgogne, fille unique du duc Charles le Téméraire et d'Isabelle de Bourbon, naquit le 13 février 1457, et mourut
le 27 mars 1482.

(3) Il s'agit ici de Jeanne de Chalon, fille de Louis le Bon, prince
d'Orange, et d'Eléonore d'Armagnac. Jeanne épousa Louis de
Seyssel, comte de la Chambre, en Savoie, et mourut le 15 septembre 1483. — Voir : Jos. de la Pise, *Tableau de l'histoire des princes
et principauté d'Orange...* : La Haye, Théod. Maire, 1640, in-fol.,
p. 130; — le père Anselme, *Histoire généalogique et chronologique
de la maison royale de France...* : Paris, 1726-1733, 9 vol. in-fol.,
t. viii, p. 423 ; — P. J. Boudier de Villermet, *Abrégé historique de
la maison de Seyssel...* : Paris, 1739, in-4° ; — le Père Bonaven-
ture de Sisteron, *Histoire nouvelle de la ville et principauté d'O-
range...* : Avignon, 1741, in-4°, p. 336.

de diverses fachons, dont après l'enqueste faicte pour le
fait des pris, furent ordonnés le signeur de Miraumont et le
signeur du Chastelet (1), tous deux anchiens chevaliers; et
leur furent baillié deux belles damoiselles, c'est assavoir
mademoiselle de Rouchebaron et mademoiselle de Bergues,
le mainsnée; lesquelz, avecques les officiers d'armes, présentèrent la targe où fut paincte la Dame Sauvaige, à
Charles de Visan, pour avoir fait le plus beau cop de lance
sur le chevalier entrepreneur, à cestui pas. Et puis fut
présenté le manicle à Pierre de Salins, pour le pris de
l'espée. Et tantost après furent aportés les espices et le vin,
et se retirèrent monsigneur et madame sur le point de
unze heures.

Et ainsy, mon très-redoubté seigneur, je vous rengz
compte de toutes les aventures qui sont advenues, en faisant cestui noble pas, sans rien en laissier, à mon pooir.
Et quant aultre chose sourvendra, je le vous feray sçavoir,
vous suppliant, mon très-redoubté seigneur, que voelliés
tousjours avoir souvenance de moy,

Vostre très-humble serviteur.

TANT A SOUFFERT LA MARCHE.

(1) Pierre du Chatelet, seigneur du Chatelet, de Deuilly, de Bul-
gnéville, de St-Eulien, de Cirey, de Bouzancourt, de Pierrefitte,
de Merlaut, d'Outrepont, etc.. mort en 1482. — Voir : dom
Aug. Calmet, *Histoire généalogique de la maison du Chatelet... :*
Nancy, 1741, in-fol., pp. 53-56; — Dunod, *Histoire du comté de
Bourgogne...*, t. II, pp. 567-568.

ESPITRE POUR TENIR ET CÉLÉBRER LA NOBLE FESTE DU THOISON D'OR, FAICTE ET COMPOSÉE PAR ET COMME S'ENSUYT.

Mon souverain seigneur, mon prince et mon maistre (1), je Olivier, seigneur de la Marche, indigne premier maistre d'hostel de vostre noble maison, mes en vostre noble main, comme chief de l'ordre de la noble Thoison d'Or, ceste espitre que j'ay faicte et composée pour les raisons cy-après escriptz.

Il est notoire que suis en la LXXVIe année de ma vie; et n'a plus le corps que le bon vouloir, et ne vous puis suyvre ne servir comme je vouldroye. Et pourroit estre que, par faulte de vie, ou pour non povoir labeur de mon corps, je ne pourroye estre ès lieux où vous tiendrez la sollempnité de la noble feste de la Thoison (2). Et pour ce que, par

(1) Philippe le Beau, fils de l'empereur Maximilien I et de Marie de Bourgogne, comte de Flandre (1482), duc et comte de Bourgogne, etc. (1493), roi de Castille de 1504 à 1506.

(2) Cette « *sollempnité de la noble feste de la Thoison,* » à laquelle Olivier de la Marche craint de ne pouvoir assister, est le treizième « Chapitre général » de l'ordre de la Toison d'Or, chapitre tenu à Bruxelles, au mois de janvier 1501 (n. st.) — Voir le ms. 599 de

7

la grâce de Dieu et par ma longue vie, et meismes que j'ay
esté longtemps maistre d'hostel, tant de feu le duc Charles (1),
que Dieu absoille, du roy vostre père (2), comme de vous;
et meismes ay veu celle sollempnité tenir par pluiseurs fois,
moult sollempnellement, par le duc Phelippe, vostre
ayeul (3), premier fondateur d'icelle ordre; ayant regard que
c'est le principal parement de vostre maison, et l'honneur que
vous devez maintenir et exaucer, et rebouter ceulx qui le
vouldroient reculler ou estaindre; car, par ce moien, vous
et voz confrères arrez et avez eu pluseurs grans et notables
aliances fraternèles, comme empereurs, roys, ducz, contes,
barons et chevalliers, de haulte et grande renomée. Et,
pour ses causes, je me délite et prens la labeur et traveil
de mon entendement de mettre par escript la manière de
tenir et sollempnifier ceste haulte sollempnité, tant à l'ordre
qu'il appertient de tenir à icelle feste, soit à l'église, à la
maison et aux services des salles et des tables. Et si vostre
grand maistre d'hostel n'estoit occupé au conclave et
aux affaires de vostredit ordre, dont il est confrère et chevallier, il ne seroit jà besoing que je m'entremise de donner
règle et ordre en ceste matière; mais pour ce qu'il n'y

la Bibliothèque de Valenciennes (Documents relatifs à l'ordre de
la Toison d'Or, ms. in-4°, sur papier, de la fin du xvi° siècle),
ff. 3 v° — 44 v°.

(1) Charles le Téméraire, duc de Bourgogne de 1467 à 1477.

(2) Maximilien, père de Philippe le Beau, fut élu roi des Romains
le 16 février 1486, et couronné le 10 avril suivant à Aix-la-Chapelle.
Il succéda comme empereur d'Allemagne à son père Frédéric III,
en l'an 1493, et mourut le 12 janvier 1519.

(3) Philippe le Bon, duc de Bourgogne de 1419 à 1467, était l'ar-
rière-grand-père maternel de Philippe le Beau.

peult estre, et qu'i peult advenir que mes compaignons en
l'office de maistre d'hostel, présens et advenir, n'ont point
tant veu de ceste matière que j'ay, priant d'estre excusé en
mes deffaultes et ignorances, je menray [à] fin, se Dieu
plaist, mon œuvre commencée, en toute bonne affection ; et,
comme j'ay dit, mettray ceste espitre en vostre noble main,
affin que, s'il y a quelque chose dont voz maistres d'hostelz
se puissent servir, vous les leur baillez pour avoir leur
advis. Et à eulx et à leur souvenance, je recommande le
viellart.

Et pour mettre si hault et si sollempnelle œuvre en rigle
et en forme, il est besoing de déclairer aucunes choses de
la fondacion de ceste noble confrairie et fraternelité. Et est
vray que le bon duc Phelippe dé Bourgoigne fonda premier cest ordre(1) et esleva la Thoison d'Or, et la fist porter
à luy [à une] xxvᵉ de chevalliers, assavoir xxiiii chevalliers,

(1) Philippe le Bon, duc de Bourgogne, fonda l'ordre de la Toison d'Or, à Bruges, le 10 janvier 1430 (n. st.), lors de son mariage
avec Isabelle, fille du roi de Portugal, Jean I, dit le Grand, le Bien-
Aimé et le Père de la patrie. — Voir : *Chroniques* d'Enguerrand de
Monstrelet, livre ii, chap. lxxix ; — *Mémoires* d'Olivier de la Marche, livre i, chap. xv ; — *Mémoires* de Jean Lefebvre, seigneur de
Saint-Remy, chap. clvi-clix ; — *Le premier* [et le second] *volume
de la Toison d'Or, composé par révérend père en Dieu Guillaume*
[Fillastre], *par la permission divine, jadis évesque de Tournay…* :
(Paris, par Anthoine Bonnemère, pour François Regnault, 1517),
in-fol., goth. ; — *Les Ordonnances de l'ordre de la Thoyson d'Or* :
s. l. n. d. (Anvers, Plantin, vers 1560), in-4ᵘ ; — Guill. Paradin,
Les Annales de Bourgongne, pp. 711-712 ; — Gollut, *Les mémoires
historiques de la République séquanoise et des princes de la Fran-
che-Comté de Bourgougne…*, nouv. édit., col. 1084-1085 ; — André
Favyn, *Le théâtre d'honneur et de chevalerie…* : Paris, Robert
Fouet, 1620, 2 vol. in-4º, t. ii, pp. 919, 943-962 ; — Jules Chifflet
Breviarium historicum inclyti ordinis Velleris aurei… : Autuerpiæ,

et luy. comme chief, le xxv⁰; et depuis augmenta icelle ordre de six chevalliers, et furent en tout xxxi chevalliers, y comprins le chief, comme dessus. Et affin que je ne soye reprins en ceste partie, l'on polroit dire que à présent y sont xxxii chevalliers. Et à ce je respons qu'il ne s'entent point ainsi; car bien est vray que monseigneur Maximilien, à présent roy des Rommains releva ceste ordre aruynée et déchutte par la mort de feu le duc Charles (1), dont Dieu ayt l'âme; et depuis vous fustes né de luy et de madame Marie, héritière de ceste maison (2), dont Dieu ayt l'âme, vostre noble mère, et demourastes seul filz et duc de Bourgoigne, par le trespas d'icelle. Et pour ce que cest ordre fut fondée pour chief pour le duc de Bourgoingne et ses successeurs, vous parmutés dès icelle heure que Dieu l'a prise, à estre chief d'icelle noble ordre; et vostre noble père, roy des Romains, tant pour ce qu'il avoit relevé ledit

ex offic. Plantin. Balthas. Moreti, 1652, in-4°; — (Basnage) *Histoire des ordres militaires ou des chevaliers.... :* Amsterdam, 1721, 4 vol. in-8°, t. iv, pp. 30-76; — Dunod, *Histoire du comté de Bourgogne*, t. ii, pp. 420-421 ; — Dunod, *Mémoires pour servir à l'histoire du Comté de Bourgogne...*, pp. 343-344; — Julian Pinedo de Salnazar, *Historia de la insigne orden del Toyson d'Or :* Madrid, 1787, 3 vol. in-fol.; — de Reiffenberg, *Histoire de la Toison d'Or :* Bruxelles, 1830, 1 vol. in-4°, introduction, pp. xvii-xxiv. — Pour la bibliographie de l'ordre de la Toison d'Or, consulter le père Lelong, *Bibliothèque historique de la France*, t. iii, pp. 704-706; — de Reiffenberg, *Histoire de la Toison d'Or*, introduction, pp. xi-xv; — Joan. Guigard, *Bibliothèque héraldique de la France :* Paris, E. Dentu, 1861, in-8°, pp. 445-447, etc.

(1) Charles le Téméraire, duc de Bourgogne, mort au siège de Nancy, le 5 janvier 1477.

(2) Philippe le Beau était fils de Maximilien, archiduc, puis empereur d'Allemagne, et de Marie de Bourgogne, fille de Charles le Téméraire. — Il naquit à Bruges le 22 juillet 1478.

ordre, comme pour ce qu'il est vostre père, est demeuré en estat et nom de chief d'icelle ordre, comme vous. Mais le nom de vous deux n'est que ung mesme nom en ceste partie, et ne debvez avoir que ung siège à l'église parez de deux tableaux; et, à la table, au disner solempnel, devez estre assiz l'ung demprès l'autre, et ne devez avoir que ung plat pour vous deux, et aller à l'offrande ensemble. Et tousjours vous devez l'honneur au père, comme humble et obéissant filz. Et ainsi je concluz que jàçoit ce que vous soyez xxxii chevalliers portans l'ordre pour le présent, toutesfoiz ilz ne s'entent que xxxi, pour ce que le père et le filz n'est que une meisme chose en ceste cause.

[Sur icelluy article, fust mis en marge par feu le seigneur du Sart, greffier d'icelluy ordre (1) :

(1) Laurent du Blioul, seigneur du Sart, greffier de l'ordre de la Toison d'Or. — Voir : « Forme de l'indiction et insinuation du chapitre du très-insigne ordre du Thoison d'Or, de la célébration d'icelluy, et des sollempnitez et cérimonies y requises, prinse et extraicte des statutz dud. ordre, de diverses instructions, mémoires et ordonnances, et des registres des chapitres, actes et cérimonies d'iceulx; puis l'institution d'icelluy ordre, et rédigiez par escript par Laurens du Blioul, seigneur du Sart, chevalier, secrétaire et greffier, et par luy communicquiez à vénérable messire Philippe Nigri, docteur ès droiz, grand archidiacre de Thérouanne et doyen de St-Rombault, à Malines, chancellier, à messire Jehan Micault, sieur et maire de la Lovet, aussi chevalier, trésorier, et à Thomas Ysacq, dict Thoison d'Or, roy d'armes dud. ordre, le tout de l'expresse ordonnance de très-illustre, très-hault, très-exellent, très-puissant, très-magnanime, très-victorieux et invincible prince Charles, archiduc d'Austrice, duc de Bourgoigne, par la divine clémence empereur des Romains, Ve de ce nom, roy de Germanie, de Castille, etc., chief et souverain d'icelluy ordre, ou chapitre par luy tenu en sa ville et cité de Tournay, ou mois de décembre de l'an mil Ve et trente ung; à la correction d'icelluy seigneur » : Paris,

Ils ont esté comptez pour deux, et si n'ont esté que xxxi en tout, et ont eu le père et le filz et devoyent avoir deux siéges en l'église (1).]

Mon très-redoubté seigneur, en mettant en œuvre la manière de tenir et célébrer ceste haulte sollempnité de la feste de l'ordre de la Thoison d'Or, qui est le triumphe de vostre maison, comme j'ay dit, il me fault arrester, pour vous donner à entendre deux pointz qui font assavoir et point à oublier. Le premier point, c'est que c'est de ordre de prince, et en quelle manière on le peult tenir pour ordre. Et avant que je esclarcisse le second point, je déclareray le premier au mieulx qu'il me sera possible. Quant ung prince donne quelque devise à pluiseurs nobles hommes, sans nombre et sans chapitres, cela ne se doit point

Bibliothèque nationale, mss. français, nᵘ 5046, ancien 9675 κ ε (Recueil de pièces des 15ᵉ et 16ᵉ siècles, relatives à la Toison d'Or), ms. in-4ᵘ du xvıᵉ siècle, sur papier, ff. xcv-cxıı. — Voir également le ms. 597 de la Bibliothèque de Valenciennes (ms. in-4ᵘ, sur vélin, de 1532). Aux ff. 38-46 de ce ms., on trouve le traité suivant : « Chy après s'ensieult le changement que, puis l'institucion de l'ordre du Thoison d'Or jusques ores, a estez faict ès statuz et ordonnances d'icellui, par les chiefs et souverains, en divers leurs chapitres, à l'adviz des chevaliers, leurs confrères dudit ordre, selon que il se treuve ès registres du greffe d'icellui ordre, desquelz Laurens du Blioul, seigneur du Sart, greffier, l'a extraict. » — Les ff. 2-37 vᵒ du même ms. contiennent le « Livre des ordonnances de la Thoison d'Or », avec la note suivante au vᵒ du 1ᵉʳ feuillet: « Ce présent livre de l'ordre présenté à messire Philippes de Lannoy, sʳ de Molembais, etc., chevalier de l'ordre, chief des finances, grand maistre d'hostel de la royne douairière de Hongry et de Bohême, par Laurent du Blioul, sʳ du Sart, greffier de l'ordre, extraict par luy hors des registres du greffe..... »

(1) Nous mettons entre crochets les passages ajoutés après coup au manuscrit original d'Olivier de la Marche.

nommer ordre, mais devises seullement. Exemple : les roys d'Engleterre ont leur ordre de la Garretière (1), où ilz sont nombre de chevalliers, et chapitres notables; et, en celle ordre, a et a eu moult de notables et vaillans chevalliers. Mais oultre celle ordre, il ont une devise qu'i donnent à pluiseurs chevalliers, dames et damoiselles, et escuiers. Et est icelle devise selon les roys qui règnent et leurs affections; et comunément est icelle devise parée de rozes, l'une fois blance, et l'autre, vermeille, selon l'affection des roys, comme dit est ; et se donne, sans nombre ou quantité de gens, les unes d'or et les aultres d'argent. Et puis icelle manière de faire nommer pour devise, et non aultrement, le roy Régnier de Cécille (2) esleva une confrairie de chevaliers et d'escuyers qui portoient le croissant soubz l'esselle, les chevalliers, d'or, et les escuiers, d'argent; et y avoit escript : *Croissant en loz*. Et combien que les enseignes furent belles et portées de gens de bien,

(1) Édouard III, roi d'Angleterre, institua l'*Ordre de la Jarretière* en l'an 1334, selon les uns, vers 1350, selon d'autres. — Voir : André Favyn, *Le théâtre d'honneur et de chevalerie...*, t. II, pp. 979, 1034-1060 ; — (Basnage) *Histoire des ordres militaires...*, t. III, pp. 344-394. — Pour la bibliographie, consulter Joan. Guigard, *Bibliothèque héraldique...* p. 444.

(2) René d'Anjou, duc d'Anjou et de Lorraine, roi de Naples et comte de Provence, fonda l'*Ordre du Croissant* en la ville d'Angers, en 1448. — Voir: *Œuvres complètes du roi René*, avec une biographie et des notices par le comte de Quatrebarbes : Angers et Paris, 1844-1846, 4 vol. gr. in-4°, t. I, pp. 50-79; — A. Favyn, *Le théâtre d'honneur et de chevalerie...*, t. I, pp. 805-871 ; — Marc de Vulson, sieur de la Colombière, *Le vray théâtre d'honneur et de chevalerie, ou le miroir héroïque de la noblesse...* : Paris, Aug. Courbe, 1648, 2 vol. in-fol., t. I, pp. 107-127 ; — (Basnage) *Histoire des ordres militaires...*, t. IV, pp. 81-84 ; — Pour la bibliographie, voir le père Lelong, *Bibliothèque historique de la France*, t. III, pp. 706-707.

toutteffois, ce n'estoit point ordre ; car il n'y avoit ne nombre ne chapitres, et n'en fut jamais la feste tenue ne célébrée. Pour quoy je dis et concluz, en ceste partie, que ce ne fust point ordre ; mais la nommerons confrairie ou devise, qui certes fut belle et de grand monstre. Charles, duc d'Orléans (1), porta en devise le quamail où il pendoit ung porc-espy. Et fut porté par beaucoup de gens de biens, chevalliers et escuyers ; mais il n'eult jamais nombre ne chapitres. Et pour ce, je diz que ce n'estoit que une devise et non pas ordre. Les ducz de Bretaigne, et mesmement le duc François (2), ont semblablement porté ung collier où pendoit une hermine, que moult de gens de biens ont porté, chevalliers et escuyers ; mais ce ne fut pas ordre, que devise seullement, pour les raisons que j'ay escript cy-dessus. Les ducz de Savoye portent ung ordre d'ung lachz d'amours (3) ; et le puis nomer ordre,

(1) Charles d'Orléans, l'un des principaux poëtes du xv⁵ siècle, était fils aîné de Louis de France, duc d'Orléans, 2ᵉ fils du roi Charles V. Il naquit en 1391 et mourut l'an 1465. — *L'Ordre du Porc-Epic* fut institué l'an 1394 par Louis de France, duc d'Orléans. — Voir : A. Favyn, *Le théâtre d'honneur et de chevalerie...* t. I, pp. 705-760 ; — (Basnage) *Histoire des ordres militaires...* t. IV, pp. 11-16.

(2) Il s'agit ici soit de François I, duc de Bretagne de 1442 à 1450, soit de François II, duc de Bretagne de 1458 à 1488. — *L'Ordre de l'Hermine* fut fondé selon les uns en 1381, par Jean IV le Vaillant, ou le Conquérant, duc de Bretagne ; selon d'autres, en l'an 1450 par le duc François I ou Pierre II. — Voir : A. Favyn, *Le théâtre d'honneur et de chevalerie...* t. I, pp. 879-911 ; — (Basnage) *Histoire des ordres militaires...* t. IV, pp. 365-369.

(3) Amédée VI, comte de Savoie, fonda en 1362 l'*Ordre de l'Annonciade*, appelé d'abord l'*Ordre du Lacs d'Amour*. — Voir A. Favyn, *Le théâtre d'honneur et de chevalerie...*, t. II, pp. 1463, 1471, 1483-87 ; — (Basnage) *Histoire des ordres militaires...*, t. III, pp. 416-

car il y a nombre et chapitres ; et est et a esté ceste ordre portée par mains bons chevalliers. Mais, au regard de Cippre (1), de Cécille (2) ou d'Arragon (3), se ne sont point ordre, mais devises seullement. Le roy Loys de France, et le roy Charles, son filz (4), et le roy Loys à présent (5), ont eslevé ung ordre ou devise qui s'appelle l'ordre Sainct-Michiel (6) ; mais, jusques à présent, il n'y a point de nombre préfix, sinon que pluiseurs notables chevalliers portent icelle ordre. Mais, de moy et de mon entendement, je ne la puis nomer ordre, pour ce qu'il n'y a point de nombre de chevalliers, et ne fut oncques la feste tenue, ne les chevalliers assemblez ; pour quoy je diz que ce n'est qu'une obligacion à quoy le roy de France oblige plui-

437. — Pour la bibliographie, voir : Joan. Guigard, *Bibliothèque héraldique*, p. 445 ; — *Catalogue de la Bibliothèque nationale de Paris* (département des imprimés), t. ix, p. 116.

(1) Gui de Lusignan, roi de Jérusalem et de Chypre, fonda en 1195 l'Ordre de Chypre, les *Chevaliers du silence* ou *de l'Epée*. — Voir : A. Favyn, *Le théâtre d'honneur et de chevalerie*.. t. ii, pp. 1566, 1569-1570 ; — (Basnage) *Histoire des ordres militaires*, t. iii, 198-207.

(2) Charles d'Anjou, comte d'Anjou et de Provence, frère de saint Louis, roi de Naples et des Deux Siciles, institua en 1268 les *Chevaliers du Croissant*. René d'Anjou rétablit cet ordre en 1448. — Voir : (Basnage) *Histoire des ordres militaires...* t. iii, pp. 283-289).

(3) L'*Ordre de Saint-Sauveur de Montréal* fut fondé en 1118 ou 1120, par Alphonse I, roi d'Aragon. — Voir A. Favyn, *Le théâtre d'honneur et de chevalerie...* t. ii, pp. 1231, 1245-1247 ; — (Basnage) *Histoire des ordres de chevalerie...* t. ii, pp. 270-274.

(4) Louis XI (1461-1483) ; Charles VIII (1483-1498).

(5) Louis XII (1498-1515).

(6) Louis XI fonda l'*Ordre de Saint-Michel*, à Amboise, l'an 1469. Voir : A. Favyn, *Le théâtre d'honneur et de chevalerie...* t. i, pp. 607-641 ; — (Basnage) *Histoire des ordres militaires...* t. iv, pp. 380-396. — Bibliographie : le père Lelong, *Bibliothèque historique de la France*, t. iii, p. 707 ; *Catalogue de la bibliothèque nationale de Paris* (département des imprimés), t. ix, pp. 105-106.

seurs chevalliers en son service. Mais vostre noble ordre
de la Thoison d'Or se peult nommer ordre par tout le
monde; car elle est réglée en nombre et en chapitres. Et
ceste noble feste a esté tenue et magnifestée tant de fois
que ordre se peult bien nommer du Thoison d'Or. Et sur
ce mot, que l'on peult dire, il y a ordre tant en nombre
de chevalliers et chapitres escriptz en festes et sollempnitez
tenue, où ordre a esté gardée, je déclare que celle ordre
donne le nom à l'ordre d'ung prince et se peult nommer
ordre. Et prenés en gré ce que je vous ay peu et sceu
monstrer et remonstrer que c'est de ordre et que c'est de
devise. Et devez bien soingneusement avoir l'oiel et le
regard que si noble compaignie et fraternelle union ne soit
mis en oubli et en non challoir.

[Sur l'article cy-dessus, ledit greffier d'icelluy ordre a
escript sur la marge cest article :

Il baptisent l'ordre de Sainct-Michiel ordre, et ont chapitres assez pareilz aux chapitres et status de l'ordre du Thoison; mais le roy seul les donne à qui il luy plaist, sans l'advis
des chevalliers de la compaignie, et n'y a nombre arresté].

Et pour ce que j'ay dit que je déclareroye deux pointz,
pour le IIe, il est bien raison que je vous advertisse et ra-
mentoive sur quoy se fonda le bon duc Phelippe, vostre
ayeul, quant il esleva la noble Thoison d'Or (1). Et premièrement, il se fonda sur la poéterie de Jason, qui dit que
en l'isle de Colcoz avoit un mouton de merveilleuse gran-
deur, dont la peau, la laine et tout le vyayre estoit d'or.
Et dit l'histoire, laquelle je abrégeray à mon possible, que

(1) Voir, l'*Histoire de la Toison d'Or*, par le baron de Reiffenberg, introduction, pp. xvii-xxviii.

celluy mouton estoit gardé de dragons, serpens et de beufz sauvaiges, qui gectoient feu et flamme, et de pluiseurs autres enchantemens ; et que Jason, qui fut moult vaillant chevallier, alla en Colcoz pour concquérir ledit mouton, ce à quoy il ne fut jamais parvenu, se ne fust esté par Médée, fille du roy d'icelle ysle, et laquelle sçavoit moult d'enchantemens, de charmes et de forceries (1). Icelle Médée se enamoura dudit Jason, et tant traictèrent ensemble, qu'il luy prommist de l'emmener et de la prendre à feme ; et elle luy aprist les sors qu'il convenoit faire contre les dragons et les bœufs, et aultres enchantemens qui moult estoient contraires à ung chevallier qui voulloit le mouton conquérir. Jason crut Médée et fist ce qu'elle luy enseigna, et fist tellement qu'il vint à son dessirs de toutes les sorceries dessusdictes, et parvint jusques au mouton et l'occit. Mais pour ce qu'il trouva ledit mouton si grand et si pesant qu'il ne le povoit apporter, il escorcha ledit mouton, et apporta la peau et le vyaire qui estoit d'or, et à celle peau pendoit la teste, les cornes, les quatre piedz et la queue dudit mouton. Et pour ce fut-il dit que Jason avoit concquis la Thoison d'or ; et ne parle-l'on point du mouton. Et s'en retourna atoute ladicte Thoison ; mais il trompa Médée et ne l'emmena ou espousa (2).

(1) Lire : *sorceries*, mot qui se trouve quelques lignes plus loin.

(2) Voir : les *Métamorphoses* d'Ovide, livre vii, 1 ; — les *Argonautiques* de Valerius Flaccus et d'Apollonius de Rhodes. —Voir aussi : «... L'istoire de la conqueste du noble et riche Thoison d'or, faicte jadis par ung vaillant prince de Grèce et filz de roy, appellé Jason de Mirmidoine, à l'ayde d'une haulte dame que l'en nommoit Médée » : Paris, Bibliothèque nationale, mss. français, n° 12570. (Ce ms. in-4°, du xve siècle, sur papier, est un roman de chevalerie, purement imaginaire, dédié au duc Philippe le Bon).

Et ainsi, monseigneur, je vous ay déclairé à l'abrégiet sur quoy le bon duc Phelippe, vostre ayeul, se fonda premièrement en la fondacion de son ordre. Mais, depuis, fut ung chancellier en l'ordre, évesque de Chalon en Bourgoigne, nommé messire Jehan Germain (1), moult notable clercq et grand orateur, et changea celle opinion et fondacion, et s'arresta sur le fort Gédéon, qui est l'histoire de la Bible et approuvée ; et vault bien de en ramentevoir aucune chose. Et dist l'histoire que les Filistiens persécutèrent moult le peuple de Dieu, qui estoient lors Juifz. Et Nostre Seigneur, qui ne vouloit plus souffrir l'iniquité des Filistiens, ne laisser son peuple en la misère où il avoit longuement demeuré, il esleva ung batteur en grange et laboureur, nommé Jédéon, et luy fist commander par son ange qu'il prinst les armes et alast contre les Filistiens et assamblist des Juifz ce qu'il pourroit avoir, luy donnant espoir d'estre victorieux et de gaigner la bataille contre les Filistiens. Jédéon, combien que ce fust ung fort homme, et est nommé l'un des trois fors, touteffois, il doubta en son

(1) Jean Germain. « docteur en théologie et maistre ès arts à Paris », né à Cluny vers l'an 1400, conseiller du duc Philippe le Bon (1429), chanoine, puis doyen de la Sainte-Chapelle de Dijon (1431), chancelier de l'ordre de la Toison d'Or, évêque de Nevers (1432), puis évêque de Chalon de 1436 à 1461. — Voir : Gollut, *Mémoires historiques de la république séquanoise..*, nouv. édit., col. 1136-1137; — le père Cl. Perry, *Histoire civile et ecclésiastique, ancienne et moderne de la ville et cité de Chalon-sur-Saône..*: Chalon-sur-Saône, 1659, in-fol., pp. 274-287 ; — *Gallia Christiana*, t. iv, col. 930-932; — (dom Plancher et dom Merle) *Histoire générale et particulière de Bourgogne*, t. iv, p. 50 ; — l'abbé C. F. Bugniot, *Vie de Jehan Germain, évêque de Chalon-sur-Saône...* : Chalon-sur-Saône, 1862, in-4°.

emprinse, et requist à Dieu qu'i le voulût asseurer en sa
doubte; et fist deux essayes où il tempta Nostre Seigneur
par bonne dévotion. Le premier fut qu'il estendit la thoison
d'un mouton sur la terre, et requist à Dieu que toute
icelle nuict la pluye du ciel tumbast dessus ladicte terre,
et non pas sur ladicte toison, ce quil advint. Et fist Dieu,
à sa requeste, que la terre fust mouillié et non pas la
thoison. Jédéon, qui n'estoit pas asseuré en son fait, requist
à Dieu qu'il voulsist de rechief luy faire grâce d'exemple
pour sa sceurté, et estendit ung autre thoison sur la terre,
et demanda à Dieu qu'il pleust toute la nuyt sur ladicte
thoison, et non point sus la terre; ce que Nostre Seigneur
luy accorda. Et fust la thoison mouillée et point la terre.
Et lors Jédéon se asseura, et pria merci à Nostre Seigneur
de sa temptacion, et fit sa cotte d'armes parer devant et
derrière de la thoison d'armes. Et dit l'histoire que, soubz sa
conduyte, furent desconfiz et mors VI^c mille Fillistiens,
à si peu de gens, que Dieu monstra bien que luy meismes
y mettoit la main. Et ainsi rompit messire Jehan Germain
la première opinion qui estoit de Jason, et le changea sur
Jédéon, dont l'histoire de la Bible fait mencion (1). Et de
ce second article, j'ay parlé à l'abrégié, pour ce que la
Bible, et pluiseurs histoires parlent assez de ceste matière.

Le duc Phelippe fonda en icelle sollempnité deux services. Le premier, les chevalliers aloient à vespres, et, l'endemain, à la messe, qui est le premier service. Et estoient
du temps d'icelluy duc, fondateur, luy et les chevalliers
vestus de robes d'escarlate, et par dessus, grans manteaulx
d'escarlates, dont la bordure dessoubz estoit d'ung grand

(1) Voir : les *Juges*, chap. vi, vii et viii.

pied de hault ou de plus, de brodure de fil d'or à fuzilz
et à la thoison, moult richement. Et le second service fut
que le soir les chevalliers alloient à vigilles, vestus de
robbes noirs et manteaulx noirs, sans nulle brodure. Et,
le lendemain, venoient à la messe en icelluy estat. Et
s'entent que celluy second service fut ordonné pour prier
pour les trespassez, et meismement pour ceulx d'icelle
ordre. Et ordonna le duc Phelippe quatre officiers qui
marchoient devant l'ordre, en tel habit que les chevalliers,
excepté de la brodure. Les quatre officiers, c'est le chancellier de l'ordre, qui se fait comunément d'ung grand
prélat; le second, c'est le trésorier de l'ordre, lequel a
devers luy en garde les manteaulx et habillemens des
chevalliers, doit soingnier des colliers et de toutes choses
où il appartient seure garde; le troisiesme, le greffier de
l'ordre, qui doit enregistrer et mettre par escript tout ce
quil se conclud et ordonne en leurs secretz conclave; et
le quatriesme, c'est le roy d'armes de la Thoison d'Or,
qui doibt conduyre les cérimonies d'icelle feste, et ordonner
que les blasons soient mis en cueur, comme doibvent
estre, et doibt offrir pour les trespassez.

Et depuis, le duc Charles, qui fut moult sumptueulx en
pompes et habillemens, tant à la guerre que à la paix,
icelluy noble prince augmenta les habillemens de la
Thoison, qui furent d'escarlates par la première fondacion,
et les fist faire de velours cramoysi, robbes et manteaulx
et chapperons; et fist les bordures brouder richement, et
le tout à la fachon des premières. Et si augmenta celle
feste de deux services, l'un ou nom du Saint-Esprit, et
l'autre ou nom de la glorieuse Vierge Marie. Et portèrent

les chevalliers et officiers, ce jour du Saint-Esperit, robbes de velour vermeil, et, le jour de Nostre Dame, robbes de drap damas blancq, et tousjours chapperons de meismes. Et alloient les chevalliers à vespres, et, le lendemain, à la messe du Saint-Esprit, et continuoient à vespres et à la messe de Nostre Dame. Et, chascun de ses quatre jours, trouvoient le disner en salle de parement, comme le premier jour. Et doivent estre assiz et servis jour pour jour, en la manière que je diray cy-après, quant je toucheray de la manière du service.

Et pour ce qu'il a esté pluiseurs fois devisé de augmenter le nombre des chevalliers de ceste noble confrayrie portant la Thoison, pour ce que je désire qu'elle soit et demeure en si honnorable extime qu'elle a esté cy-devant, je donne à mon opinion qu'elle doit demorer ainsi que le fonda le duc Phelippe, et ou nombre de xxxi chevalliers, comme j'ay dit dessus (1); car plus de chevalliers y auroit, et plus d'estranges choses pourroient advenir entre iceulx chevalliers, quilz ne seroient pas tous correspondans à l'union d'iceulx et au proffit de l'intencion du chief. Et aussi moins est une chose connue et plus fait à estimer. Pour quoy, je demeure en oppinion que le nombre des chevalliers de l'ordre de la Thoison d'Or, ne se doient excéder, mais doient demorer en la fondacion dessusdicte.

Et ainsi, mon souverain seigneur, je vous ay donné à entendre et ramentir comment le bon duc Phelippe, vostre ayeul, que l'on dit Phelippe l'Aseuré (2), fonda ceste noble ordre de la Thoison d'Or, et comment il [l']augmenta; et

(1) Page 100.
(2) Philippe le Bon, duc de Bourgogne de 1419 à 1467.

aussi comment le duc Charles, vostre grant-père (1), augmenta
et accrust ceste noble Thoison, tant de habillemens comme
de deux services ; et aussi ay donné advis de non excéder
le nombre. Et est temps que nous commenchons à parer
le fait de l'église, pour tenir et célébrer icelle noble sollempnité ; car le fait de Dieu et de l'église doibt aller devant
toutes choses.

Le trésorier et l'officier d'armes, qui doit estre Thoison
d'Or, doivent soingnier de préparer l'église des dévotes
pômpes, qui doivent estre à celle sollempnité ; et doibvent
soingnier que le painctre commis à ce soit préparé et furny
des tableaux des chevalliers qui doibvent représenter pour
celle fois, tant des vivans comme des mors. Et y a tax ordonné
pour chascun tableau, dont le chief de l'ordre doibt payer (a)
pour les estrangiers et trespassez ; et les autres chevalliers
domestiques et privez de la maison doibvent payer chascun
le leur. Et doibvent estre les tableaux des vivans, autant
que l'on tiendra celle feste, armoyez et tymbrez, pour estre
congnus. Et au regard des tableaux des mors, ilz doibvent
estre en plat escu, seullement les armes du trespassez et
sans timbre. Et doibvent estre iceulx tableaux mis et
attachiez par ordre et par advis du roy d'armes, assavoir pour les chevalliers, selon qu'ilz sont premier venu
en l'ordre ; et quant deux, trois, quatre ou pluiseurs
rechoivent ledit ordre en ung jour, leur tableaux doivent
estre mis et rengié selon que chascun d'eulx a esté premièrement chevallier. Et selon celle ordre doivent les che-

(1) Charles le Téméraire, duc de Bourgogne de 1467 à 1477.
(a) « *Le chief doit tout payer et le paye.* — Note ajoutée en
marge du ms. 5046.

valliers aller et garder l'honneur l'un à l'autre, comm'il
appertient. Et au-dessus de tout, et en ce meisme rencq *(a)*
doibvent estre les tableaux des ducz, selon la haulteur de
leur noblesse et seignourie; et encores, en ce meisme rencq,
et au dessus d'iceulx ducz, doivent estre les tableaux des
roix, selon leur degré. Et si doibt soingnier le roy d'armes
que, sur chascun tableau des roix, soient vifz ou mors,
soit mis ung pal pour monstrer que ce sont roix par dessus
les autres. Et doibvent estre iceulx tableaux des rois plus
grans et de plus grande apparence que les autres. Et est à
entendre que les tableaux des chevalliers, des ducz et des
roix doibvent estre mis ès deux costez du cœur, c'est-à-
dire quinze de chascun costé.

Et au regard du siège du chief, il doibt estre eslevé plus
hault que des chevalliers, et le tableau pardessus des armes
du chief, ainsi, en continuant ce que j'ay dit devant (1),
que le père et le filz doient seoir en ung siège et avoir
chascun leur tableau escriptz et intitulé avecq les armes
de chascun, le tiltre de leur haulteur et seignouries; et
doibt avoir ung pal pardessus eulx deux ou l'un d'eulx.
Et si fault entendre selon l'advis que je donne que tousjours se doit faire la place du chief pour le père et pour
le filz, et les tableaux de meismes. Et au regard des
quatre officiers, ilz doivent seoir sus un bancq bas et au
piet du chief, en leurs habillemens, comme j'ay premier

*(a) « A bien noter le statut de l'ordre faisant mencion du rencq
et sièges des confrères de l'ordre, entre eulx, il peult sembler que
monseigneur de la Marche dit bien, combien que l'usaige est au
contraire. »* Note également en marge du ms. 5046.

(1) Page 101.

dit. Et si doit le roy d'armes préparer ung candelabre pardevant la face de l'autel, pour mettre les **xxxi** chierges dont l'on doibt faire chascun jour l'offertoire.

[S'enssuyt l'apostille mis par ledit seigneur du Sart sur la marge d'icelluy article :

Saulve la révérence d'ung chascun, le roy Phelippe(1), qui au décez de feue madame Marie, sa mère, fut chief et souverain de l'ordre, selon les status et ordonnances de l'ordre, ès chapitres de l'ordre, au fait du tableau, devises, armes, et ordonnances ès actes dudit ordre, doibt avoir la prééminence à l'empereur Maximilien, son père, lequel par le trespas de ladicte dame a perdu le tiltre de chief et souverain de l'ordre, lequel, à cause d'icelle dame, ducessse de Bourgoigne, luy apartenoit. Et nonobstant l'assiète du tableau des armes dudit seigneur roy Philippe, comme chief et souverain, avant le tableau des armes dudit empereur Maximilien, veult bien la raison que ledit seigneur roy Phelippe faice tout honneur à luy possible à l'empereur, son père, comme tousjours, soy démonstrant très-humble et très-vertueulx filz, il a fait].

Or fault que j'entre en ung fort argument, comme l'on doibt faire du tableau de l'empereur, que Dieu absoille, vostre grand-père (2). Et suis d'opinion que considéré [que] ung empereur a prins, receu et porté l'ordre de la Thoison, que l'on doibt regard à ce qu'il est et a esté souverain de pluiseurs des seignouries que vous tenez; et, à ceste cause,

---

(1) Philippe le Beau, fils de l'empereur Maximilien I et de Marie de Bourgogne. — Voir les notes (1) et (2) des pages 97 et 100.

(2) Le grand-père paternel de Philippe le Beau était l'empereur Frédéric III, empereur d'Allemagne de 1440 à 1493.

luy devez plus d'honneur que à ung autre roy. Et semble
que le tableau de cestui empereur doit estre mis à l'autre
costé de la porte, en dedens, et à l'opposite du siège et du
tableau du chief, et en celle mesme haulteur, et doit estre
paré d'ung riche pal. Et s'il advenoit que le roy de France
portast icelle Thoison, on luy deveroit faire semblable
honneur que à l'empereur, pour ce qu'il est souverain
de parties de voz seignouries ; et à ceulx qui vous sont souverain, vous leur devez plus d'honneur que aux autres de
qui vous ne tenez riens, sinon l'amitié, l'aliance et la fra-
ternalité de la confrarie.

[Escript sur la marge d'icelluy article ce que s'ensuyt :

Le roy François de France (1) a eu l'ordre du Thoison, et
le premier lieu des roix avant le roy d'Engleterre ; mais
depuis le roy des Romains, l'empereur Frédérick (2) a aussi
eu l'ordre du Thoison, et est vray qu'il a précédé tous
roix, mais, pour raison de souveraineté en tous les pays
du roy Phelippe, n'a-il eu advantaige].

Or avons-nous préparé l'ordonnance de l'église, et fault
retourner à préparer l'hostel du prince, ou l'hostel ordonné
à tenir celle noble feste et sollempnité. Les fouriers doivent
ordonner la voie et le chemin par où iront et viendront
les chevalliers, et doibt-on préparer une chambre de parement richement estoffée, où les chevalliers viendront,
pour eulx reposer ; et, au plus près, doit avoir une chambre
où le chief se puisse retirer et appeller ceux qu'il luy plaist.
Et, demprès celle chambre à parer, doit avoir une autre
chambre pour tenir le conclave des chevalliers, et doibt [y]

(1) François I (1515-1547).
(2) Frédéric III, empereur d'Allemagne de 1440-1493.

estre une chaière assez haulte eslevée, parée de palle et de tappis richement, pour seoir le chief ; et, aux deux costez, deux bancz pour asseoir les chevalliers de l'ordre. Mais se roix y venoient, on prépareroit siège du rencq du chief, aussi paré du palle et de riche tapis. Et doient estre les bancz des chevalliers tapissiez et couvers. Et, au boult d'icelluy conclave, doit avoir ung bancq, pour les quatre officiers, regardans le visaige du chief ; et, devant iceulx, doit avoir une table couverte d'ung tapis ; et doivent estre iceulx officiers assiz, le chancellier au-dessus, le trésorier après, le greffier suyvant, et puis le roy d'armes de la Thoison d'Or. Et doibvent estre les chevalliers assiz en telle ordre que j'ay premier devisé, assavoir ceulx qui ont esté plus longuement en l'ordre, au-dessus, et ceulx qui ont esté chevalliers de l'ordre en ung temps, selon qu'ilz ont esté premier chevallier et qu'i sont aisné en chevallerie. Et tousjours les ducz précéderoient, comme j'ay dit premièrement.

De ce quil se dit et quil se fait en cê noble conclave, il ne me appertient de en parler, et pour ce m'en taiz. Mais tant en puis dire que là se font élection des chevalliers, ou lieu des trespassez, et à qui le chief et les confrères sont d'accord de baillier icelle noble ordre de la Thoison. Et oultre plus, le chancellier et le greffier doivent avoir cœullys et mis en escript toutes choses où il appertient correction de chevalliers advennes depuis l'autre feste tenue jusques à icelle. Et doit avoir bien ordonné où le chevallier se polra retirer, dont les autres veullent parler, et jusques à ce qu'il sera appellé pour oyr ce quil sera ordonné de son fait. Et, en ceste ordonnance, n'a point d'appel, et ont les chevalliers ceste grâce que, en toutes choses, s'ilz ne déclinent au contraire, et tout ce qui sera là ordonné, le greffier le doibt enregistrer et lire à chascune foiz devant les chevalliers, affin de savoir s'il l'a mis selon l'entendement et le désir du chief et des chevalliers.

Ainsi avons-nous devisé, du fait de ce noble conclave, ce qui est en moy d'en escripre et magnifester. Et fault revenir après à une autre chambre spacieuse qui doibt tenir à celle du conclave, laquelle chambre se doit nommer la chambre du trésorier de l'ordre. Et, en celle chambre, doit avoir une grande table ou pluiseurs, sur lesquelles tables seront mis les robes, manteaux, chapperons et autres habillemens servans ès quatre jours de celle haulte sollempnité. Et desquelz habillemens je deviseray selon les jours, et comme chascun doit servir. Et en celle chambre communément se doivent retirer les chevalliers, l'un après l'autre, selon qu'il seront mis en l'exament du chief et des confrères. Et ne doit avoir en celle chambre que le trésorier de l'ordre, quant il luy plaist estre, et son espécial serviteur, celluy qui garde pour le trésorier les manteaulx et les habillemens de l'ordre.

Or ay-je devisé et escript comme les salles et chambres doibvent estre préparées pour celle noble feste; et est temps que je occupe ma plume à mettre par escript comment se doit préparer la salle et le lieu où se tiendront les mengiers et convives ordonnez en ceste partie. Et est besoing que je commenche ès cuisines et ès fours où les viandes se prépareront. Lesquelles cuisines doivent estre parées de buffetz et de garde-mengiers; et au regard des buffetz, ilz doivent estre faiz en telle manière que l'on

puist lever la viande tout à une fois, et qu'elle s'entretène
ou service l'ung à l'autre. Et doibvent estre les escuiers de
cuisine et les keulx diligens que le service dessusdit se
face et entretiègne comm'il appertient. Et doivent les
maistres d'hostel ordonner et mettre par escript les gentilzhommes et leur départir à chascun sa charge, qui sera
de la conduyte d'ung plat, selon le jour et selon le
service. Et chascun d'iceulx gentilhommes se doivent furnir
de ceulx qui porteront les mets après eulx, et sans entre-
meller l'un l'autre.

En la salle où se feront les disners, aura une grande
table pour le premier jour, où tous les chevalliers portant
l'ordre, présent, doivent seoir, et le chief au millieu d'eulx.
Et doivent les fouriers avoir regard et enquérir quan *(sic)*
chevalliers de l'ordre sont présens, pour seoir à celle noble
table; et doit estre la table couverte d'une grande nappe
à ce ordonnée, laquelle le trésorier de l'ordre doit garder.
Et doivent faire faire diligence ceulx de la panetterie de
recouvrer icelle nappe en temps et lieu, au trésorier de
l'ordre, pour en couvrir et parer icelle table. Et doibt
estre icelle table parée d'ung riche tappis à manière d'un
doseret, qui doit estre si grand, qu'i doibt couvrir toute la
la table et tous les chevalliers de l'ordre estans à ce
noble disner. Et si doibt avoir au millieu d'icelluy dosseret
ung aultre plus riche dosseret, pour couvrir le chief et le
prince d'icelle noble ordre. Et doivent estre les tappissiers
songneux et diligentz de tendre la salle de riche tappisserie,
de mettre bancquiers et de tendre iceulx dosseretz dessus
escriptz.

Or avons-nous la grand table parée pour celluy jour;

et plus baz doibt avoir une autre table, à la main senestre
du chief, où il porra seoir quatre personnaiges seullement,
assavoir les quatre officiers de l'ordre, comme le chancellier,
le trésorier, le greffier et le roy d'armes. Et est nécessité
de préparer ung buffet honnourablement, lequel buffet
doit estre devisé et à la guise du guarde des joyaulx, pour
ce qu'il scet quelle vaisselle il peut mettre en monstre, et
comment il le veult logier. Et doit estre le fourier soin-
gneux de livrer audit garde-joyaulx charpentiers et ce
qu'il lui fault pour préparer ledit buffet; et doit estre ledit
garde des joyaulx adverty de longue main du jour et du
temps de la sollempnité, pour recueiller et préparer la vaisselle, tant pour la parure du buffet comme pour le service
de la salle. Et si fault en celle salle une longue table pour
les officiers d'armes, pour seoir xx ou xxx personnes à
deux costez. Et devant et tenant à icelle table, du costé de
la grande table, doit avoir, à manière de potente, une table
pour asseoir quatre personnaiges, les visaiges tournez vers
le prince, assavoir deux huissiers d'armes, au millieu de
ladicte table, leur baston d'huyssier demprès eulx; et, ès
deux boutz de la table, doit avoir assiz deux sergens d'armes, chascun sa mache couchée sur la table demprès luy,
et se point a esté ordonné anciennement, et quilz doivent
regarder le prince, affin que s'il se faisoit chose en la salle qui
fût à reprendre, par le commandement du prince, sans
autre mandement, ilz ont puissance et auctorité de mettre
la main et faire prisonnier l'offenseur, quelque grand qu'il
soit, et de quelque estat qu'ilz soient. Et doibvent estre
serviz iceulz officiers deux et deux, et les héraulx quant et
quant et de moyen service. Et appelle-on celle table la

gallée de la salle, et n'y peult seoir nulz officiers sans son
baston, ne nulz officiers d'armes sans sa coste d'armes.

Nous avons devisé des tables qu'il fault en la salle et
qui sont nécessaires; mais il me semble que, pour ce premier jour, devroit avoir encores une table à la main dextre
du prince, où pourroient seoir les ambassadeurs venuz
devers le prince, affin que plus à leur aise ilz puissent regarder et veoir l'honnesteté du service des chevalliers. Et
doivent estre servys iceulx ambassadeurs, selon la quantité
qu'ilz sont, semblablement que le prince. Et affin que je
ne faice faulte en ceste ordonnance, se le lieu de la salle
le peult porter, il doibt avoir, au boult de ladicte salle,
regardant sur la grand table, ung hourt qui soit treillié,
affin que la princesse et les dames puissent estre sur ledit
hours, et puissent veoir et non estre veues, s'il ne leur
plaist; et, par ce moien, porront les dames regarder et veoir
ladicte sollempnité. Et si doibt avoir tenant à icelle salle
chambre ou lieu propice pour rethirer la viande, affin
qu'elle soit mise à proffit tant pour le service comme pour
les povres.

Or avons-nous mis en ordre le fait des tables d'icelle salle,
pour le premier jour; et fault encores préparer deux chambres et deux tables, eu chascune une. Et seront ses deux
tables, chascune, pour deux platz de viande seullement; la
première, pour les ambassadeurs, car, le second jour, ilz ne
pourroient seoir en la salle, comme je diray cy-après; la
seconde, pour festoyer gens de ville, prélatz et autres sour-
venans, selon que le mettray en l'ordre, l'un point après
l'autre. Et doit souffire, quant à ce que j'ay devisé de toutes
les tables qui sont nécessaires à servir à celle noble feste.

Et maintenant est besoing que je déclaire la préparation
du service pour ce premier jour.

Il est apparant que vous aurez quinze ou seize chevalliers, portans l'ordre, présens à ce jour ; et est de nécessité
et de coustume que vous ayez autant de platz que des
chevalliers et que de officiers, car chascun doit estre servy
à par soy, selon la fondacion d'icelle ordre. Et pour ce que
sus la grand table où tous les chevalliers sont assiz pour celluy jour, pourroient [estre] confusion de metz et de viandes,
il semble qu'il souffit pour chascun plat six suytes, tant
pour les chevalliers que pour les officiers de l'ordre. Et je
prens le service de la grande table à quinze platz, les services des officiers à quatre platz, chascun plat furny de
huyt ou de six suytées ; et doit estre servi se premier jour
à quatre fois. Et, pour continuer le nombre des platz, il fault
icelluy jour ung plat de viande servy à quatre fois, comme
les autres, et ce, pour servir les dames qui seront sur le
hourt, regardant la feste ; mais les maistres d'hostelz n'en
seront en riens ensoingnié, pour ce que les gens de madame
livreront icelle viande et serviront sur le hourt de ce qu'il
y fauldra. Et au regard de la gallée à potente, qui sera
en la salle pour les officiers et héraulx d'armes, il se servira
en petitz services, par deux et deux et quatre et quatre.
Et si est nécessité d'avoir encorres deux platz de viande en
une chambre, pour festoyer, les quatre jours, diverses gens,
selon qu'il sera advisé. Et que iceulx ayent ung chief pour
les recœullir, et ung gentilhomme qui tiègne lieu de maistre
d'hostel, pour soingnier du service et de ce qu'il faut en
icelle chambre. Et ainsi, pour ce premier jour, vous aurez
xxiiii ou xxv platz de viande, sans y comprendre les service

des héraulx, et les chantres, qui doivent estre délivrez en viandes crues. Et n'est pas besoing que je déclaire les metz et entremetz qu'il faut despenser à icelle feste, car il demeure à la discrétion des maistres d'hostel, et en ordonneront selon les saisons et selon qu'ilz verront qu'il sera besoing. Et si est nécessité que, pour chascun plat, soit ung gentilhomme ordonné et devant lequel il doit servir, affin qu'il n'y ayt faulte ou service ; et celluy gentilhomme se furnira de serviteurs, pour porter le nombre des platz ordonnez après luy, et ainsi tous les autres ; et les gentilzhommes et serviteurs des chevalliers ou officiers, serviront de vin et autres choses nécessaires. Et me semble que j'ay assez devisé, pour ceste fois, de la manière du service ; et, au surplus, nous revèrons, point après autres, comment se doibt continuer ceste noble feste, jour après autres.

Il est certain que ceste noble feste se doibt commenchier à la veille du jour préfix et ordonné. Et doibvent aller les chevalliers à vespres, ayans leurs manteaulx, chapperons et colliers de l'ordre au col ; et doivent marchier deux et deux, après les quatre officiers de l'ordre, qui doivent estre d'ung fronc. Et au regard des chevalliers, ilz doibvent marchier les premiers, selon qu'ilz sont derrenièrement entrez en l'ordre ; et, pour tout ramentevoir, combien que j'en ay parlé, les chevalliers faiz en ung jour, celluy qui a esté plus anciennement chevallier doit précéder, et ainsi d'ordre en ordre. Et le chief doit marchier le dernier, son espée devant luy, ses sergans à mache et ses huissiers, à costières. En ceste ordre, marcheront à cheval jusques à l'église préparée pour tenir icelle sollempnité ; et viendront

au cueur en celle règle, et chascun chevallier recongnoistra
le tableau de ses armes, et se mettra ès formes à l'endroit
d'icelluy tableau. Et là se diront les vespres sollempnelles.
Et ne fault point oublier que les prélatz voisins doivent
estre mandez par le prince et à jour compétent, et aront
leurs bancqz tappissiez auprès de l'hostel, où lesdiz prélatz
seront revestus et en habitz de prélatz ; et doibvent estre
iceulx prélatz délivrez de pain et de vin, durant ladicte
feste. Et, les vespres [dictes], les chevalliers s'en retourneront
comme ilz sont venuz, et yront tout droit au lieu de leur
conclave ; et, ce jour, commencheront à traicter de leurs
affaires.

Le lendemain, qui est le jour ordinaire, en celle meisme
ordre et habillemens, retourneront les chevalliers à l'église,
pour oyr la grand messe ; et reprendra chascun son lieu
ordonné. Et, à celle messe et à l'heure que l'on doibt aller
à l'offrande, par ung notable frère prescheur sera faicte
une briefve collation de sermon, qui ramentevera la cause
de la fondacion d'icelle noble ordre, et à quelle intencion
fut fondée ceste noble confrarie et amiable fraternité, con-
cluant au chief et ès chevalliers qu'ilz aient en mémoire de
maintenir, observer et garder la cause de ceste noble fondacion.

Et après icelluy sermon, les chevalliers se prépareront
pour venir à l'offrande, et le roy d'armes de la Thoison
d'Or doit aller prendre le chierge ordonné pour le chief de
l'ordre ; et, après la révérence faicte, il doibt dire : *Vous tel,
chief de l'ordre de la noble Thoison,* ensemble ramentevoir
tous ses tiltres, et dist : *Venez à l'offrande ;* et doit baillier
au chief son chierge, en grande humilité et révérence. Et

puis après, doibt le roy d'armes regarder de tableau en tableau, pour présenter les chierges, chascun en son degré, comme il appartient.

Et en visitant les tableaux par ordre, quant il trouvera aucun tableaux des chevalliers trespassez, il prendra le chierge d'icelluy chevallier; et, en faisant révérence audit tableau, se mettra le roy d'armes en la place que devroit estre le chevallier, s'il vivoit, et puis ira à l'offrande pour luy, sans l'appeller ou nommer pour celle fois.

Et pour venir mieulx à l'esclarcissement d'icelle noble feste, et à la manière que l'on y doit tenir, les chevalliers au nombre de six du moins, avecq le chief et les officiers de l'ordre, doibvent tenir ung conclave, et là prendre et conclure ung jour préfix pour tenir icelle feste et escripre [à] tous les roix, ducz et chevalliers d'icelle noble ordre, pour eulx trouver au jour advisé, en telle ville qu'il sera conclud. Et doibt estre six mois devant, affin que les longtains se puissent préparer de venir en leurs personnes, ou d'envoyer leurs procurations; et doivent estre icelles procurations adreschées à chevalliers portans l'ordre et que l'on scet qui sera à icelle feste. Et pour continuer ceste offrande, quant le roy d'armes viendra tour à tour aux tableaux des absens, chascun en son rencq, il apportera le chierge, comme ce le chevallier y estoit, et l'appellera par son nom et tiltre, qu'il viengne à l'offrande. Et tantost se présentera le chevallier qui aura le procuration de luy, et prendra le chierge, et yra offrir pour luy.

Et au regard des chevalliers qui seront présent, ilz seront apellez à leur tour, et leur baillera-on leur chierge pour aller à l'offrande. Et se doit entendre que les chevalliers

présens et absens, les absens, par procureurs, et les présens,
par leur mesmes personnes, yront à l'offrande deux et deux,
ainsi qu'ilz seront appellez ; mais, pour les mors, nulz
ne yra à l'offrande, que le roy d'armes seullement, se ce
n'estoit que le chief fust trespassé. En ce cas, l'héritier,
comme releveur de l'ordre, yroit à l'offrande pour le
deffunct, et l'acompagneroient tous les chevalliers confrères présens. Et ainsi se passera la sollempnité de
l'offrande. Et, la messe dicte, les officiers, les chevalliers
et le chief se remettront en ordre, comme ilz sont venuz, et
retourneront à l'hostel, et entreront en leur conclave pour
besoignier à leurs affaires et pour eulx aysier. Et, tandis,
se préparera le disner et la manière du service, comm'il
appertient. Le disner prest, les maistres d'hostel doivent
advertyr le chief et les chevalliers et ceulx qui sont à
appeller, pour venir à ce noble convive ; et viendront les
officiers, les chevalliers et le chief, en l'ordre accoustumée,
atout leurs abillemens qu'ilz aront porté à l'église ; et se
retireront sur le hault marchepiet pies de la table et à la
destre main. Et là, sera donné l'eaue au chief, pour laver
ses mains, par le premier eschanson, et la servyette, par
l'un des grans prince qui sera présent, sans estre de
l'ordre ; et puis viendront les escuiers à pluiseurs bachins,
et donneront à laver par une esghière, ou par pluiseurs, à
tous les chevalliers, et pareillement aux officiers. Et doit
laver le chancellier à part, et les autres trois ensemble ; et,
à celle mesme foiz, se doibt bailler l'eaue aux ambassadeurs.
Et, l'eaue donnée, le chief doit seoir au milieu de la table, et
dechà et delà de luy, les chevalliers confrères et portant
l'ordre ; et doibt prendre le roy d'armes soing que chascun

chevallier tiengne son ordre, comme il appertient. Et puis s'assiseront les officiers de l'ordre, comm'il appertient, et les ambassadeurs, chascun à leur table; et doivent soingnier les maistres d'hostel que chascun ambassadeur soit assiz en son rencq, et en l'ordre qu'il doibt aller. Et, les chevalliers assiz, les ambassadeurs et les officiers, les officiers domesticques serviront, selon le temps de service ordonné; assavoir, ou mois de may, de bure fretz; se c'est èn juing, de frèzes ou de serizes; en juillet, de pronnes ou de franches meures; en aoust ou en septembre, de raisins. Et ainsi, selon le temps, ilz seront serviz de fruit, chascun à par soy, pour celluy jour; et, ce c'est jour de poisson, ilz auront l'ipogras blanc et les rotties, pour le commenchement. Et tandis que l'on fera le premier service, l'uissier de salle criera tout hault : *A la viande, chambelan* nommez. Et doibvent estre choisiz et advertiz les chambellans qui porteront la viande du prince; et le premier pannetier prendra sa serviette, et se mettront les maistres d'hostel devant, pour aller à la viande. Et chascun gentilhomme ordonné pour le service seront furny de ceulx qui doibvent porter la viande dessoubz eulx, comme j'ay dit devant. Et, la viande chargée, entreront les premiers en la salle, trompettes, ménestriers et joueurs des instrumens, et puis, les officiers d'armes ayant leurs costes d'armes vestues; et, après iceulx, venront deux et deux les grans pensionnaires et les grans seigneurs de l'hostel, qui ne sont point de l'ordre. Et, après iceulx, venront les maistre d'hostel, et puis, le grand maistre d'hostel, et le premier, puis le pannetier et sa syeutte de metz; et après, les gentilshommes et leur charge. Et se doibt icelluy service entretenir, et chascun escuier sçavoir devant lequel chevallier il doibt servir et asseoir ses metz.

Et en continuant l'ordre du service, comme j'ay dit premier, les gens de madame serviront les dames qui seront au hourt ; et si seront serviz de deux platz de viande ceulx qui seront en la seconde chambre. Et semble que se doibvent estre ceulx de la loy et les notables de la ville où se tient celle feste, et au nombre de huict ou dix de plus gens de bien. Et doibt-on avoir regard que de festoier iceulx, pour ce que comunément ceulx des villes font dons et gratuitz pour tenir icelle feste ; et doivent iceulx estre priez et advertiz de (1) le jour devant par l'un des maistres d'hostel. Et, après iceulx service, on doibt servir la gallée des officiers et des héraulx, en petit service, comme j'ay dit une fois.

Or est nostre premier service ordonné, et fault desservir ce premier service pour apporter le second. Et doit l'ausmonier et le varlet d'aulmosne avoir mandes toutes prestes, pour recœulir la viande desservie et le appoinctier au lieu ordonné pour retirer ladicte viande, et ce, soubz l'auctorité de l'escuier de cuisine, pour en ordonner, comme j'en diray cy-après. Ce premier service desservy, on retournera au second metz, en ordre premier ; et sera servi le prince et les chevalliers du second metz, en l'ordre de la première foiz, ensemble les tables de la salle et de ailleurs ordonné pour ce disner. Et seront les chevalliers servis de vin par les gentilhommes qui sont à eulx, et le chief, par son premier eschançoim ; et trenchera devant luy son premier escuyer trenchant, car à ce jour sollempnel doivent les chiefz

____

(1) Il faut lire : *dès.*

d'offices servir avant tous autres. Et, en continuant le premier service, se servira la salle par quatre foiz; et se entremetz y a, il se doit apporter au troisiesme service, et lesquelz entremetz sont à deviser ès maistre d'ostel, pour faire parure à ladicte feste.

Les quatre services passez et recœullis, on servira d'ipogras et d'oblies, chascun à par soy; les escuiers apportent l'ipogras, et le premier pannetier doit servir d'oblies à la table du prince; et ne doibt nulz asseoir d'oblies, sans son congié, à icelle table. Et se parfera le service à la salle. Mais au regard de la gallère (1) des officiers et des héraulx, ilz ne ont point accoustumé d'estre servis d'ipogras ne de oblies, mais se doivent à ce service lever, et doivent les fouriers abatre leurs tables, pour monstrer la salle plus grande et plus vive. Et, ce service passé, se lèveront premièrement les quatre officiers et les ambassadeurs, tout à une foiz; et seront leur table abbatues. Et puis, les fouriers abbateront la grand table, et se lèveront les chevalliers en faisant honneur et révérence à leur chief. Et seront les grâces dites, pour celluy jour, par l'aulmosnier ou par le premier chapellain; et, tantost après, les maistres d'hostel feront venir les espices à ung drageoir couvert, pour le chief, et les autres ne seront point couvert; et y doit avoir pluiseurs draigioirs. Le premier eschanson doit apporter le vin pour le prince, et [l'] en doibt servir avant tous autres, se ce n'estoit que le filz du prince, héritier apparant, fût présent, pour servir son père. Et au regard du dragioir, le plus grand prince ou personnaige, qui ne sera point de l'ordre, doit servir le prince du draigioir, et puis le rendre

(1) Il faut lire : *gallée*. — Voir pp. 120, 121, 127 et 130.

ès mains de l'espicier. Et après, les maistres d'hostel doivent servir les seigneurs des draigioirs, et les escuiers, de vin. Et conséquenment, doivent estre servis les ambassadeurs et les officiers de l'ordre. Et souffit, quant au vin et espices, pour celle salle seullement. Et n'est à oublier que, à si grande sollempnité, on a accoustumé de donner largesse; et se doibt crier à l'heure que l'on fait le service d'oublies et d'ipogras, où doivent estre tous les officiers portans costes d'armes et thoison d'or, ou le principal officier présent.

Ce service passé, les chevalliers se retireront en leur conclave; et, tandis, se prépareront les vigilles à la grand église, où les chevalliers doivent aller en l'ordre accoustumée; mais ilz seront vestuz et parez de grans manteaulx, robbes et chapperons noirs; car celle seconde journée et ses vespres sont ordonnez pour prier pour les trespassez confrère de l'ordre. Et se mettront chascun devant son tableau, comme devant. Et n'est pas à oublier que, le disner fait chascun jour, les maistres d'hostelz soingneront de mettre une table pour ceulx qui auront servy et qui disner voldront, et principallement les nobles hommes; et sera icelle table dressée en la grand salle. Et doibt l'escuier de cuisine soingnier de les servir de la plus honneste viande, qui sera demorée; et semblablement ceulx de la paneterie, de l'eschançonnerie, et autres officiers, serviront icelle table, comm'il appertient. Et ainsi se passera la première journée d'icelle feste. Et retournerons à la seconde journés qui commenchera par les vigilles, et en la manière que j'ay dit.

Et pour entrer en celle seconde journée, les chevalliers yront l'endemain à la messe, en l'ordre accoustumez, pa-

rez et vestuz de noir, et ent[re]ra chascun en sa place. Et se
dira la grand messe pour les trespassez; et là, devant l'offertoire, doit le greffier de l'ordre faire une briève collacion, en
ramentevant tous les chevalliers trespassez d'icelle confrairie, et parler de leurs nobles meurs et de leurs nobles
faiz. Et après, se conduyra l'offrande en la manière du
premier jour. Et, la grand messe achevée, les chevalliers
s'en retourneront à l'hostel, en la manière et en l'ordre
accoustumée, et se retireront en leur conclave. Et, tandis,
se préparera le second disner, et seront les tables dressées,
comme je diray.

Les fouriers drescheront la table du prince, qui sera assez
longhue et pour asseoir trois personnes seullement, assavoir le prince, au millieu, le prélat qui aura dit la messe, au
dextre boult, et ung prince ou ambassadeur, au bout senestre. Et au regard des aultres chevalliers de l'ordre, ilz seront
à une table mise au millieu, où les ambassadeurs auront
esté du jour devant ; et seront assiz tous d'ung costé, et
seront servys par trois ou par quatre platz, chascun furny
de huyt ou dix suytes, comme la table du prince. Et au
regard des quatre officiers de l'ordre, ilz auront leur place
accoustumée, et seront serviz par deux platz de viande,
chascun plat furny d'autant de suytes que les autres. Et
au regard de la gallée, elle sera servie comme le jour précédent ; et les dames qui seront au hourt, regardant la feste,
seront servie comme le prince. Et fault revenir pour le
festoiement des ambassadeurs, qui auront chambre ordonnée, nobles gens et gens de biens pour les servir, et d'autant
de metz que le prince. Et, au regard de la chambre où
furent festoiez le premier jour les notables de la ville,

celluy second jour seront festoyez les prélatz venuz à la
feste, et doient estre priez au vigilles par les maistres d'hostel,
qui en doivent faire la diligence. Et sont tous les platz
qu'il faut pour celluy jour, qui sont en nombre de qua-
torze platz furniz de huyt ou dix suytes, comme dit est;
et ce servira, pour ce jour, à trois foiz, et chascune foiz, à
chascun plat servy desdictes suytes. Et après le iiie service, on servira des oblies et de ipocras, comme le jour
devant. Et doivent les prélatz tous revenir en la salle pour
dire et respondre les grâces. Et, les tables levées, seront
rapporté le vin et les espices, comme le jour devant, et
après que les chevalliers auront esté servys, les platz de
vin et de espisses. Et j'ay volentiers prins la paine de déclairer le service de ce second jour, pour abrégier mon
escripture. Et, le disner apresté, viendront les chevalliers,
et seront à table, comm'il est escript cy-dessus. Et ainsi se
passera ce second disner.

Et pour continuer l'ordre du troisiesme jour, les chevalliers yront, celluy jour, aux vespres du Sainct-Esprit,
vestuz de robes de velours cramoisy, et les chapperons de
meismes, et tenront l'ordre accoustumée, tant à marchier
comme à l'église. Et, chascun jour, y aura offrande coutumée,
comme le premier jour. Et ce, durant le temps, élection
estoit faicte d'aucuns chevalliers présens, et qu'ilz portassent
l'ordre, ilz pourroient [estre] au conclave, comme les autres,
et au disner polroient estre assiz avecq les aultres chevalliers,
pourveu qu'ilz fussent vestuz comme les autres ; mais au
service de l'église, ne peullent y aller pour celle feste, pour
ce qu'ilz ne sçauroient tenir ordre, et ne trouveroient nulz
tableaux de leurs armes, comme les autres premiers.

[Sur cestui article cy-dessus, est apostillé sur la marge
ce que s'enssuyt :

L'on ne faict nulles élections que après les corrections
et toute sollempnité d'église passée. Et ne peuvent nouveaulx
chevalliers d'ung chapitre estre à la correction, en la feste
en laquelle ilz sont esleuz chevalliers de l'ordre, ny aux
élections d'autres ou mesme chapitre].

Ce troisiesme jour, yront les chevalliers en l'ordre accoustumée ouyr la grand messe du Sainct-Esprit; et seront
vestuz de robbes de velours cramoisy. Et, comme le vespre
devant, à icelle grand messe, se fera l'offrande en la manière accoustumée; et n'y aura ny sermon ny rementevance.
Et, la messe dicte, s'en retourneront en leur ordre, et ren-
treront en leur conclave; et puis, reviendront en la salle qui
sera préparée comme le jour devant. Et, pour le festoyement
des estrangiers, seront nouvelles gens priez au disner, celuy
jour, en la chambre où ont esté festoyez les gens de villes, et
prélatz. Et si doibt seoir à la table du prince ung aultre
prélat que le jour de devant, et pareillement ung prince ou
ambassadeur autre que le premier, pour mieulx décorer
icelle feste. Et doivent estre servis à trois fois, comme le jour
devant, et, à chascune foiz, suyte de huyt ou de dix [platz].
Et, chascun jour, se doivent assembler ensemble les maistres
d'hostel, l'escuier de cuisine et le keulx, pour deviser leurs
metz et leurs viandes, qui doivent estre diverse chascun
jour, le plus que l'on peult faire. Le prélat doibt dire les
grâces, et les seigneurs levez retourneront en leur conclave.
Et ne soit pas oublié que les ambassadeurs soient chascun
jour festoyé en leurs chambres, comm'il appertient.

Pour les quatriesmes vespres, les chevalliers yront à la

grand église, vestus de robbes de drap de damas blancq, et les chapperons de velours cramoisi, et retourneront en leur siège accoustumé; et, après les vespres, retourneront en leurs conclaves. Et, l'endemain, yront oyr la messe de Nostre Dame, car c'est en l'honneur d'elle que a esté fondée celle quatriesme journée; se fera l'offrande accoustumée, et n'y aura autre sermon ne ramentevance; puis, s'en revendront en leur conclave. Et, tandis, se préparera le disner, où viendront les chevalliers; et seront les tables comme le jour devant, et tousjours, pour accompaignier le prince, nouveaulx prélatz, nouveaulx princes ou ambassadeurs. Et, le service fait et les cérimonies accoustumées, se retireront les chevalliers en leurs conclaves.

Et, à tant j'ay fait fin de la manière du service, et comment se doibt conduire ceste feste, pour les quatre jours. Et n'est à oublier que les officiers de l'ordre doivent tous les jours avoir pain et vin, pour leur couchier; et s'il y a jour de jeusne, ilz doivent avoir les espices. Et ce doibt ceste despence de ses quatre jours compter par les maistres d'hostel, contrerolleur et clercq des offices, en la présence de aucuns des financiers commis; et, l'article passé, il se doibt escripre ès escroes, pour une fois, et par une autre escroes que la despence ordinaire.

Et à tant, mon très-redoubté et souverain seigneur, je fay fin en ce présent advis, lequel je submetz à la correction de vous et de ceulx de l'ordre, ce j'ay en aucun point peu mis ou plus parlé que je ne devoye, me recommandant en toute humilité en vostre noble grâce.

—

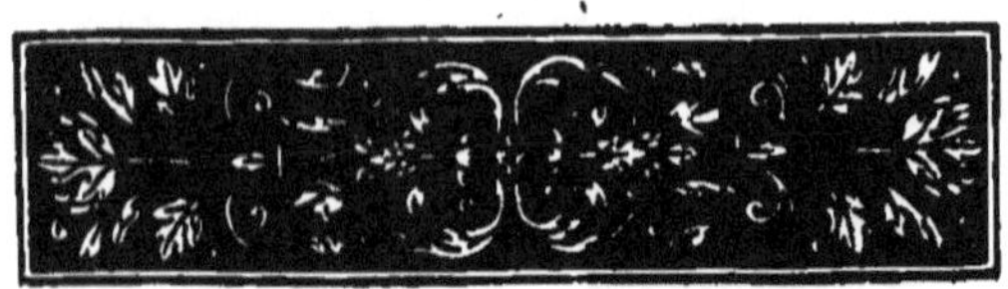

FORMULAIRE DES GAIGES DE BATAILLE PAR MESSIRE HARDOUIN DE LA JAILLE.

S'ensuit le devys du livre qui parle de champ de bataille, présenté par messire Hardouin de la Jaille (1), a très-hault et très-puissant prince, monseigneur René, duc de Lorraine et de Calabre (2), etc.; lequel parle en la personne dudit de la Jaille, comme mareschal et acteur, auquel, a cause de l'office, appartient d'ordre donner audit champ faire, et avoir le pensement de tout ce que cy-après ce pourra veoir (3).

Mon très-hault et très-puissant seigneur, René, duc de Lorraine, de Calabre, etc., vostre très-humble et obéissant serviteur et subget, Hardouin de la Jaille, chevallier, par vous esleu à faire l'office de mareschal, à l'eure que vous [vous] trouvastes conseillé par moult de haulx hommes, tant d'Alemaigne que de France et de voz pays,

(1) Hardouin de la Jaille, chevalier lorrain, maréchal, puis grand-maître des ducs de Lorraine, Jean II et René II. — Il composa ce traité en l'an 1483.

(2) René II, duc de Lorraine de 1473 à 1508, était fils de Ferry II, comte de Vaudemont, et d'Yolande d'Anjou, fille du roi René.

(3) Ce titre ne se trouve que dans les mss. 14513 et 1967.

de octroyer champ de bataille à nobles hommes Baptiste
de Rocquelaure, appelant, et à Jehannot de Bidos (1),
deffendant, natifz les deux de Gascongne ; après que leur
plaidoyé fut par vous ouy en vostre grant conseil, et par les
haulx hommes veu et visité bien à plain et au lomg, luy
sembla que pour aucunement, non à la centiesme partie, se
acquicter envers vous du très-grant honneur que par vous
receut, considéré les grans contes que aviez pour tel office
et charge porter, laquelle est de si pesant fes que nul ne
l'avance, conduite de bataille exceptée, que travailler se
devoit de en faire, et vous présenter ung petit livret, pour
mieulx en donner le droit, la raison et justice avec bonne
équité, à tous ceulx qui, pour l'avenir, juge vous requerront
et accepteront, comme lesdiz ont fait, seme des manières,
constitucions, establissemens, cérimonies et anciennes
coustumes d'Alemaigne, France, Espaigne, Ytalie, Angleterre, et autres royaumes et provinces, èsquelz s'estoit
trouvé, et, entre autres et le plus, de celles de vostre tant
noble, ancienne et renommée duché de Lorraine, tenues
et observées par les nobles ducs passez, voz progéniteurs,
comme souverains en leur duché, lesquelz povoient,
pourrez, et pourront voz hoirs et successeurs, donner champ
de bataille à voz liges subgez et à d'autres, entre les renommez fleuves de Rin et Meuze ; suppliant à vostre haultesse
que ledit livret prenez en gré, et que par vostre gentil
esperit, belle discrécion et hault entendement, soit veu,
examiné, corrigé et amendé ; que y adjoustez et ostez, si

(1) Ce combat singulier eut lieu à Nancy, en l'an 1482. — Voir :
L'*Histoire ecclésiastique et civile de Lorraine,* par dom Aug. Calmet : Nancy, J.-B. Cusson, 1728, 3 vol. in-fol., t. ii, col. 1084-1087.

voyez que bien soit, et le tout faire par bonne délibéracion et advis des haulx hommes de vostredit duchié, avec voz plus sages, vaillans et renommez chevalliers, qui des faitz d'armes ont plus la congnoissance; et icelluy livret bien visité et au net mis, vous plaise le establir, approuver, ordonner et confermer à estre tenu en vostredit duché, par vous, voz hoirs et successeurs, ducz de Lorraine, et en autres lieux qui de droite ligne vous appartiennent, où que avez et arez, par la grâce de Dieu, possession et seignourie souveraine, ordonnant que le jugé ou combatu au contraire puisse estre rappelé devant vous, mon très-redoubté seigneur.

Et premièrement, dit que toutes questions, débas et querelles de guerre, l'appelant et deffendant les doyvent plaidoyer en la court du prince, devant le mareschal et grant conseil, et où qu'il apperra évidemment homicide, trahyson ou foy et promesse mentie en fait de guerre, ou autres violences, griefz ou maléfices, excepté de larroncin ou que gaige ne chet, par quoy paine de mort s'en deust ensuyr, secrètement ou en repostz, si que celluy qui l'auroit fait n'en peust estre convaincu par tesmoings ou autre manière souffisante, ne puny que par voye de gaige; et que il se y congnoisse indices, conjectures et présumpcions semblables à vérité, le prince doit souffrir, quant à ces poins, qu'ilz soient, de telz faiz et cas, appelez et citez à gaige de bataille, et que champ leur soit donné, par luy ou par sondit mareschal, en son abscence, s'il est trouvé, dit et jugé par leur procès que gaige de bataille y doyve estre.

Item: quant l'on propose aucun cas de gaige de bataille, duquel paine de mort se deust ensuyr, il doit souffire que l'appelant dye que l'appellé a fait ou fait faire le cas, par luy ou par autres, supposé que l'appelant ne nomme par qui, par ainsi qu'il soit chose notoire, certaine et évidente, que le maléfice soit avenu.

Item : et si le cas est supposé en généraulx termes, comme de dire : « Je te dys et veul dire, maintenir et sous-« tenir que tel a trahyteusement tué ou fait tuer tel » ; il ne s'entent que telle proposicion doye avoir lieu, qu'elle soit souffisante ne digne de response ; mais luy convient déclairer le lieu où le maléfice a esté fait, et le jour, si trop occulte n'estoit de savoir.

Item : le demandeur ou appellant peut dire ou faire dire par ung advocat son propos devant ledit mareschal et grant conseil, contre sa partie adverse, luy présent. Et chascun se doit garder de dire chose où qu'il escheist vilonnie, qui ne fust servant à sa querelle, seulement concluysant et requérant que si l'appelé ou deffendant confesse les choses par luy proposées estre vrayes, qu'il soit condempné à avoir fourfait et confisqué audit prince, corps et biens, ou estre puny de telle paine comme droit, coustume et la matère le requiert, tousjours partie satisfaicte. Et si ledit appelé ou deffendant le nye, alors ledit appelant doit dire qu'il ne le pourroit prouver, sinon par son corps contre le sien, ou par son avoué, en champ clos, comme gentilhomme et preudomme doit faire, en la court dudit seigneur et en sa duché, comme le juge et prince souverain, ou devant son mareschal, leur juge compétant, en son absence, ou autre par luy commis (1) ; et alors doit gecter

(1) « ..... *En la court de son souverain seigneur, ou devant ung sien commis.* » Variante du ms. 19802.

son gaige de bataille, et puis faire sa retenue de conseil, d'armes, de champ et de toutes autres choses neccessaires et convenables à gaige de bataille, et que en tel cas, selon la noblesse et condicion de luy, appartient, avecques les protestacions qui s'ensuyent. Lesquelles protestacions, appellacions et ordonnances seront registrées, pour juger s'il y ara gaige ou non.

Et premier dira monseigneur le mareschal, et vous autres, messeigneurs, pour abréger et donner fin aux choses que j'ay dictes. « Je proteste et retien que par léale exoine de « mon corps, je puisse avoir ung gentilhomme, pour celluy « jour, mon avoué, qui, en ma présence, si je puis, ou en « mon absence, à l'ayde de Dieu et de Nostre Dame, fera « son léal devoir, à mes périlz, coustz et despens, comme « raison est, toutes les foiz et quantes qu'il vous plaira, et « semblablement de conseil, d'armes et de chevalx, comme « pour ma propre personne, et ainsi que en tel cas appar- « tient. »

Item : le deffendeur, s'il veult, peut dire au contraire, sur ses périlz, et requérir les injures par l'appelant à luy dictes estre amendées de telle amende et paine qu'il deveroit porter, s'il avoit fait les choses dessusdictes, et que ledit appelant, saulve l'onneur dudit mareschal et des présens, a faulsement et mauvaisement menty, et comme faulx et mauvais qu'il est de ce dire, et s'en deffendera, à l'ayde de Dieu et de Nostre Dame, par son corps ou de son avoué, cessans toutes léales exoines, s'il est dit et jugé que gaige de bataille y soit, ou lieu, jour et place que par ledit mareschal leur sera ordonné.

Et alors doit lever et prendre le gaige de terre ou le

couvrir, lequel gardera ledit mareschal, et puis faire ses
protestacions dessusdictes, et requérir son avoué, en cas de
léale exoine, demander et faire retenue de conseil, d'armes
et de chevalx, et de toutes autres choses neccessaires et
convenables à gaige de bataille, selon la noblesse et condicion de luy, et le surplus, ainsi que dit est. Lesquelles
paroles et deffenses seront semblablement escriptes et registrées, pour savoir s'il y ara gaige ou non, et pour l'a-
mender l'un l'autre, selon que justice le requerra.

Et pour ce, chascun d'eulx jurera, prometera et se obli-
gera de comparoir au jour, place et heure à eulx assignée,
tant a la journée de savoir si gaige y sera, comme à celle
de la bataille, si bataille y escherra, selon l'introduction, et
demené de leur plait et procès, qui sera bien veu et sainement regardé par ledit mareschal, grant conseil et
preudommes, clercs, chevaliers et escuiers, sans faveur.
Lequel gaige ou non sera devant eulx adjugé au jour et
place, comme dit est, sur paine d'estre réputé pour recréant et convaincu, celluy à qui la faulte sera.

Et oultre plus, ledit mareschal fera arrester les parties
par les sergens d'armes, après la sentence donnée de gaige
de bataille, s'ilz ne treuvent et donnent souffisante seureté
et plèges de non partir sans son congié.

Et si aucun des parties se partoit après jugement assiz,
gaige gecté et couvert, sans sa licence et bonne seureté,
icelluy partant doit estre tenu èt prononcé pour convaincu.

Et après le champ aux parties octroyé et la bataille ainsi
conjointe, n'y doit avoir que quarante jours, si donc n'estoit
par le consentement desdiz appelant et deffendant, ou qu'il
feust congneu par ledit seigneur juge, qu'il convinst alongier

le terme. Et ledit mareschal, prenant la foy et promesse des parties de faire ce que dessus est dit, et semblablement de leurs seuretez, il les fera jurer et promectre que l'un à l'autre mal ne se feroit, moleste, dommaige, aguet, ennuy ne nulle autre grevance, soit par eulx ne par leurs parens, amys, bienvueillans, serviteurs, ne autres quelconques. Et de ce, avecques autres promesses dessusdictes, en seront seuretez lesdiz plèges.

Item : et en oultre le dessus devisé, les seuretez et plèges des parties, lesquelles se doyvent prandre bonnes et suffisantes, se obligeront très-estroitement de les présenter à la porte du champ et dedens, devant leur juge, à la journée et heure par luy à eulx assignée, sur paine de mil, trois, six ou dix mil escus, selon la matère et l'estat des personnes. Mais tel cas pourroit survenir, comme veoir se pourra, lisant tout ledit livret, que desdictes paines, non comparant l'appelant ou deffendant, ledit seigneur juge n'en prendroit le tout, moitié, quart ne partie. Et d'autre part, tel en pourroit avenir, que seul dénier n'en quicteroit, car droit d'armes ny nul autre ne dit que josne noblesse doit jouer de son honneur, autrement que honnesteté le requiert et enseigne, ne que truffer se doye de son souverain seigneur (1). Et pour donner fin à l'article des plèges et seuretez, ilz se soubmecteront de faire tout le dessusdit et d'ester à droit et payer l'adjugé, sans jamais dire, faire, ne aller au contraire, en quelque fasson que ce soit.

(1) « Ne que truffer se doye *dudit très-hault prince, son juge, de sa court, ne de ses pays.* » Variante des mss. 14513 et 1967.

Comme le mareschal mande quérir son prévost, celluy de la ville et le maistre charpentier, pour leur commander, de par ledit seigneur et rier de par luy, qu'ilz prengnent la charge de faire les lices et chaffaulx; et comme au prévost dudit lieu donne la commission du champ unir, applainir et sabelonner.

Et premièrement, leur ordonne que les liçes du champ de bataille aient quarante pas de large et quatre-vingts de long, si le lieu establi pour ledit champ le peut souffrir ne comporter, et de haulteur sept piedz, si plus non; que le bois ait de toutes quarrures demy grant pied, tant espessement assis, barré, rancontré et fait, que riens par-dessoubz ladicte lice ne puisse entrer, ne par-dessus saillir. Et ce qui le meut de tant haultes et si fortes les deviser, est que par heurtz, bouttemens et accul de chevaulx, ou par contre lesdictes lices se dresser, n'en adviengne, ce que veoir on ne vouldroit.

Oultre plus, commande faire deux portes aux deux venues, de huict piedz de largeur, l'une à la main dextre dudit seigneur juge, et l'autre à sa senestre, ouvrans et fermans par dedens avecques clefz, et, par le dehors, à barrières coulisses; et une autre porte devant le chaffault dudit seigneur juge, de quatre piedz de large, par où entrera et yssera le mareschal avec autres, pour faire ce que cy-après se pourra veoir, fermant par dehors à gros verroil et à barres coulisses; et, aux quatres quantons des lices, devise faire par le dehors, laissant ladicte lice franche, quatre tourelles pour mectre les roys d'armes et héraulx dudit seigneur et autres, s'ilz y viennent, selon leur degré, et

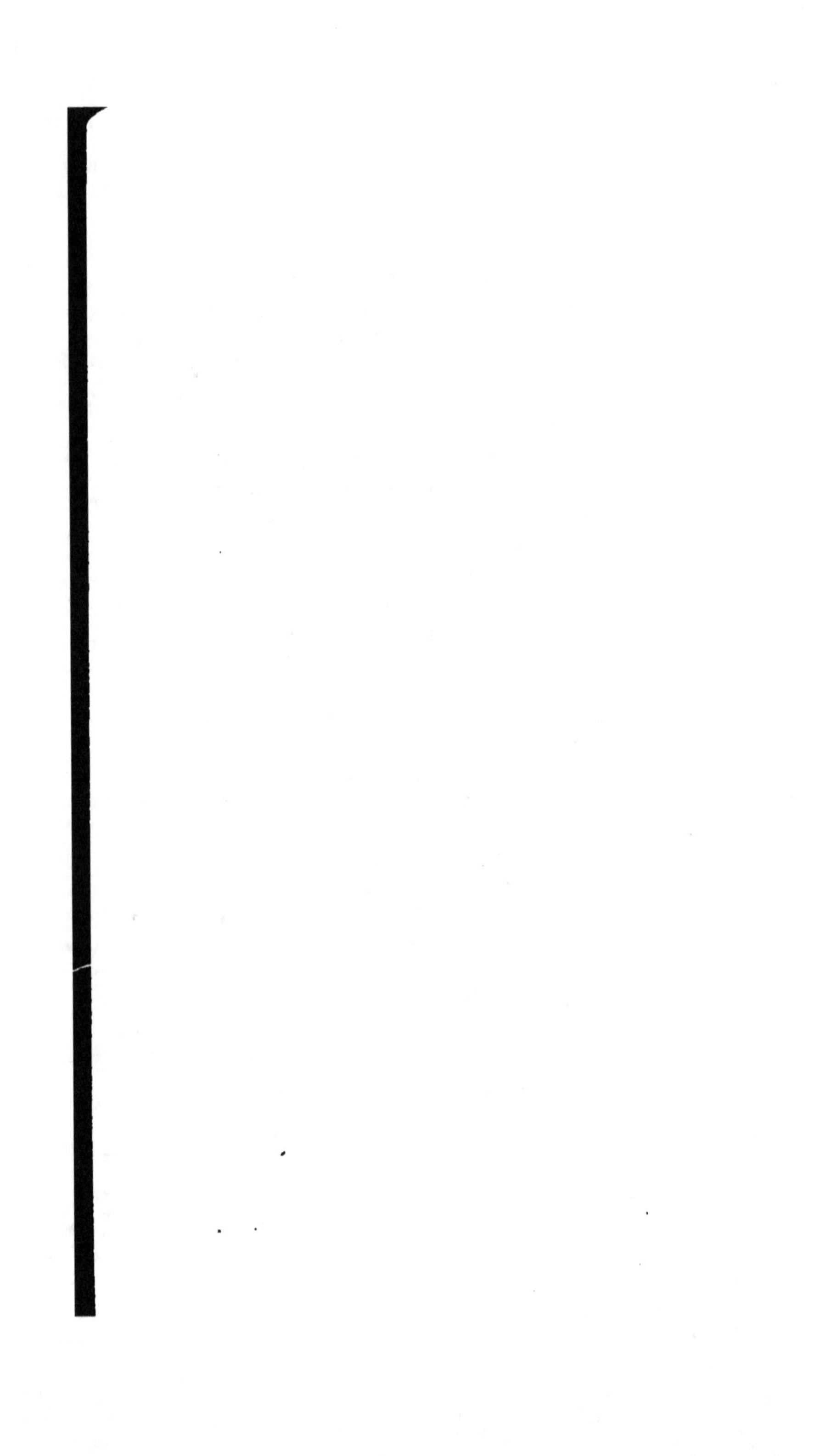

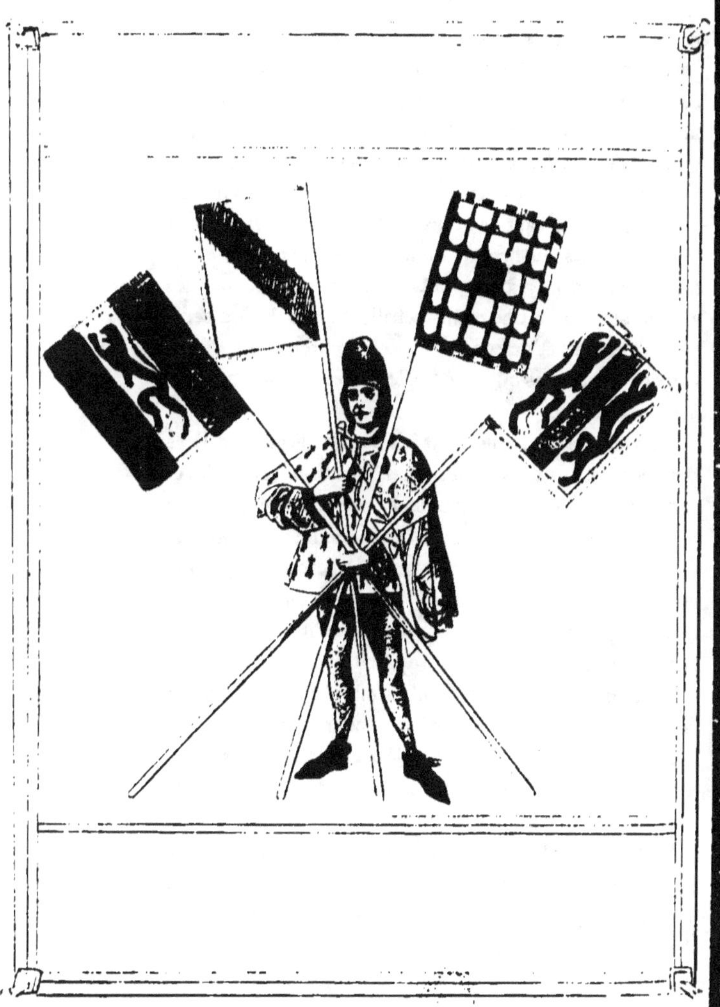

pour estre plus près, pour tout ouyr, veoir et refreschir les parties des victuailles que o eulx apporteront, se ilz s'accordent de ainsi le faire, et non autrement, car à nulz autres ne appartient tel office, fors que ausdiz roys d'armes et héraulx. Et sur paine de leur vie, les administrans ne leur doyvent mot sonner, quelque chose que les parties leur dyent, réservant la tourelle de la main dextre pour le roy d'armes ou hérault dudit seigneur juge, qui ara à faire l'office celluy jour, auquel, d'avantaige sur tous les autres, sera baillé une petite eschelle, qui en la lice sera, pour le monter et descendre, et icelle retirer quant il sera entré dedens, après qu'il ara fait les cris et ce qui appartient à son office.

Item plus, ordonne qu'il soit fait doubles lices plus clères des deux pars que les dessusdictes, y entrans les gardes et non autres, par barres coulisses, près des deux portes dudit champ; lesquelles gardes sont establies pour garder que la foule du peuple ne joingne à la droite lice, et que aucun non sçavant feist oultre les cris et commandemens dudit seigneur duc, par quoy faillist qu'il receust punicion, selon l'édit. Et tel nombre y doit avoir de gens d'armes, comme audit mareschal semble que bon soit à faire. Oultre plus, y sont ordonnez, pour obvier et deffendre à ceulx qui contre les faiz, loix et ordonnances d'armes vouldroient aller ne entreprendre, et aussi pour estre la garde dudit seigneur duc.

Item plus, ordonne estre fait le chaffault dudit seigneur juge, à l'endroit du milieu du champ, le sien dessoubz, à une eschelle partant de la porte susdicte et persant lesdiz deux chaffaulx, plus avant mis, d'environ deux piedz, que celluy de ses conseilliers, qui est à sa dextre, ne autres estans à la senestre, pour asseoir noblesse estrangère, selon son degré, accompaignée d'aucuns de sa court et de ses pays.

Item plus, ordonne deux fassons de chaffaulx pour les dames, l'ung pour veoir les venues de la garde du champ, qui tout est de nobles hommes très-gentement et bien armez, celle dudit seigneur, accompaignié de sondit mareschal, de ses haulx hommes et conseilliers, et celle des deux champions, jusques aux fiers cops donner. Et l'autre manière de chaffaulx devise par telle fasson, que lesdictes dames se pevent retirer, veu le dessusdit, à leur beau plaisir.

Et deux autres chaffaulx ordonne faire, sans ceulx qu'il devise estre faiz à l'entour des lices, pour bourgeois, marchans, et dessoubz, pour le commun; le tout fait par fasson que chascun voye. Et sont lesdiz deux chaffaulx, l'un pour ceulx qui avec l'appelant viendront, et l'autre, pour ceulx du deffendant, accompaignez d'aucuns courtizains. Et bas, aux deux costez du chaffault du mareschal, devise deux lieux fermez à barres, affin que nul ne les puisse presser, pour estre du costé destre, les conseilliers de l'appelant, et de l'autre, ceulx du deffendant.

Demande faicte par le prévost au mareschal.

« Monseigneur le mareschal, si aucun des parties vient
« vers moy, me requérir que je luy laisse pourmener,
« courre et essayer son cheval dedens les lices, que vou-
« lez-vous que il en soit fait ? »

Response.

« Si les parties en sont contentes, octroyé leur doit estre,
« et non autrement, car en dit, faict et porcion, par ledit sei-
« gneur juge, doyvent estre égalz. »

*Comme se doit intimer l'eure aux parties, pour eulx
trouver à la porte du champ.*

Le jour devant l'assigné aux parties, sera par ledit mareschal mandé vers les dix heures du matin, et premier à
l'appelant, deux chèvaliers ou escuiers, accompaignez du
hérault et secrétaire qui a tousjours fait leur procès et
escriptures, pour leur intimer et donner l'eure qu'ilz ont
à comparoir aux portes du champ à eulx octroyé, pour
l'acquit de leur honneur et seureté. Laquelle heure se
donnera selon les mois et temps. Et le tout doit noter ledit
secrétaire et le rapporter avec le hérault audit mareschal.

*Comme le mareschal s'en va sur le champ, pour don-
ner ordre à ce que s'ensuit.*

Venu le mareschal sur le champ, accompaigné d'un des
maistres d'ostel et officiers dudit seigneur juge, viennent
au-devant de luy les pourmenans, èsquelz moult de noblesse se treuve, pour plus veoir et tousjours apprendre ;
et, entre les autres, son prévost, qui continuellement est et
doit estre sur l'œuvre, pour l'avancer et conduire selon le
devisé ; et avec luy, les principaulx officiers de la ville, et
aucuns des bons bourgeois, qu'il doit mander quérir ; et
après certains plaisans devys faiz à la josne noblesse, comme
de dire : « Seigneurs frères et enffans, il ne souffit de dire,

« je vys en tel lieu ung champ de bataille, tablettes convient
« avoir, pour tout mémorier et pour à la vérité en savoir
« parler, » descent de cheval, se retirant en chambre avec
lesdiz officiers; puis dit au maistre d'ostel : « C'est à vous à
« faire de ordonner au tapissier que le chaffault du prince
« soit tant richement paré, tapissé et aorné que possible
« sera, et de tous lez semblablement, l'eschelle depuis le
« hault jusques au bas, ceulx des conscilliers et autres, au
« mieulx que l'en pourra, et celluy des dames par fasson
« qu'elles ayent cause d'estre contentes. » Et à son prévost
et à ses gens commande que le sien le suit à ses armes.
Oultre plus, dit audit maistre d'ostel qu'il donne ordre
aux fourriers que la chayère dudit seigneur juge soit
faicte et parée ainsi que à souverain, duc et juge des parties
appartient; et que dix autres petites chayères soient oudit
chaffault, darrière la sienne, d'un pas, pour aucuns de son
sang, de ses haulx hommes et anciens conscilliers, comme
seneschalz, bailliz et autres, qui en tel fait se congnoissent;
quatre autres chayères en devise, en son chaffault, la sienne,
moyenne et tapissée, les trois, comme dessus, pour ceulx
que cy-après se pourra veoir. Et, pour abrégier, ausdiz
maistre d'ostel et officiers, laisse la charge de chaffaulx
tapisser et garder, leur disant que si, pour la garde de nuit
et du matin, leur fault gens, que en demandent à son
lieutenant, auquel commande leur en donner. D'autre
part, dit à son prévost qu'il laisse jusques à basses vespres
les gens pourmener parmy le champ, pour mieulx l'affer-
mer; puis, que les portes on ferme des clefz et barres, et
celle estant au pied du chaffault dudit seigneur juge, des
fermures qui luy sont ordonnées; que demain, à telle heure

ait à chascune des deux portes ung sergent d'armes et quatre des serviteurs dudit mareschal, vestu à sa devise, qui
auront à ouvrir lesdictes barres et fermer, quant ledit mareschal leur commandera, et non autrement, et que de là
ne se partent de tout le jour que par son sceu et ordonnance. Lesquelz deux sergens seront mis esdictes portes
avec leurs masses, pour faire les arrestz telz qu'ilz leur
seront commandez par ledit mareschal.

Item plus, que ledit prévost soit à celle du chaffault
dudit seigneur, avec ung sergent d'armes et deux de ses
gens qu'il y mandera, vestus de sa devise, et qu'il ait les
clefz des deux portes en sa main, celle du costé droit bien
marchée, et l'autre non. Que soubz le chaffault dudit seigneur juge, ou près de là, soyent quatre sergens dudit prévost, avec le redoubté et périlleux exécuteur de sentence
criminelle, garny de cordes, et, en aucune maison, non
loing de luy, cloyes fortes et deux chevaulx fourniz de
traiz et de ce qui appartient.

Item plus, ordonne à sondit prévost que si les gens de
l'appelant ou deffendant viennent le matin devers luy,
accompaigniez du hérault certiffiant qu'ilz luy aient demandé ou fait demander, chascun par deux de leurs conseilliers, congié de mectre leurs pavyllons emmy le champ
qu'il leur doit ouvrir, c'est assavoir la porte de la main
dextre, à l'appelant, et la senestre, au deffandant, ayant
tousjours avec luy les deux sergens d'armes et autres serviteurs dessus nommez, bien gardans que riens ne mectent
esdiz pavyllons, fors ung escabel à marchepied ; et que à
l'appelant donne la place de son pavyllon, pour le tendre
à la main dextre dudit seigneur juge, et, au deffendant, à

la senestre, assis en triangle. Et puis, ce fait, qu'il referme lesdictes portes, mectant hors les gens des deux parties.

Item plus, luy ordonne que, vers le matin, il mecte ou champ tout devant le prince, à la main droite de la porte, et à trois piedz près de la lice, une table de cincq piedz de lomg, trois de large, et deux bons piedz et demy de haulteur, et qu'il soit ouvert à tel religieux, quant il viendra pour ladicte table richement parer et y mectre ung quareau de drap d'or, pour asseoir le missel, en quoy l'en dit la messe, et une riche croix avec la remembrance de Jhesus-Crist; puis, qu'il le mecte à la main droite de ladicte table, et là, actende jusques au parfait de l'office qu'il ara à faire; et, icelle finie, qu'il s'en aille par ladicte porte où que bon luy semblera, excepté de estre sur le champ.

Item plus, luy dit que les quatre bastons qu'il luy a ordonné de commander à faire pour les escoutes, estans de sept grans piedz de hault, et de sept bonnes poulcées de tour, soyent dedens le champ, devant la venue dudit seigneur, appuyez contre la lice, près de ladicte table.

Item plus, luy dit que pour les autres chaffaulx garder le matin, que nul n'y entre fors les ordonnez, tant celluy des dames, comme pour ceulx qui avec les parties viendront, ceulx des bourgeois, marchans et autres, y donne telle provision que désordre n'en viengne, car à luy s'en prendroit; puis, se tourne vers les officiers et bourgeois de la ville ausquelx demande quelle ordre ilz donnent aux portes, maistresses tours de la ville, et par les quarrefours, tant de nuit comme de jour; et que de celle de dehors, tant des passaiges de ryvières comme d'autres, ne se soucyent, car à souffisance y a pourveu, et selon le temps, comme

celluy qui, à cause de l'office, en appartient le pensement
et la charge. Puis, ce fait, s'en retourne vers ledit seigneur
duc et juge, pour entendre son vouloir et ce que faire
convient pour le lendemain, jour du combat.

S'ensuit ce que est à faire pour le jour de la bataille.

Le prince doit ordonner que tous les ducs, contes, haulx
barons et autre noblesse, excepté ceulx qui pourroient
estre parens, conseilliers et pour servir les parties, se
treuvent au logis du mareschal, demain, à telle heure, pour
l'amener vers luy, en son palais; et que entre quatre contes
soit son lieu, et après, le reste de la noblesse, les roys
d'armes, héraulx, poursuyvans et trompectes devant,
entre luy et ses gens armez; et que, en tel ordre, en la
court de sondit palais et devant, se tiennent, jusques à
ce qu'il ait certaines nouvelles que les commis à la garde
du champ soient entre les deux lices. Et, ce ouy, se doivent acheminer trompectes, roys d'armes et héraulx, ledit
mareschal, le grant escuier tenant l'espée de justice, puis
le prince, et après, jusques au nombre de dix, establys
de estre en son chaffault, puis le reste selon leur degré et
qu'ilz ont de coustume ; et sur cette ordonnance le conduire
sur le champ; .puis chascun se mectre, selon qu'il leur sera
dit par les maistres d'ostel, qui seront au hault de l'eschelle de huict piedz de large, excepté ceulx qui doivent
estre ou chaffault dudit prince, au prochain de luy, à sa
main dextre, qui sont ses domesticques, conseilliers, et autres de ses pays, et en celluy du mareschal, qui dessoubz
est, comme dessus est dit.

Arryvé qu'est ledit seigneur en son chaffault, et assis en

son siège, le mareschal luy supplie que son plaisir soit le répartir de deux chevaliers, ses conseilliers, pour l'accompaigner et conseiller, lesquelz ayent esté à tout le demené du procès et de ceste pesante œuvre, et pour entendre avec luy, si l'une des parties fault de ce qu'il doit dire ou faire dire par son advocat, à la porte du champ, et venant la première foys en la présence dudit seigneur juge, ne faisans leurs sèremens, et pour avoir desdiz deux chevaliers conseil de ce qui pourroit avenir.

Ledit seigneur duc baille à son mareschal les deux chevaliers, avec lesquelz descent par l'eschelle devant-dicte en son chaffault, où nul ne treuve que le secrétaire, qui a le procès des parties ; puis se conduit par la manière que s'ensuit.

Premier : il appelle le capitaine des seigneurs chevaliers et escuiers, qui sont armez entre les lices, pour la garde du champ, et luy dit : « Faictes moy venir messire tel, puis tel, « tel et tel, tous quatre chevaliers. » Et venuz qu'ilz sont près de son chaffault, entre les deux lices, il leur dit : « Le-« vez vos haches, espées et dagues, et entrez ou champ par « ceste porte, que vous ouvrera le sergent d'armes et mon « prévost ; puis vous tournez vers mon très-redoubté sei-« gneur, juge des parties, avec la révérence déhue. »

Et si aucun demandoit s'il convient que ces quatre soient chevaliers, je dis que ouy, se trouver se peut ; et, en leur deffault, escuiers d'onneur, de bonne monstre, non apprentiz d'armes porter. Et le tout en est au vouloir dudit seigneur juge.

.: Entrez que sont ces quatre chevaliers dedens le champ,

le mareschal y descent avec ses deux conseilliers et secrétaire, tournans leurs faces vers ledit seigneur duc et juge,
faisans les révérences jusques en terre ; puis se met avec
ses deux conseilliers entre la table et la lice, appellant les
quatre dessusdiz, et leur demande qui sont d'entre eulx
les plus ainsnez en l'ordre de chevalerie ; et, ce point sceu,
leur met les mains dextres sur la remembrance de Jhesu-
Crist en croix estendu, et sur le *Te igitur* (1), disant : « Vous
« quatre, qui estes par nostre très-redoubté seigneur et
« juge des parties, esleuz pour estre à ceste haulte journée
« escoutes, pour tout ce que par l'appelant et deffendant
« sera dit, joingnans ensemble, et tant que le combat du-
« rera, car nulz sur voz quatre, quelz qu'ilz soient, n'en
« aront la créance ; vous, jurez sur ce que touchez, sur
« voz honneurs et l'ordre que avez receu de chevalerie,
« que diligentement exercerez voz offices, et que de tout ce
« que vous ourrez, à la vérité, le rapporterez audit seigneur
« juge, quant par luy le vous sera demandé, disans tous
« quatre : Ainsi le promectons. » Les deux conseilliers
prennent les quastre bastons, lesquelz présentent au mareschal, puis les baille aux escoutes à chascun le sien, et
leur dit : « Vous, tel et tel, plus ainsnez en l'ordre de che-
« valerie, allez à la porte dextre, et le dernier en l'ordre
« honneure le premier ; et vous, tel et tel, allez à la senes-
« tre, honnorant vostre ainsné en l'ordre, comme dessus
« est dict ; et de là ne partez que ne descende de mon
« chaffault, mais comme en verrez la descense, joingnez-
« vous à moy. » Cela dit, s'en retourne en son chaffault,

(1) Paroles du *Canon* de la messe.

ses conseilliers et secrétaire avec luy, et la porte se ferme. Puis, frappe sur la lice de son baston, lomg de cinq piedz, et de grosseur, autant de poulcées, que doit veoir le hérault, ayant tousjours l'œil à luy, estant en sa tourelle ; lequel, au signal dudist baston, doit descendre et se mectre ou milieu du champ tournant sa face vers ledit seigneur juge, disant à haulte voix :

« Or ouez, ouez, or ouez, seigneurs chevaliers et es-
« cuiers, et toute manière de gens, que nostre très-re-
« doubté et souverain seigneur, monseigneur le duc de
« Lorraine, vous commande et deffend, sur paine de perdre
« corps et avoir, que nul ne soit armé ne porte espée,
« dague, autre baston ferré ne harnois, quel qu'il soit,
« si ne sont les gardes du champ, et ceulx qui par nostre
« très-redoubté et souverain seigneur en aront congié, ou
« par monseigneur son mareschal.

« Encores, nostre très-redoubté et souverain seigneur
« vous commande et deffend que nul, de quelque condi-
« cion qu'il soit, durant la bataille, ne soit à cheval ; et ce,
« sur paine aux gentilzhommes de perdre le cheval, et
« aux serviteurs, de perdre l'oreille. Et à ceulx qui con-
« voyeront les combatans, eulx descenduz à la porte du
« champ, seront tenuz incontinent les renvoyer, sur la paine
« dessusdicte.

« Encores nostre très-redoubté et souverain seigneur
« vous commande et deffend à toute personne, de quelque
« condicion qu'il soit, ne doyve entrer ou champ, sinon
« ceulx qui par son mareschal y seront depputez, sur la
« paine de perdre corps et biens.

« Encores, nostre très-redoubté et souverain seigneur

« vous commande et deffend à toute personne, de quelque
« condicion qu'il soit, qu'il s'assye sur banc ou par terre,
« ou en lieu qui ne puisse nuyre affin que chascun puisse
« veoir les parties plus à son gré combatre, et ce sur paine
« du poing. »

*Comme les champions doyvent estre armez partans de
leurs maisons.*

Pour plus aise des parties, qui moult de paine et travaulx pevent avoir devant le combat, et pour maintes
autres raisons, l'appelant et deffendant, partans de leurs
logis, venans à la porte du champ et entrans dedens, seront à cheval, armez de toutes armes qu'ilz entendent
porter sur leur corps, excepté de l'armement de teste, de
l'escu et grant garde-bras. Lesquelles pièces pourront
faire porter par les plus prouchains de leur lignaige, ou
autres nobles hommes, qui honneur leur vouldront faire ;
puis les bailler à l'entrée dudit champ à leurs conseilliers,
qui avecques eulx doyvent entrer, ensemble leurs plèges,
seuretez, advocas et deux escuiers. Et les bastons que les
parties entendent porter pour offendre et deffendre, sont espées et dagues seulement, sans poinçons, couteauz ne autres
pointes mussées ; et le reste, comme lances, masses ou
autres bastons devisez tant pour l'un que pour l'autre, et
non autrement, porteront aucuns qui les acompaigneront,
lesquelz délivreront aux conseilliers, comme dessus est dit.
Et aront leurs cottes d'armes sur eulx, et leurs chevaulx,
houssures de moyenne longueur, qui pourront estre armez
de bardes, soit de cuyr, de bouffre ou d'acier, ainsi qu'ilz
vouldront, sans pointes excessives, mises esdictes bardes,

chaulfrains ou hurts de selle. Et pour tousjours monstrer
signe de bons crestiens, porteront en main chascun son
baston de trois piedz de lomg, et de cincq poulcées de tour,
azuré et accompaigné de croix d'or ou d'argent, et de quelque ymaige où plus sera leur dévocion; et les tiendront en
leurs mains, jusques à ce que en leurs pavyllons se descen-
dent, lesquelz souvent regarderont, et aucunes fois s'en
seingneront.

Arryvé qu'est l'appelant à la porte des lices, le mareschal va vers luy, accompaigné de ses deux conseilliers,
quatre escoutes, hérault et secrétaire; et premier, luy demande quel homme il est, qui est venu à la porte du
champ, armé, quel nom il porte, et pour quelle cause il
est venu. Et l'appelant respondera ou fera respondre par
son advocat : « Monseigneur le mareschal du camp, je
« suis tel, ou c'est tel, lequel par-devant vous, comme
« celluy qui estes ordonné par mon très-redoubté seigneur,
« nostre juge compétent, se vient présenter armé et monté
« comme gentilhomme qui doit entrer pour combatre
« contre tel, sur telle querelle. Si vous requiert que luy
« livrez et départez sa porcion du champ, du vent, du
« soleil et de ce que luy est proffitable et convenable en
« tel cas. Et ce fait, à l'ayde de Dieu et de ses saincts, il
« fera ce qu'il doit et qu'il pourra, acquictant son honneur
« et ses seuretez, protestant qu'il puisse combatre à cheval
« ou à pied; et que si tel, son adversaire, portoit autres
« armes ou champ qu'il ne deveroit porter, et que devi-
« sées sont par monseigneur, nostre juge, en lieu d'icelles
« nulles autres ne peust avoir. »

« Item plus, que si son ennemy avoit armes forgées par

« mauvais art et briefz, charrois, sors ou invocacions d'En-
« nemys, ne autres que raisonnables, par quoy il feust
« veu et congnu magnifestement que son bon droit luy
« feust empesché, avant la bataille, combatant ou après,
« que son bon droit et honneur n'en puisse estre amendry,
« ains soit le faulz et mauvais puny comme ennemy de
« Dieu, trahistre, murtrier, selon la condicion du cas. »
Et doit requérir que sur ce, il doyve espécialement jurer.

Item : doit requérir et protester que si le plaisir de
Dieu ne feust que, au soleil couchant, il n'eust desconfyt et
oultré son ennemy, laquelle chose il entent à faire, si à
Dieu plait, néantmoins peut requérir que luy soit donné
du jour autant comme il en seroit passé, selon tout droit
et ancienne coustume, ou autrement peut protester, s'il
n'a l'espace d'un jour tout au lomg. Laquelle demande
luy doit estre consentie et octroyée.

Item : que ou cas que tel, son adversaire, ne seroit
venu dedens l'eure deue et à luy assignée, qu'il ne soit
plus receu, mais soit tenu pour réprouvé et convaincu.
Laquelle requeste est et sera à la liberté dudit seigneur
juge ; néantmoins que s'il tardoit sans son sceu et voulenté,
en doit estre comme dessus est requis.

Item : doit demander et expressément protester qu'il
puisse porter avec luy pain, vin et autres refreschissemens,
pour manger et boire l'espace d'un jour, si besoing luy en
estoit, et autres choses à luy convenables et neccessaires
en tel cas, tant pour luy comme pour son cheval. Desquelles protestacions et requestes, tant en général comme
en espécial, il doit demander instrumens.

Lesquelles protestacions et requestes, l'appelé peut

semblablement faire, et par la forme que dit est. Toutes
lesquelles choses, s'ilz ne leur sont en espécial deffendues,
leur seront octroyées. Et pourront combatre à cheval ou à
pied, chascun à sa voulenté, des bastons devisez et harnoys,
pour deffendre et offendre, levez ceulx de mauvais engin,
charmes, charrois et invocacions d'Ennemys, et toutes autres choses deffendues, selon Dieu et l'Eglise, à tous bons
crestiens ; car raison, bonne foy, ne loy d'armes ne doit
souffrir nul mal engin ne tricherie en si grand fait.

Item : et quant chascun d'eulx aront dit ou par leurs
advocas fait dire les choses dessusdictes, ains qu'ilz entrent ou champ, le mareschal avec sa compaignie va devant
ledit seigneur duc ; et comme se treuve devers sa très-
haulte seigneurie, fait ses révérences, par trois foys, jusques
en terre, y demourant à la troisiesme, disant, s'il est de
ses pays : « Mon très-redoubté et souverain seigneur », et
s'il n'en est : « Mon très-redoubté seigneur, tel, appelant,
« est venu à la porte de cestui champ, à la journée et
« heure par vous à luy assignée, y comparant, comme
« noble homme doit estre, pour son honneur deffendre et
« acquit de ses plèges, quant à la présentacion. Vous plaist-il
« que luy soit ouvert ?

Comme ledit seigneur duc et juge respond.

« Mareschal, puisque tel, appelant, a fait son devoir,
« ainsi comme vous dictes, prenez la clefz et luy ouvrez, fai-
« sant le reste selon les ordonnances et status anciens de
« nostre duché. »

A ceste parole, le mareschal prent ladicte clef en la
main dextre, la levant tant hault que bras se peut extendre,

et son baston à la senestre, monstrant à toute manière de
gens que l'appelant a fait jusques cy son devoir. Par quoy
luy est la porte du champ ouverte. Et les deux premiers
qui doyvent entrer, c'est ledit appelant et son plège, à sa
senestre main, à la dextre, ses quatre conseilliers et advocat, et derrier luy, ses deux escuiers, et non plus, sur la
paine dessusdicte. Lesquelz escuiers doyvent porter les
refreschissemens dudit appelant et de son cheval, et les
mectre ou pavyllon. Puis portes se ferment, comme devant,
tant dehors comme dedens; et raporte la clef ledit mareschal, non tant hault comme premier. Lequel va devant
ledit appelant, ses deux conseilliers, les escoutes et secrétaire; et eulx tous arrivez devant la présence dudit seigneur et juge, faictes les révérences déhues, son plège, donnant tel tiltre au seigneur que luy appartient, soit de souverain ou autrement, dit : « Voyez-ci tel, que je promis,
« à tel jour, vous présenter en ce champ, à ceste journée.
« Et pour ce que je m'en suis bien acquicté et m'en ac-
« quicte, comme mon obligacion le porte, je supplie à
« vostre grâce que mon obligé me soit rendu, et que en
« nul temps ne m'en soit riens demandé; et de mon acquit
« en demande instrument. »

Response par le mareschal audit plège.

« Vous, tel, qui estes plège de tel, appelant, pour le
« rendre à ceste journée devant la présence de nostre
« très-redoubté seigneur et son juge, de ce point il vous
« en tient pour bien acquicté, et ne vous en sera pour
« l'avenir riens querelé ne demandé; mais quant aux
« frais, missions, despens et intérestz de partie, telle

« aventure pourroit venir à tel, appelant, dont estes seu-
« reté, que de mondit seigneur, son juge, ne de sa court,
« n'en seriez quicté. Pour tant, vous deffend que du bas
« de ceste eschelle ne partez, et à vous, sergens d'armes,
« vous commande que l'arrestez de par mondit seigneur. »

Ce fait, l'appelant dit ou fait dire par son advocat,
donnant au prince tel tiltre que luy appartient, et enfin :
« Droiturier seigneur, ou juge compétent, je suis tel qui
« en vostre présence est venu, aux jour et heure par vous
« à moy assignées, pour faire mon devoir contre tel, à
« cause de murtre, ou de trahison, ou de foy mentie,
« qu'il a faicte et dont j'en prens Dieu de ma part. » Et
ce dit, au plus près qu'il pourra, ou fait dire par son advocat, aucun de ses conseilliers luy baillera ung escript contenant les paroles dessusdictes, lequel de sa propre main
le livrera au mareschal qui le recevera ; et ce fait, ara
congié d'aller descendre en son pavyllon, et les siens
nommez avec luy. Et descendu qu'il est de cheval, l'un
de ses escuiers doit pourmener le cheval en son quartier de
lice, non vers la moitié ; et l'autre escuier, plus avant d'un
peu, gardant que les chevalz ne se affrontent ne comba-
tent, ce que faire pourroyent ; ne de plus se doyvent em-
pescher, fors quant vient au monter, pour aydier chascun
son maistre, et mectre hors les pavyllons. Et de tous les
poins cy-dessus diz, tant pour les plèges que autrement,
sera fait le semblable au deffendaut.

Descendu qu'est le deffendant en son pavyllon, le mareschal mande deux des escoutes au pavyllon de l'appellant, pour dire à ses conseilliers que deux viennent devers
luy, et qu'ilz apportent la lance dudit appelant ; et les

deux autres escoutes, envoye au pavyllon du deffendant faire le semblable. Et eulx vers luy arryvez, s'il treuve lesdictes lances de égalle mesure, il les redoit renvoyer sans autre chose faire ; et si l'une estoit excessive en longueur, et que ainsi la voulsist porter, et l'autre très-courte, et que feust son vouloir de telle l'avoir, la longue seroit nom pas accourcée selon la très-courte, s'il ne vouloit, mais à la mesure de celle de l'estendart dudit seigneur. Et si les parties requéroient que toutes autres pointes, dont ilz ont à offendre et deffendre, soient visitées, consenti leur doit estre, et le tout faire selon que en a esté devisé par le juge ou deffendeur.

Comme les parties viennent faire leurs sèremens devant le juge et son mareschal.

Par le commandement du mareschal, les escoutes se départent, et les deux plus ainsnez en l'ordre de chevalerie vont amener vers luy l'appelant, qui vient à pied, partant de son pavyllon, armé comme dessus est dit, accompaigné de ses conseilliers ; et les deux autres escoutes vont faire le semblable au deffendant. Lesquelz arriveront ensemble devant la croix et le *Te igitur*, faisans les révérences déhues audit seigneur juge, où ilz treuvent le mareschal, ses deux conseilliers, le secrétaire et le religieux ; et, agenoillez qu'ilz sont, le mareschal prandra leurs mains dextres, et leur oustera les ganteletz, qu'il baillera à deux de leurs conseilliers, et leursdictes mains mectera sur les deux bras de la croix ; puis leur demandera s'ilz ont plus riens à protester, et que à ceste heure le facent, car pour l'avenir plus ne seront leurs protestacions ouyes, admises ne escriptes.

Et, la responce faicte, le religieux leur dit : « Vous, tel,
« appelant, et vous, tel, deffendant, vous voyez cy la très-
« vraye remembrance de Nostre Saulveur Dieu, Jhésu-
« Crist, qui mourir voult et bailler son très-précieux
« corps, pour nous saulver; requérez luy mercy, luy priant
« que à ce jour vous vueille ayder, si droit vous avez, car
« il est souverain juge. Souviengne-vous des grans et mer-
« veilleux sèremens que vous ferez, ou autrement, vostre
« âme, vostre honneur, et vous, estes en péril; doubtez plus
« la sentence de Dieu, son ire et povoir de l'Ennemy, que
« celle de vostre prince et juge terrien ; et de ce vous
« prie, ammonneste, conforte et conseille que le faissez. »

Finées ces paroles, le mareschal leur demande, et
premier, à l'appelant : « Estes-vous délibéré de tousjours
« persévérer en voz propos, et de poursuyr ce que vous
« avez encommencé ? » S'il dit ouy, le mareschal le demande au deffendant semblablement, et puis dit à l'appelant qu'il die comme luy :

« Je, tel, appelant, jure sur ceste vraye figure de la
« passion de Nostre Seigneur Jhésu-Crist, et sur les
« sainctes éwangilles, qui cy sont, sur la foy de baptesme
« que je tien comme crestien, sur mon vray Dieu, sur
« les très-souveraines joyes de paradis, lesquelles je re-
« nonce pour les très-angoisseuses paines d'enfer, sur
« mon âme, sur ma vie et sur mon honneur, que j'ay
« bonne, juste et saincte cause et querelle d'avoir en ce
« gaige de bataille appelé, et de combatre ce faulx et
« mauvais trahistre, ou murtrier, ou parjur et foy mentie,
« le tel; lequel a très-faulse et très-mauvaise cause
« et querelle; et ce, luy monstreray-je aujourd'uy, à

« l'ayde de Dieu et de ses saincts, lesquelz de ce j'appelle
« à tesmoingz. Et, par les sèremens que j'ai faiz, je n'en-
« tens porter sur moy ne sur mon cheval paroles, pierres,
« herbes, charmes, charrois ne conjuracions et invocacions
« d'Ennemys, ne nulle autre chose où j'aye espérance,
« qui me puisse ayder ne à luy nuyre; et n'ay recours
« fors que en Dieu et en mon droit. Et, sur ce, je baise
« ceste vraye croix et les sainctes ëwangilles. »

Puis dit au deffendant : « Vous, tel, dictes comme moy :

« Je, tel, deffendant, jure sur ceste vraye croix, figure
« de la passion de Nostre Seigneur Jhésu-Crist, et sur les
« sainctes ëwangilles, qui cy sont, sur la foy de baptesme
« que je tien comme crestien, sur mon vray Dieu, sur
« les très-souveraines joyes de paradis, lesquelles je re-
« nonce pour les très-angoisseuses paines d'enfer, sur
« mon ûme, sur ma vie et sur mon honneur, que j'ay
« et cuyde avoir bonne, juste et saincte querelle et très-bon
« droit de mé deffendre, par ce gaige de bataille, contre
« tel, qui faulsement et mauvaisement m'a accusé,
« comme faulx et mauvais qu'il est de m'avoir appelé.
« Et ce luy monstreray-je aujourd'uy, de mon corps
« contre le sien, à l'ayde de Dieu et de ses saincts, lesquelz
« de ce j'appelle à tesmoingz ; ne n'entens porter sur moy
« ne sur mon cheval paroles, pierres, herbes, etc, » comme
dessus en l'article précédent.

Et quant le deffendant a baisé le crucifix et le *Te igitur*,
pour plus clariffier le droit à qui l'a, le mareschal les fait
lever, puis les prent par les mains dextres, et les fait entretenir. Lors dit à l'appelant qu'il dye après luy, en parlant à son adversaire :

« O tu, tel, que je tien par la main dextre, par les sère-
« mens que j'ay faiz cy-dessus, devant nostre souverain sei-
« gneur et juge, et : onseigneur son mareschal, la cause
« pour quoy je t'ay appelé est vraye ; par quoy j'ay bonne
« cause et léale de toy appeler ; et à ce jour je t'en com-
« bateray. Et tu as mauvaise cause et nulle querelle de
« t'en combatre et deffendre contre moy ; et tu le scez
« véritablement, dont j'en appelle Dieu et ses saincts à
« tesmoingz, comme faulx et mauvais trahistre, ou mur-
« trier, ou foy mentye, que tu es. »

Après ce, le mareschal dit au deffendant qu'il dye
comme luy, en parlant à l'appelant :

« O tu, tel, que je tien par la main dextre, par les sère-
« mens que j'ay faiz devant nostre souverain seigneur et
« juge, et monseigneur son mareschal, et sus les remem-
« brances que icy sont, la cause pour quoy tu m'as appelé
« est faulse, mauvaise et controuvée ; par quoy j'ay bonne
« et léale cause de m'en deffendre et de combatre contre
« toy à ce jour ; car tu as mauvaise cause et querelle de
« m'en avoir appelé et combatre contre moy, et tu le scez
« certainement, dont j'en appelle Dieu, Nostre Dame et
« tous les saincts à tesmoingz, comme faulx et mauvais
« que tu es. » Ce dit, l'appelant baise le crucifix, le
deffendant après, puis s'en retournent en leurs pavyllons,
conduiz comme venus sont, où que se parfournissent d'armer, pour faire chascun le mieulx qu'il pourra ne sçara (1).

(1) [Comment les sèremens furent trouvez en la court du roy
Artus, combatant en champ clos pour cas de honneur, qui, par
devant, ne se faisoient, si de leur bon gré ne le voulloient faire.

Parce que Berthelay, chevalier et nourry en la court du roy

Comme par le commandement du mareschal l'officier d'armes fait la seconde crye, par deux foiz et non plus, dedens les lices, à trois lances ou environ des portes dextre et senestre.

« Or ouez, ouez. L'on vous encharge et commande de
« par nostre très-redoubté et souverain seigneur, monsei-
« gneur le duc, que nulz de grande value, de moyen estat,
« ne de quelque autre condicion, soit si hardy doresena-
« vant d'approcher les lices, de trois piedz, parler paroles,
« faire crys, contenances, signe, semblant, ne noyse, par
« quoy appelant ny deffendant puisse prendre avantaige
« l'un sur l'autre, sur péril de perdre la vie et leurs
« chasteaulx, ensemble tous leurs autres biens estre à la
« voulenté dudit seigneur. »

Marc, ne voullut se consentir, comme honnouré chevalier qu'il estoit, de aider audit roy à tuer messire Tristan, chef et exemple de toute haulte chevalerie, ledit roy le tua, présent ses deux seurs, deux escuiers et messire Armant, son cousin, nourry en la maison dudit roy; et voyant ledit meurtre, ledit roy Marc fut appellé à gaige de bataille par les deux damoyselles, mectans pour champion ledit Armant, qui quicta audit roy tout ce qu'il tenoit de luy. Et fut accepté le champ de bataille, en la court du roy Artus, promectans lesdictes damoyselles et Armant non décéler ledit roy Marc. Et, au jour promis, chascun se rendit. Et après grans armes faictes des deux costelz, ledit roy Marc occist ou champ ledit Armant, voyant ledit roy Artus, accompaigné de messire Lancelot, Tristan et de plusieurs chevaliers de la Table-Ronde, combien que Armant se combatist pour loyale querelle. Et furent menées lesdictes damoyselles en prison pour ardoir. Mais ledit messire Tristan les engarda, qui savoit la vérité et tout le cas, lequel se descouvrit à messire Lancelot. Et pour ce que ledit roy Marc s'en partist de court sans soy faire congnoistre, voyant Lancelot que le roy Artus en estoit très-mal contant, luy promist qu'il luy rameneroit, ce qu'il fist, car il le reataingnyt, l'appelant de la jouste; et d'icelle le gecta

Le temps pendant que le cry se fait, l'appelant et deffendant se doyvent parfournir d'armer et eulx mectre du tout
en point; et finé le dernier cry, doyvent saillir hors de
leurs pavyllons, se mectre sur les escabeaulx, environnez
de leurs conseilliers, pour monter sur leur chevaulx, qui
vouldra, qui la seront tous prestz. Et ce fait, pavyllons
et chevilles se gecteront entre les deux lices ; puis le mareschal ordonne à deux des escoutes, plus ainsnez en l'ordre, aller à une lance près de l'appelant, soit de cheval
ou de pied ; et les deux autres escoutes faire le semblable
au deffendant. Lesquelz escoutes seront à ung pas près
l'un de l'autre, tenans leurs bastons à deux mains, tant
hault qu'ilz pourront, par manière de barre, jusques à ce
que ledit mareschal ara gecté le gaige ; lequel ne gectera
ne ne doibt gecter, jusques à ce que l'un de leurs con-

par terre et le fist prisonnier au roy Artus. Et luy, venu en la
court, osta heaulme, desaignyt espée, se mectant au pié du roy,
en signifiance de subjection, disant qu'il luy commandast à son
plaisir, et qu'il estoit pour obéir. Dit ledit roy Artus : « Dictes-moy
vostre nom. » Lequel ne luy nya, puis luy dit qu'il estoit son
homme lige et son prisonnier, et qu'il luy commandoit, sur la foy
qu'il luy devoit, qu'il luy dist se il avoit occis le chevalier dont il
fut appellé de bataille, en sa court et devant luy. Lequel respondit :
« Si je l'ay occis ou non, riens ne m'en devez demander, car je m'en
suis bien deffendu. » — « Vous dictes vray, dit le roy Artus, ne jamais
en ma court de ce point ne aurez à faire, mais je vous prie que le
me dictes. » Lequel luy dit la vérité dudit meurtre, mais non pas
la cause pour laquelle il l'avoit occis. Et ne se fault esmerveiller
si ledit roy Artus et tous les chevaliers tindrent ce fait à estrange
aventure, car par le passé n'avoient acoustumé que le droit ne
vainquist tousjours le tort. Pour quoy fut ordonné que quant deux
champions entreroient en champ de honneur, ilz feroient les sèremens que l'on fait maintenant, contenuz en ce présent livret.]

Ce chapitre interpolé ne se trouve que dans le ms. 19802.

seilliers leur ait baillé la lance sur la cuisse ; et si c'est à pied, leur lance à main, targon et hache. Et commé ilz ont leursdictes lances, lesdiz conseilliers s'en doyvent partir de l'entour de luy, et les escuiers semblablement, gectans les escabeaulx hors des lices, mectans près des quantons bouteillectes plaines de vin, en serviectes, pain et aucun fruit ; et sortiront dehors par la porte assise devant ledit seigneur juge, puis se mecteront ez lieux devisez, quant des chaffaulx est parlé.

Alors, quant tout sera en point, et fait ce que dessus est dit, le mareschal qui sera soubz le chaffault dudit seigneur juge, qui est ou milieu du champ, tenant le gaige en sa main, cryera par trois repousées d'ung *Ave Maria* : « Laissez-les aller, » et, à la darnière, dira : « Pour faire leurs devoirs de par Dieu. » Et, sur ce mot, gectera le gant, le plus avant ou champ qu'il pourra ; lequel sur terre assis, pour donner voye aux parties, l'un des escoutes se doit partir et serrer près de la lice à la main dextre, et l'autre, à la senestre ; puis marcheront selon que feront les parties, et comme mieulx leur semblera.

Trois manières sont principales de oultrer sa partie en champ clos, dont plus amplement sera parlé avec d'autres, conduit le vainqueur en sa maison, devisant des douze cas qui pevent sourvenir.

La première si est que l'un des deux confesse sa coulpe, et qu'il dye : « Je me rens. »

La segonde est que, par quelque fasson qui peust avenir, feust mis hors de la lice.

La tierce, qu'il feust mort dedens le champ.

Et bien que, en certains pays, le vainqueur mecte le convaincu hors des lices, semble, pour pluseurs causes et raisons, que travailler on ne l'en doit, et que faisant l'un des trois poins dessusdiz, assez en a fait, et que plus on ne luy en doit demander.

S'ensuit la substance des requestes que le vainqueur doit faire audit seigneur, son juge, quant sa partie est oultrée par luy en champ de bataille, ou qu'il n'y compare, ainsi qu'il a dit, promis et juré.

Et premier : que son plaisir soit condempner, dire et déclairer par sentence que son adversaire oultré en ce champ, ou non y comparu, comme devoit, est recréant, failli, convaincu et totalement décheu de la querelle dont avoit couvert son gaige, et luy d'icelle bien tenu quicte et absoult, sans ce que à jamais, pour quelque informacion faicte au contraire, soit tenu d'en respondre, ne que nul juge l'en doye constraindre, s'il ne veult que ses plèges et seuretez soyent quictez et deschargez de tout ce que pour luy s'estoient obligez ; que par les plèges dudit convaincu et sur ses biens soit entièrement satisfait, tant de sa demande principale comme de ses frais, mises et despens, remonstrant en brief les dommaiges que à cause de la trahyson en a receu, lesquelz vuelt suffisamment prouver. Et si c'est murtre, il requiéra pour l'âme du deffunct estre dictes par chascun jour matines et toutes les heures, messes, vespres et vigilles, accompaignées d'aulmosnes et d'autres bienffaiz, haultement et à perpétuité, suffisamment fondées. Et s'il a laissé femme et enffans ayans par ledit murtre neccessité, il suppliera et requerra que sur ses

biens soyent aydez, confortez et soustenuz, et le tout faire
selon la puissance dudit vaincu. Et si le gaige estoit pour
promesse et foy mentye, luy requerra qu'il soit satisfait
tant du par-avant receu, comme du principal, et selon que
en tel cas appartient; et oultre plus, luy demandera congié
et licence de soy partir du champ, pour aller où que bon
luy semblera, comme celluy qui bien et suffisamment
s'est acquicté et satisfait à la journée à luy assignée pour
le cas dont le gaige fut gecté et couvert. Et de tous les
articles et demandes dessusdictes, ensemble de celles que
plus y vouldra adjouster ledit seigneur duc et juge, dire,
prononcier et déclairer par sa sentence, il en demandera
pour son acquit ses lectres signées, scellées et passées,
ainsi que cas, querelle et matère d'onneur le requiert.

*Comme ledit seigneur juge déclaire sa sentence, sans
toucher de la punicion du vaincu, pour ce que cy-après
en sera assez amplement parlé et selon le cas.*

« Messire tel, ou seigneur de tel lieu, nous avons entendu
« voz très-humbles, justes et raisonnables requestes, les-
« quelles de point en point vous passons, et par sentence
« diffinitive, irrévocable, les vous adjugeons, ensemble
« tout l'onneur de ceste journée, comme à celluy qui
« moult grandement, très-bien et souffisamment s'es
« acquicté. Et à vous, mareschal, ordonnons que les
« plèges de sa part adverse soient arrestez et emprisonnez,
« jusques à ce qu'ilz aient satisfait à ses demandes, selon
« leur obligé. Et en tant qu'il nous requiert estre des-
« dompmaigé des pertes qu'il a eues et receues pour le
« principal de la matère, nous vous commandons que,

« appellez le plus grant nombre de noz conseilliers que
« pourrez ensemble mectre, pour veoir ce qu'il nous re-
« quiert, et sans délay, forme de procès, ne nul retarde-
« ment, mectant noz affaires en arrière, vueillez entendre
« à l'expédicion de cestui fait. Car ainsi le voulons, vous
« commandant, chancellier, que noz lectres luy en soient
« délivrées, pour plus sa seureté et acquit de son honneur,
« semées de la fasson du gaige gecté et couvert, sur quelle
« querelle ce a esté, et tout le cas ainsi qu'il est avenu.
« Et quant à la licence que nous demandez touchant
« vostre partir du champ, de ceste heure en avant le povez
« faire, ainsi qu'il vous plaira. Et vous ordonnons, ma-
« reschal, qu'il soit conduit, mené et accompaigné où
« qu'il vouldra aller, ainsi que savez qu'il appartient à
« très-honnoré et bien acquicté champion, partant de
« champ clos, pour cas d'onneur. »

Comme le vainqueur se part du champ honnorablement.

Le vainqueur se part à cheval, par la forme et manière
qu'il est venu, s'il n'a exoine de son corps, portant en sa
main dextre le baston de quoy il a desconfit son adversaire, lequel doit estre accompaigné jusques à son logis,
du mareschal, estant à la main dextre, du plus grant conte,
à la senestre, et d'autres nobles hommes après, selon leur
degré. Et devant, roys d'armes, héraulx, poursuyvans et
trompectes, la josne noblesse sautant et fringuant. Et
arrivé qu'il est devant son logis, le mareschal luy doit
dire : « Messire tel, ou seigneur de tel lieu, pour le grant
« honneur que vous avez aujourd'uy acquis, toute ceste
« noblesse qui vous accompaigne, se ouffre à vous faire

« plaisir, service et honneur, en tout ce que possible leur
« sera ; et, par mon très-redoubté seigneur, vous dy que
« si vous estes aucunement blecé, et par fasson que ayez be-
« soing de phisiciens, cirurgiens et barbiers, que les siens
« vous envoyera, pour vous faire médiciner et penser. Et
« pour ce que voz conseilliers, depuis le commencement
« de vostre affaire, vous ont si bien conseillé, que l'onneur
« à vous et à eulx en demeure, nous vous lairons en leurs
« mains, pour vous ayser, reposer et refreschir ; et sur ce
« point tous ensemble vous donnons le bonsoir. »

Et si aucun demandoit que a ledit mareschal (1), pour
tenir court ouverte, trois jours du mains, à gens d'onneur,
et pour tous ses grans travaulx et paines ?

Response : Honneur qui priser, achetter, ne payer ne
se peut ; et, avec ce, le cheval du vaincu, en l'estat qu'il est
entré ou champ, ses armes et toutes autres, qui sur luy
et pour luy sont venues ; et d'aventaige, la tierce partie
des confisquacions qui pourroyent venir celluy jour audit
seigneur duc, tant à cause des parties comme du champ.

Or est ainsi que ledit de la Jaille, acteur de ce petit
livret, se trouvant ez royaumes, provinces et duché devisez
ou préambule, ouyt dire à moult de notables hommes se
congnoissans en l'art militant, raisonnant avec eulx de
ceste haulte, avantureuse et doubteuse matière, pour plus
en savoir, que moult s'esmervcilloient que leurs devant
passez n'avoient plus escript de tout ce qu'il appartient de

(1) « Et si aucun demandoit que a ledit *connestable, mareschal,
ou autres qui leurs offices font, en leur abscence, pour tenir court
ouvert....* » Variante du ms. 19802.

faire touchant ce pesant fait de gaige de bataille. Créant ledit acteur qu'ilz l'ont laissé à faire pour ouvrir nos esperis, et donner aucune chose à penser, car ilz avoient d'armes, d'entendement et de honneur, comme nous, si plus non; et affin que des présens et avenir n'en soit reprins, le devant escript a plus voulu déclairer que lesdiz passez, ensemble de douze cas qui pevent avenir, cy-dessoubz mis; et non tant que les grans voyageurs, hystoriens et ceulx qui ont à manyer semblable fait n'y puissent adjouster, diminuer et changer sur chascun article, cas et devys, tellement que ledit livret ne demourera imparfait.

S'ensuyvent les douze cas qui pevent avenir après gaige gecté et couvert, prins seuretez et plèges, ainsi que en tel fait appartient.

Et premier, avient que l'appelant s'en va vers ses parens, amys, prochains, voisins et compaignons, ausquelz il monstre, luy qui est alemant, ou d'autre contrée tant prochaine que longtaine, ce qu'il a promis en Lorraine, qui est de comparoir à tel jour, en champ de bataille, contre tel, devant monseigneur le duc, son juge, et tant pour l'acquit de son honneur et de ses plèges. Et bien veu, reveu et sainement entendu le contenu de leurs procès, sur quoy il a gecté le gaige, et, au couvrir, quelles parolles ont esté dictes, par les dessusdiz parens et amys, est diligentement enquis de ce fait, comme à la vérité passé; et, sur ses grans sèremens qu'ilz lui font faire, s'y treuvent dont moult l'en blasment et reprennent que grant légièreté, tenant en lesse repentance, l'a fait entrer en fole entreprinse, ou orgueil accompaigné de présumpcion

et d'oultrecuidance, hayz et desprisez de leurs semblables
et de tous autres, ou envie de court qui sèche corps et en-
trailles, ou avarice et convoitise, les insaciables, ou ire estri-
vée qui tourble tous sens, ou vin prins sans mesure, qui
honneur et crédit pert, ou amour de soles femmes, dont les
créant tout mal se fait, ou paresse de non vouloir escouter le
bien, ne dire, ne faire, laquelle use son temps en vanité
dampnable ; concluyans lesdiz amys que, pour ce cas très-
verdement emprins, n'ara d'eulx ayde, confort, conseil
ne compaignie, et que faisant le contraire, tout leur lignaige en seroit reprins, et eulx le plus, qui le cas scevent ;
et que trop mieulx valoit, pour aucun brief temps, qu'il
receust ung peu de blasme, que se mectre en voye de
perdre chevance, honneur et âme ; conseillant, pour le
meilleur et plus honnorable, d'envoyer aucuns de ses parens, prochains entendus, et ung roy d'armes ou hérault,
bien renommé, vers ledit seigneur, portans lectres esten-
dues, et en la fin, créance en leurs personnes, dont la teneur s'ensuyt :

« Très-hault, très-puissant prince et mon très-redoubté
« seigneur, le très-plus humblement que je puis, me re-
« commande à vostre bonne grâce. Vray est, mon très-
« redoubté seigneur, que, partant de la présence de vostre
« très-haulte seigneurie, qui fut, à tant du mois passé,
« promis que à tel jour jour je m'y retrouveroye, pour
« l'acquit de mon honneur, de mes seuretez et plèges ; et
« depuis me suis trouvé vers mes seigneurs parens et
« amys, ausquelz j'ay monstré tout le procès, et dit les
« paroles qui par moy furent proposées, gectant le gaige,
« et les responses faictes en le couvrant, par tel, mon très-

« chier et honnoré frère. Sur quoy, le tout bien veu et
« sainement comprins, ne me conseillent que en champ
« clos ne autrement entre pour telle querelle. Si vous
« prie et supplie, mon très-redoubté seigneur, qu'il vous
« plaise me pardonner de ce que tant légièrement m'y suis
« gouverné, ayant regart à ma simple jounesse non dé-
« batue en si haulte matère et pesant fes. Et, oultre plus,
« requier à mondit frère que j'ay appelé, par grant légiè-
« reté, à gaige de bataille, sur querelle que ne vuel sous-
« tenir, ne maintenir, que par sa gracieusté le me vueille
« franchement et de bon cuer, pardonner, me offrant luy
« faire, pour l'avenir, service, plaisir et honneur, en tous
« lieux que le rencontreray, que par luy en seray requis,
« et sans requeste, quant possible me sera. Et, avec ce, de
« rechief, me soubmetz à estre des missions, frais et des-
« pens que jusques cy pour ce cas a fait, à ce que par vous
« en sera dit, soit en amyable rapport, ou par sentence.
« Vous suppliant, mon seigneur, qu'il vous plaise adjous-
« ter foy à ce que telz, mon oncle, cousin germain et roy
« d'armes vous diront et requerront de ma part, et de
« celle de mesdis seigneurs parens et amys, qui tous en-
« semble les mandons, pour ce cas, devers vous principa-
« lement, puis vers mondit frère, mes seuretez et plèges.
« Priant à Dieu, mon très-redoubté seigneur, qu'il vous
« doint, de cestui monde et de l'autre, tout ce que en dé-
« sirez.

« Escript etc. »

Signée au bas : « Vostre très-humble et obéyssant serviteur, tel. »

Et, en la superscripcion : « A très-hault et très-puissant

prince et mon très-redoubté seigneur, monseigneur le
duc de Lorraine et de Calabre, etc. »

La créance sera faicte selon le contenu de la lectre,
et avecques très-humbles recommandacions, tant de la
part du trop prompt, subit et légier, pour en champ
clos combatre, que de celle de ses meurs attrempés,
parens et amys, tous prians ledit seigneur, que son
plaisir soit de cueillir ce cas, légièrement avenu, d'arbre
très-vert, et que, à l'umble requeste de luy et de tous
ceulx de son lignaige, n'en vueille dire ne ordonner tout
ce que faire s'en deveroit, eulx tous offrans de le servir
une bonne resze, sans en demander livrée, gaiges, pertes
d'armeures ne de chevaulx. Et si l'appelé est en la présence, comme raison veult qu'il soit, lesdiz ambassadeurs
à luy se doyvent addresser, usant parolles gracieuses, semées de doulces remonstracions et de semblables requestes, et par fasson qu'il soit enclin d'estre vers ledit seigneur
bon procureur et avocat de celluy que pour adversaire
tenoit, lequel pour le présent et advenir luy requiert estre
son bon frère et parfait amy. Puis, aux plèges et seuretez
se doyvent adresser, les remerciant de par tel que tant
ont fait pour luy et pour tous ceulx de son parenté, les
certiffians que tout ce que en sera dit par monseigneur le
duc et rapporté touchant les fraiz, missions, intérestz et
dompmaiges que pour ceste cause en pourroient avoir eu, de
le tenir sans aller au contraire, ne y faire difficulté aucune.

*S'ensuit ce qui est de faire en ce cas par ledit sei-
gneur duc, leur juge.*

Veues l'umilité, la recongnoissance et devoir en quoy

se met l'appelant, les requestes qu'il fait et tous ceulx de son lignaige, et l'onneste ambassade qu'il a mandée pour son excuse, ledit seigneur duc, son juge, doit user de toute doulceur, non se en cerchant qu'en dit rigueur de droit d'armes, et dire par rapport amyable, sans sentence, qu'il doit à tel, par luy appelé à gaige de bataille, donner telle somme, qui est à son avis, ce qu'il a pour ce fait, mis, frayé et despendu. Et de tout le susdit, en doit l'appelé demander les lectres apportées par les ambassadeurs, leur créance par escript, et de tout ce qui en a esté fait et dit, en requérir instrument, ce que luy doit estre baillé.

Le second cas.

L'appelant est mort, faisant ses appareilz, pourchas et diligences; et par ses parens et amys en viennent les nouvelles audit seigneur duc, juge des parties, certiffiées comme cy-après s'entendera, luy requérant que à tant de cestuy fait on s'en tiengne, car ilz ne voyent nulz de son lignaige, ne autres, qui s'avancent de prandre sa querelle, pensant qu'ilz ne feussent receuz ou autrement. Et sur ce, requiert l'appelé audit seigneur, son juge, que ses plèges soient quictes, qu'il ait lectre pour sa seurcté et descharge de son honneur, ensemble tout ce que en tel cas appartient. Oultre plus, demande que par les plèges dudit appelant soit descoustengié des mises, fraiz et despens que pour ceste cause jusques icy a fait, et ce qui est contenu en l'article qui parle des requestes du vainqueur. Est assavoir qu'en dira ledit seigneur juge.

Response.

Bien considéré le cas dessusdit, comme il est advenu

que à luy n'a tenu qu'il n'ait comparu à sa journée, mais à la mort, qui toute âme de corps dessemble, ledit seigneur duc, leur juge, doit quicter les plèges dudit appelant, ordonnant qu'il soit baillé à l'appelé comme moitié de ce qu'il pourroit avoir despendu, et non le tout ; lequel s'en doit bien contenter, le remerciant de son très-hault et raisonnable rapport, et des lectres que pour son acquit luy en plait ordonner.

Et tout ainsi sera fait à l'appelant, si cas de mort estoit venu au deffendant, considéré que tesmoingz n'y a, et que cestui fait ne se peut prouver que par gaige de bataille ; mais deffendeur ne rend despens à l'appelant.

Le tiers cas.

L'appelant est allé de vie à trespas par mort naturelle bien vériffiée ; et vient aucun sien parent ou compaignon qui veult prandre sa querelle et action, requérant au seigneur juge, que, en la place du deffunct, le vueille accepter, pour faire tout en la forme et manière, sans riens y muer ne changer, comme l'avoit entreprins, offrant suffisantes scuretez, pour faire tout ce qu'est contenu en l'article des plèges, disant que tant savoit estre de biens et d'honnes-tetez en la personne dudit deffunct, que, pour riens, n'eust entreprins d'entrer en champ clos pour cas d'onneur, s'il n'eust au vray sceu sa querelle estre bonne, saincte et très-juste, et que raisonnant avec luy, par pluseurs foiz luy a dit, promis et juré que telle l'avoit ; par quoy veult, désire et requiert faire de son fait le sien.

Response.

Ledit seigneur juge, bien conseillé, pour semblables

requestes, peu le doit escouter, et mains champ de bataille lui adjuger.

Réplicque.

Deux frères sont, cousins germains, ou compaignons d'armes jurez, qui ont tousjours esté ensemble, pour charger ung de cas d'honneur, disant que au vray scevent le fait comme il est passé, et autant l'ung que l'autre, car ensemble y estoient, et à chascun d'eulx également touche de dompmaige de la trahyson dont le chargent, du murtre ou de la foy et promesse mentie; avient que l'ung des deux se haste premier de gecter le gaige de bataille que l'autre, et que, si tant hasté ne se feust, son compaignon l'eust gecté; champ de bataille est adjugé, plèges prins des deux parties, et chascun s'en va pour son pourchas faire; aventure sourvient que celluy des deux qui avoit gecté le gant, et qui devoit faire la bataille, va de vie à trespas par mort naturelle, ainsi que tous subgetz y sommes; vient devant la journée le frère du mort, cousin ou compaignon, qui advise le seigneur juge de ladicte aventure souffisamment vériffiée, requérant, comme celluy à qui le fait touche tout ainsi ny plus ny mains comme il faisoit au deffunct, qu'il soit mis en son lieu sans riens y muer ne changer, fors que des noms, présentant ses plèges en la propre manière que l'autre avoit fait. Que dira le juge de cette sourvenue ?

Response.

Considéré que les deux suyvoient, chargeoient et plaidoyent l'appelé de mesme cas, matère et querelle, sans riens y diminuer ny adjouster, et que aussi près estoit l'un comme l'autre de gecter son gaige ; que foy et promesses avoient les trois ensemble, ainsi que les deux appelans dyent ; que le murtri estoit frère ou cousin germain à l'un comme à l'autre, et que, à cause de la trahyson, dont chargent l'appelé, sont et ont estez en pareil degré tant de pertes de biens, comme de reboutemens et merveilleux dangiers de leurs personnes; droit d'armes dit, raison et bonne justice, que l'appelant soit ouy et ses justes requestes admises, acceptées et passées.

Sur ceste sentence, marche avant l'appelé, accompaigné de ses conseilliers, et dit :

« Mon très-redoubté seigneur, puisque tel entre en
« champ contre moy, ou lieu de tel que l'on dit estre
« mort, sans riens muer ny changer, fors que des noms,
« je vous supplie que à la journée par vous à son frère,
« cousin ou compaignon, et moy assignée, vostre plaisir
« soit lui faire comparoir ; autrement me sembleroit, vos-
« tre honneur sauve, estre très-fort grievé, comme de
« doubler mises et travaulx, tant pour moy que pour mes
« seigneurs parens et amys, lesquelz sont jà à chemin
« pour m'accompaigner et conseillier à madicte journée. »

De ce point, le tout en est à la haulte discrécion, cler veoir et bon vouloir dudit seigneur juge, lequel doit ouyr ce que l'appelant sur ce vouldra respondre et dire, puis bien regarder aux temps, lomg chemin et à l'estat des personnes, et si possible seroit que ainsi le puist faire, comme l'appelé le requiert.

Le quatriesme cas.

L'appelant ne compare ou champ à sa journée et heure

intimée, limitée et donnée par ledit seigneur mareschal, et
le deffendant se y treuve, faisant tout ce que à luy appartient de faire, et voit, luy présenté devant son juge, que
oudit champ n'est sa partie. Par quoy demande deffault
encontre de luy, veu que premier il devoit venir ; puis, par
l'ordonnance dudit seigneur juge, s'en va en son pavyllon.
Qu'est de faire sur ce point ?

Response.

Le mareschal fera appeler le deffaillant par trois foiz,
les deux aux portes du champ et dedens les lices, à trois
lances près desdictes portes, et la tierce, ou milieu, par
roy d'armes ou hérault qui officiera celluy jour, cryant
tout hault, disant en la manière qui s'ensuit :

« Or ouez, ouez, tel, appelant, venez à vostre jour-
« née, laquelle vous avez entreprinse à ce jour, pour
« l'acquit de vostre honneur et plège, devant mon très-
« redoubté et souverain seigneur, monseigneur le duc,
« vostre juge droiturier (ou *compétent*, s'il n'est son sou-
« verain), pour assaillir et combatre tel, deffendant, sur ce
« que l'avez accusé et dessus mis. »

Et s'il ne vient par temps, il sera appelé à l'autre porte, la
segonde foys, en mesme manière; et à la fin dira : « Venez,
« venez, vostre heure, jour et terme commence à passer. »

Et s'il ne vient à celle foys, et que midi soit passé, il
sera appelé la tierce foys, ou milieu du champ, en telle
manière comme devant; et à la fin dira : « Le jour passe
« de trop, car le midi est oultré ; venez, venez et vous
« comparez, sur les périlz et déshonneur qui vous en
« pevent avenir. »

Le dernier cry fait, le deffendant peut partir de son pavyllon, accompaignié de ses conseilliers, sans estre mandé quérir par héraults ny escoutes, et venir devant son juge de rechief luy requérir deffault, jugement et ses plèges acquicter.

Lequel doit estre ouy, ses requestes admises et passées, tenu pour honnouré, bien excusé et acquicté, ses plèges franchement délivrez, et ceulx de l'appelant arrestez comme prisonniers, et le jugement faire, sans aucun eslongnement, excusacions, rappel et révocacion, ne retardement quelconques. Et de tout en doit demander le comparant instrumens et lectres signées de la main dudit seigneur juge, scellées de son grant séal, et passées par son grant conseil; et ce fait, doit avoir congié de soy partir du champ, à cheval, comme il y est venu, accompaignié jusques à sa maison, en la fasson que dit est en l'article du vainqueur (1).

Or est ainsi que, quatre ou six jours après la journée, le mareschal va moult estraingnant, pressant et demandant aux plèges dudit appelant, ce que faire doyvent, selon leurs obligez et la sentence dudit seigneur juge, nouvelles viennent qu'il est allé de vie à trespas; sur quoy dyent lesdiz plèges qu'ilz ne sont point tant tenuz de faire comme si en vie estoit, requérant audit seigneur juge que son plaisir soit sur ce avoir regart. Que doit-il faire sur ce point?

Response.

Le juge discret, saige et attrempé, bien et haulte-

(1) Pages 168-169.

ment conseillé, doit congnoistre que droit d'armes, raison et justice veullent l'un, que bonne équité, semblable discrécion, honneur, amitié et conscience veullent l'autre. Et premier dit droit d'armes que si l'appelant est allé cerchant sa mort par tavernes, bourdeaux et compaignies noysives, soy eschauffant à jeu de palmes, suyr escarmuches, assaulx, rencontres ou batailles, et passez par destrois dangereux de brigans, sur pons et pontons pourriz, ou par guez non souffisamment prouvez, ou par quelque autre sien deffault, son honneur n'est bien saulve ne acquicté. Par quoy les plèges demeurent fort chargez, si la doulceur et largesse dudit seigneur ne s'i estent. Mais si de mort naturelle estoit oultrepassé, bonne équicté avec ses belles seurs sont ouyes; par quoy doit commander ledit seigneur juge à d'aucuns de son conseil, entenduz et aggréables aux parties, que entre deux se vueillent mectre, pour, par leur travail, aucun bon appoinctement trouver. Et si ainsi estoit que l'une des parties feust trop enresde et loing de bon appoinctement, ledit seigneur juge doit entendre en quoy gist le différent, et tel rapport en faire, que les plèges ne soient si ne tant grevé d'assez, comme si la mort naturelle dudit appelant n'estoit au vray sceue et rapportée, par la certifficacion du séneschal de la contrée où que seroit trespassé, par roy d'armes et héraulx, et par le curé qui l'aroit vu mectre en terre.

Le cinquiesme cas.

S'il avenoit en d'aucuns temps que ledit seigneur juge feust véritablement et dehuement acertené, comme en tel cas et pesante matère appartient, que l'une des parties eust fait tuer l'autre, et que les parens, amys et plèges du mort luy vinssent requérir justice, et que l'accusé de tel vil, déshonneste. et abhominable cas, feust son soubget et en sez pays; que doit-il faire ?

Response.

Ledit seigneur juge le mandera quérir avec toute diligence, très-secrètement, et par grant seureté le fera amener comme lyé, enferré et bien gardé, sur la vie de ceulx qui la charge en aront; et comme au vray luy est donné son oultrageux malfait à congnoistre, pour ung honneur frauduleusement par grant mauvaistié et trahyson receu, mil déshonneurs luy doyent estre faiz, commé traynné sur cloyes noires par le champ, et pour le reste, gecté plus aspre, rudde et cruelle sentence, que si ou champ se feust desdit par les cops de son adversaire, comme recréant et convaincu, révocant tout ce que en aroit esté fait, remboursant les plèges, payant allées et venues, fonder messes et autres bienffaiz pour l'âme du deffunct, secourir femme et enffans, bailler lectres à ses parens narrant tout le cas, et le surplus de tous ses biens, meubles et héritaiges, estre sans pitié ne miséricorde acquis et confisquez audit seigneur juge.

Le sixiesme cas.

L'appelant vit, lequel est en santé, et ne vient point à sa journée; et si ne mande excuse aucune, soit par lâcheté, nonchaillance, qu'il ne sent sa querelle juste, ou autrement; et sa partie se y treuve, faisant son devoir, si requiert deffault à son juge encontre luy, et tout ce qui au qua-

triesme article est contenu pour sa descharge et seureté.
Qu'est-il à faire sur ce point ?

Response.

Tout en la propre manière que cy-dessus (1), au quatriesme cas, est devisé, touchant les proclamacions ; mais quant au fait des plèges, ilz en doyvent souffrir tout ce que droit d'armes, raison et justice en veullent et ordonnent, qui est qu'ilz descoustengeront le deffendant de tous ses frais et missions, jusques à la valeur d'une aguillecte ; que l'appelant soit descheu de sa querelle, sans ce que luy ne autres en puissent pour l'avenir aucune chose demander au deffendant. Lequel point doit estre bien amplement couché en la sentence du juge et en ses lectres qu'il en donra audit deffendant. Et tous ses biens, partie satisfaicte, seront audit seigneur juge, si de ses pays est ; et si estranger se treuve, ses plèges payeront les mil, cinq ou dix mil escus, en quoy s'estoient obligez, non le présentant en champ devant ledit seigneur juge.

Le septiesme cas.

Les deux parties sont ou champ comparuz, et comme vient au sèrement faire, conscience remort le deffendant, lequel a plus chier, comme saige et bien conseillé, recepvoir honte du monde, et estre au jugement et miséricorde du juge, que perdre de Dieu la grâce. Comment se doit-l'en gouverner sur ceste aventure ?

Response.

Ledit seigneur juge renvoye le repenti en son pavyllon

(1) Pages 177-180.

bien gardé, luy levant conseilliers, procureur et escuiers ;
puis oit ce que sa partie veult demander, qui est en
substance ce que on doit requérir en tel cas, et que
ont requis les dessusdiz, qui tenuz ont leur promesse, acquictant leur honneur et plèges ; et, par sentence, tant de
son acquit, comme de ses plèges, de ceulx de son adversaire,
de son partement du champ, d'autres demandes et de la
manière de le conduire en sa maison, s'en doit par ledit
seigneur juge dire, ainsi qu'il fait, parlant en l'article des
requestes que le vainqueur fait, devant qu'il soit touché
des douze cas qui pevent avenir (1).

*Or nous convient maintenant veoir que ledit seigneur
juge a de faire de ce deffendant, qui est mené en son pavyllon, arresté, gardé et en sa mercy.*

Considéré que comme bon crestien il s'est voulu conduire, toute autre mercy et traicté doit trouver que si par
force de cops, de grans playes, et espandemens de son
sang s'estoit desdit ; mais bien qu'il ait fait à celle heure
ce que faire devoit, après qu'il est de mort respité, si c'est
pour trahyson ou murtre, il doit estre emprinsonné en
seure, forte et estroicte prison, et de là ne partir jusques
à ce que ses parens et amys ayent trouvé bonne paix, accort et appoinctement avec sa partie adverse et son lignaige.
Et ce fait, après les grans réquisicions de pardon par luy
et tous ses parens faiz audit seigneur juge, accompaignez
de très-humbles remerciemens de la grant grâce qu'il luy
a faicte, comme de luy donner sa vie, et non le comdamp-
ner en chartre perpétuelle, il luy doit encharger de faire

(1) Pages 166-168.

grans voyaiges comme de Jhérusalem et de Romme, tant
à pied que par mer, et, faisant ledit voyaige, jeûner toutes
les sepmaines à tel jour, comme a esté cellui de sa journée;
et ceste pénitance luy bailler à faire sur sa vie, son honneur et chevance; que grans estas ne vueille porter, ne
se trouver entre noblesse, se appelé n'y estoit; puis
le mectre ès mains de ses parens, à plaine délivrance. Et
si c'estoit pour promesse et foy mentie en fait d'armes,
l'arrest seulement aroit en ung chasteau, jusques à ce que
bon appoinctement feust trouvé touchant la demande et
querelle d'entre sa partie et luy, et ne seroient ses plèges
quictes, que sadicte partie ne feust contente.

Mais ainsi n'est pas de l'appelant, car il n'est tenu après
la mercy du juge eue, fors que de requérir, par très-grandes
et humbles requestes, pardon à sa partie, veu que ses
plèges, qui est luy-mesme, font ce qui est à est à faire touchant les fraiz, missions et despens, selon le dit et la sentence dudit seigneur juge.

Sur ce cas, vient le trézorier dudit seigneur juge, qui a
payé la fasson du champ applainyr, unyr et sabellonner,
des lices, chaffaulx, du bois et de tout ce qui a esté neccessaire de faire; si requiert au mareschal que les plèges
du repenty vueille tenir à telz que par eulx en soit rem-
boursé. Que sera-il dit et fait sur ce point ?

Response au trézorier par le mareschal.

« Trézorier, quatre choses sont que le souverain sei-
« gneur ne vent, ne vendre ne doit à ses bons soubgetz, ne
« aux passans par ses payz.

« La première si est justice, vous advisant que le prince

« qui la fait, soustient et maintient, est plus prisé de ses
« subge⸱⸱, amé et voulentier veu que la manne du ciel, et
« avec ce de la bouche de Dieu est bényt.

« La seconde, c'est bonne police en vivres et en toutes
« autres choses par laquelle murmure s'eslongne, et plan-
« tureuseté de tous biens s'approche.

« La tierce est le coing de sa monnoye tant d'or que
« d'argent, la faisant necte, haulte et fine, telle la reçoit
« son payz bien trézorié. Par lesquelles choses susdictes,
« sont ses trois estas en paix, riches et très-contens, qui
« est le trézor du prince, son jardin, sa deffense, son
« plaisir, son aise et le recouvrement de ce dont il a
« besoing.

« La quatriesme, c'est champ de bataille, lequel sou-
« vent se voit estre purgacion, enseingne et mirouer de
« péché celé, non congneu ne puny ; et pour ce que c'est
« ung des sièges, membres et lieu de justice, point ne
« se vent. Si vueillez, trézorier, trouver autre inventive
« pour les deniers dudit seigneur juge recouvrer.»

Le huictiesme cas.

Les deux parties sont ou champ, montez à cheval, la
lance sus la cuisse, et, gecté qu'est le gant, partent comme
tempeste ; et, à la première estainte, chascun donne à son
compaignon tel cop de lance qu'il luy part corps et cuer
de part en part ; par quoy tous deux tumbent mors aussi
tost l'un que l'autre, sans nulle différence. Que dit jugement sur ceste aventure ?

Response.

Par le commandement dudit seigneur juge, le mareschal ordonne que les deux soient par les roys d'armes et héraulx désarmez, puis couchez sur une table, joinctz l'un près de l'autre, et portez hors du champ par les sergens du prévost, et baillez ez mains de messeigneurs de l'église, qui là seront mandez quérir, ausquelz sera prié par ledit seigneur duc qu'ilz les vueillent mectre ensemble en terre saincte. Et, cela fait, seuretez et plèges tant d'un costé comme d'autre, seront acquictez, et qui plus dit y avoir mis, nul ne l'en récompense.

Le neufiesme cas.

Les parties viennent à leur journée ; le juge voit qu'ilz se sont très-vaillamment assailliz, deffenduz et fièrement combatuz ; que en mesme estat et degré sont d'onneur et de toutes choses ; et, sur ce, gecte son baston ou champ, et prent la querelle en sa main pour les accorder, sans plus les laisser combatre ; et, diligentement, les escoutes les départent, non plus les souffrans ung seul cop donner. Si fault veoir que sur ce est de faire.

Response.

Le mareschal promptement descent en lices, se tournant vers ledit seigneur juge, luy priant que tel conte, qui est en son chaffault, face descendre et là venir. Luy arrivé, vont les deux vers les champions, les mectans hors des mains des escoutes, prenant le mareschal l'appelant, et le conte, le deffendant ; puis les amainnent devant ledit seigneur duc, juge des deux parties, se tenans les quatre à genoulx, si par commandement ne se lièvent. Et alors ledit seigneur juge leur doit dire : « Tel et tel, « qui très-vaillamment vous estes assailliz, deffenduz et

« combatus et si bien fait voz devoirs, que de plus vous
« souffrir combatre nous sembleroit estre autant blasme
« que los, nous avons voulu vous départir, prenant la
« querelle en nostre main, et faire l'accort de vous deux,
« par telle fasson que doresenavant demourerez frères ay-
« dans et bons amys. Si vueillez, mareschal, mander
« quérir leurs chevalz, et les faictes monter sus, et que du
« champ partent ensemble, sans prendre nul avantaige
« sur son compaignon, conduytz par vous deux en leurs
« maisons, c'est assavoir, vous, mareschal, y menrez tel,
« appelant, et vous, conte, le deffendant, prenant chascun
« de vous la moitié de la noblesse, des officiers d'armes
« et trompectes, pour les accompaigner. Car ainsi voulons
« et ordonnons qu'il soit fait; et demain ou aprez, quant
« bon nous semblera, entenderons à leurdit accort. »

Le dixiesme cas.

L'ung des champions vit et s'est rendu par les durs
assaulx, fiers cops et chaulx combatz que luy a fait son
adversaire, confessant avoir tort de la querelle que faulsement soustenoit, et le mot du rendre par luy prononcié,
et que desdit s'est de ce que avoit soustenu; escoutes
s'approchent, prenant le vainqueur et vaincu, et ne seuffrent, les parolles dictes, que plus y ait de poinctes gectées
ne assises. Si demande le mareschal, tout hault, audit seigneur juge, comment il veult que soit fait de ce rendu,
convaincu, desdit et parjuré.

Response.

Si c'est pour trahyson ou murtre, droit d'armes,
raison et justice veullent qu'il soit par le sergent

criminel couché, lyé et traynné sur une cloye, les piedz
devant, hors du champ, et de là, par chevalz, au gibet,
pour estre pendu, ou en la place de la ville avoir la teste
trenchée; et le tout selon les coustumes de la duché, et que
en ordonnera ledit seigneur duc et juge, comme celluy
qui en a la souveraine juridiction et congnoissance. Mais
premier que officiers d'armes se mectent à copper aguil-
lectes et désarmer le vaincu, le mareschal doit aller toucher de sa main en celle dudit seigneur juge, puis la
venir mectre sur l'estomac du desdit. Et alors, par lesdiz
officiers luy est levé sa cotte d'armes et brûlée ou milieu
du champ, puis, désarmé premier le chief, après, les mains,
et le tout gecté ez quatre quartiez du champ. Et, ce fait,
ledit sergent fait son office, les plèges sont renduz au vainqueur, les autres arrestez comme prinsonniers, jusques à
satisfacion de partie, et le reste de ses biens sont au prince
confisquez. Puis a congié ledit vainqueur de soy partir du
champ, accompaignié et honnoré comme par cy-devant
est dit, parlant en l'article du partement du vainqueur (1).

Le unziesme cas.

L'ung des parties est mort en combatant, lequel n'est
desdit ny rendu. Qu'en dira le juge?

Response.

Par les héraulx doit estre désarmé, sans gecter çà ne
là ses armures, ne que le mareschal aille toucher sa
main en celle du prince; puis sera couché sur table et
non sur cloye, et porté hors de la porte du champ,

(1) Pages 168-169.

les piedz devant, par le prévost du mareschal et ses sergens. Et là, ledit prévost le livrera à messeigneurs de l'é-
glise, ausquelz sera prié de la part dudit seigneur duc qu'ilz
le vueillent mectre en terre saincte. Et comme la partie
fera ses requestes, ainsi que à son cas appartient, le juge
gectera sa sentence en la propre forme et manière qu'elle
est posée et escripte en l'article qui parle du vainqueur (1);
et en telle ordre et honneur se partira du champ, et sera
conduit en sa maison, comme ledit article le déclaire. Et
quant aux biens du vaincu, tant héritaiges comme meubles,
sa partie satisfaicte, ilz sont confisquez audit seigneur duc,
souverain et juge des parties.

Le douziesme cas.

L'un des parties est mort, et rapportent les escoutes
que desdit est et rendu. Si convient savoir que de telle
aventure en doit faire le juge.

Response.

Si c'est pour trahyson ou murtre que est la querelle
et gaige gecté, le mareschal doit demander audit seigneur
juge que c'est qu'il vuelt que l'on face de ce corps recréant, convaincu, rendu, desdit et parjuré. Et si ledit
seigneur juge sentencie qu'il en soit fait selon que ou cas
appartient, sans riens muer ne changer, on en fera ainsi que
fait a esté et qu'il est devisé ou dixiesme cas (2); et traynné
qu'il sera au gibet, sera pendu par le milieu du corps, ou
fait selon les coustumes du pays. Et s'il est de grant li-

(1) Pages 167-168.
(2) Pages 187-188.

gnaige et parenté, et que à la prière d'eulx ledit seigneur
juge luy fait grâce de le laisser mectre en terre saincte,
ledit mareschal va toucher la main, comme dessus est dit,
en celie dudit seigneur juge, puis la met sus l'estomac du
convaincu. Et par les sergens dudit prévost est couché sur
une table et non sur cloye, et porté, les piedz devant, hors
du champ, où que se treuvent les seigneurs de l'église, à
torches estaintes, que on a mandé quérir et prié, que pour
l'onneur du sainct baptesme, qu'il estoit crestien, et que
ledit seigneur, son juge, luy fait la grâce, à la requeste des
siens, qu'il soit mis en terre saincte, qu'ilz luy vueillent
mectre. Ce dit, lesdiz seigneurs de l'église disent sur ce
corps certains oroysons et soffraiges appropriez à semblable cas ; puis torches s'alument. Et le prennent lesdiz
seigneurs de l'église, pour le porter en terre ; avecques lesquelz convient que ledit prévost, accompaigné de ses sergens le voyent mectre en la fosse, et de terre le couvrir,
puis en faire rapport au mareschal ; et tout ainsi doit aller
au gibet et pilory, pour veoir toute l'exécucion faire selon
la sentence du juge, et le tout rapporter audit mareschal.
Et comme ledit vainqueur requiert à son juge ce que par
droit d'onneur luy doit requérir, et que à si hault fait
appartient, sans de là se partir, il en doit gecter la sentence, tout ainsi et en la forme qu'elle est déclarée en
l'article qui amplement en parle, devant le premier des
douze cas (1).

Pour faire point à ce présent livret, non fin ne conclusion, car à pluseurs haulx esperis entenduz ez faiz d'armes

(1) Pages 167-168.

en appartient l'onneur, ledit de la Jaille, qui jusques icy
en a esté l'acteur, accoustreur et présenteur, dit et conseille
à toutes personnes amans leurs honneurs et âmes, que
par nulles des vicieuses voyes contenues ou premier cas
ne vueillent requérir gaige de bataille ne l'accepter. Et si
la partie offre paix avec raisonnable et convenable parti,
qu'il soit accepté, sans se fier du tout en jounesse, force,
engin et légièreté, ne tousjours en bon droit; car tant d'a-
vantures en a leues, veues advenir et ouy par les anciens
deviser, que, à son advis, riens en ce monde n'est plus à
craindre à noble homme que l'entrer en champ clos, pour
cas d'onneur, comme clèrement se peut veoir par les articles cy-dessus escriptz. Et, d'autre part, point n'entent, ne
dire ne vouldroit, que noble homme, pour son honneur garder, saichant de vray avoir juste, saine et bonne querelle,
faisant ses devoirs, d'accort cercher, prenant Dieu en son
cueur et de sa part, qui scet sa vraye querelle, et que pas
ne le fait pour nul honneur mondain, avarice ne hayne,
qu'il ne deffende hardiment, assaille et se combate contre
sa mal advisée partie, sans riens craindre, car autre que
bien ne luy en peut avenir. Et tel est son advys.

EXPLICIT.

DES ANCIENS TOURNOIS ET FAICTZ D'ARMES (PAR MESSIRE ANTOINE DE LA SALE).

A MON TRÈS-DOUBTÉ SEIGNEUR, MONSEIGNEUR JACQUES DE LUXEMBOURG, SEIGNEUR DE RICQUEBOURG (1).

Mon très-doubté seigneur, sy très-humblement que je puis me recommande à vous, et pour obéir à voz prières, qui me sont commandemens, moy priant que plainement vous escripse la façon et comment les tournoiz en armes et en tymbres se font, car le duc (2) a voullenté de en

(1) Jacques de Luxembourg, seigneur de Richebourg, chevalier de la Toison d'Or, était fils de Pierre de Luxembourg, comte de Brienne, de Saint-Pol, de Conversan, etc., et de Marguerite de Baux-d'Andrie. — Voir : Gollut, *Les mémoires historiques de la république séquanoise et des princes de la Franche-Comté de Bourgougne...* nouv. édit., col. 1096, 1161, 1163, 1223 et 1227;—Nicolas Vigner, *Histoire des comtes et ducs de Luxembourg, princes, empereurs, rois, ducs, marquis, comtes et seigneurs qui en sont issus, et de leurs alliances...*: Paris, Thomas Blaise, 1619, in-4°, pp. 585-732, passim.

(2) François II, duc de Bretagne de 1458 à 1488.

faire ung par-delà, laquelle chose me semble estre très-
digne et honnourable, espécialment à sy hault prince,
comme il est, et attendu aussy que Bretaigne, selon les
hystoires, fust l'escolle des pas et des armes.

Et quant ad ce, monseigneur, premièrement, de tant de
bien que penssez en moy estre, très-humblement, de l'escripre seullement, vous en remercie; mais vous avez par-
delà tant de vaillans seigneurs, chevaliers, escuiers, aussy
officiers d'armes, et par espécial messire Guillaume de
Vendal, noble et renommé chevalier en voyaiges et en
armes, que trop mieulx vous en porroient infourmer que
moy, qui de telles choses ay très-peu veu, et assez mains
retenu, jasoit que vieulx je soye. Mais, pour vous obéir au
mieulx que je porray et saray, tant de ce que j'ay veu que
j'ay leu, et par maintz preudommes oy dire, au plus brief
que puis, vous en escrips ainssy que s'enssieut, vous et
tous aultres priant que se je en aucune chose failloye, que
pour ma simplesse et pour haste je soye excusé.

*Et premier, comment les marches d'armes et les be-
hours des espées furent ordonnez.*

Monseigneur, j'ay trouvé par anciens livres, par relacions et rappors de autenticques roys d'armes et héraulx,
que au temps du bon roy Charles le Grant (1), auquel
toute crestienté, comme emperreur obéissoit, lors quant il
sépara le royaume de France et de l'Empire, il le franchist,
ordonna et establist en l'Empire et audit royaume, à chascun

(1) Charles le Grand (Charlemagne), roi de France et empereur
d'Occident (768-814).

sa marche d'armes seullement ; c'est assavoir de la rivière
du Rin, en sus toutes les Allemaingnes, une marche sans
plus, qui, en armes et en tournoiz seroient nommez les
Ruyers. Et de icelle marche, ung noble chevalier ou escuier
de nom et d'armes, sans reprouche, que pour l'ancienneté
de son aaige ne porroit plus excerciter les armes, par ellec-
tion de l'emperreur en son conseil, acompaigniez de pluiseurs princes, seroit esleu à roy d'armes des Ruyers par-
delà le Rin. Et des parties par-deçà le Rin, comprinses
les basses Allemaignes et les subgetz de l'Empire, avec
tout le royaume de France et aultres qui s'y joinderoient,
seroit l'autre marche, laquelle seroit nommée en armes les
Poyers. Et en ceste deuxiesme marche des Poyers, semblablement par le roy en son conseil, acompaigniez de
pluiseurs princes et seigneurs de son sang, seroit esleu ung
aultre chevalier ou escuier, par la façon que est dicte, qui
seroit nommé roy d'armes des Poyers.

Mais puis que les aultres emperreurs sont venus, ilz ont
ostés les basses marches dechà le Rin et aultres seignouries
de l'Empire hors de la marche des Poyers, et en ont fait nouvelles marches, combien que grant temps après, et encores
sont pluiseurs qui aux tournoiz ne appellent les Barbençons,
les Haynuiers, les Lyégoiz, les Ardenoiz, les Hazebains et
aultres de l'Empire deçà le Rin, fors que Poyers. Et semblablement ont fait les roys de France, et ostez celle
ordonnance de la très-noble et grande marche des Poyers,
et d'icelle en ont fait troiz, c'est assavoir les Poyers, les
Acquittains et les Champenoiz, et à chascun ont adjousté
pluiseurs provinces et pays.

Et encores depuis, comme je treuve que par espasse

de temps lesdis seigneurs roys ont eu des frères et des enffans, ausquelz ilz ont donnez les duchiez et notables contez, desquelles, à leurs prières, les roys ont consenty à faire nouvelles marches, et les troiz premières ameindrir, pour acroistre cestes, dont par ainsy en furent faictes desdictes troiz anciennes. douze nouvelles, cestes que s'enssievent, priant à tous seigneurs et nobles que me ayent pour excusé, se en aucunes je failloye, lesquelles j'ay trouvées ainsy :

Et premier, la marche de Ponthieu, chief des Poyers ;

La marche d'Acquittaine ;

La marche de Champaigne ;

La marche de l'Isle-en-France ;

La marche de Flandres ;

La marche d'Anjou ;

La marche de Normendie ;

La marche de Berry ;

La marche de Vermendoiz ;

La marche d'Artoiz ;

La marche de Bretaigne ;

Et la marche de Corbie.

Dont, pour enssievir mon propos et ce que désirez savoir, monseigneur, à vostre mémoire et introuduction, et de tous les nobles, pour enssievir les illustres et anciennes coustumes des nobles de jadiz, que de mon temps j'ay veuz pluiseurs nobles seigneurs, chevaliers et escuiers, et, que plus est, dames et damoiselles, qui blasonnoient bien les armes des seigneurs et aultres nobles de ce royaume, espécialment de leurs marches, que aroit bien souffiz à ung roy d'armes ou hérault. Et ay oy dire au très-preudomme Calabre, roy d'armes d'Anjou et aultres, que quant aucuns d'eulx prendoient congié de aucunes anciennes dames ou damoiselles, et elles savoient où ilz alloient, pluiseurs foiz leur disoient : « Je vous prie que de bon « cuer me recommandez au seigneur, ou au chevalier, ou « escuier, qui porte d'or ou d'argent, et telle et telle choses en « ses armes ; desquelz leurs cris en armes sont telz, et ainsy « et ainsy ; et à ma seur, ou à ma cousine, ou m'amye, « dont leurs blasons sont ainsy, » sans nommer seigneur, chevalier ne escuier, dame ou damoiselle, son nom ne surnom, ne aucune seignourie. Et ceste coustume de blasonner ay veu que aucunement se entretenoit par aucuns seigneurs et nobles, et par aucunes dames et damoiselles en Engleterre, qui sont les plus sérémonieuses gens en honneurs que je aye gaires veu. Et aussy la façon du blasonner se entretient fort aux Allemaignes, et espécialment des haichemens. Et qui, aujourd'uy, en cest royaume, qui est l'escolle d'armes et d'onneurs, le feroit, se tendroyent à déshonnorez, et les simples nobles hommes s'en mocqueroient, et leur diroient : « Le hérault dist vray. » Et au bon temps de jadiz, les salles, les chambres, et les hostelz des nobles hommes estoient paintes ou tappissées de belles ystoires, des illustres battailles et conquestes des vaillans, ou des blasons aux nobles du royaume, à mémoire de chascum estre bon. Et ores ne sont paintes que de chasses et volleries, de pastoureaulx et de brebis, ou d'amoureux déduitz, et tous au préjudice de noz âmes, et, pluiseurs foiz, de noz honneurs et de noz vies.

Et ad ce bon temps que je dis que la congnoissance des armes et le blasonner estoient prisiez, non seullement leurs

armes, celles de leurs voisins, ne celles de leurs marches,
mais se délictoient à savoir celles de leurs annemis, car
quant ilz venoient aux battailles, en fierment combattant,
ilz se arrestoient sur les grans seigneurs aux cotes d'armes,
que ilz congnoissoient, ou secouroient léurs plus amis.
Laquelle sy très-noble et chevallereuse coustume, soit par
les Françoiz ou par les Angloiz, au temps des fortes et
derraines guerres (1), ou par quoy que soit, est aujour-
d'uy presque toute délaissée, et seroit huy honte, fust en
bataille ou en assault, qui sa cote d'armes porteroit. Et
au temps de jadiz encores, quant les roys, les princes, le
connestable et mareschaulx, avec les benieres aux concquestes, sur les champs alloyent, leurs destriers, couvers
de paremens, estoient troussez devant et derrière aux arçons de leurs seelles, et leurs cotes d'armes auprès d'eulx,
et aussy tous qui faire le povoyent, et les non puissans
gentilzhommes troussoient leurs cotes d'armes aux arçons.
Et s'il advenoit nouvelle de battaille, incontinent esten-
doient leurs paremens, et armoient leurs cotes d'armes, et
estoient tous prestz, ce que n'est pas la coustume de
maintenant; dont par ainssy, porroit-on dire que cellui qui
ne la veult porter, n'a pas juré de veoir la fin de la battaille, ne de y estre mort ou prins, ainsy que jadis faisoient faire les rommains consulles à leurs chevaliers et
gens escrips pour aller aux concquestes et battailles pour
le bien commun, selon que dist Végèce en son deuxiesme
livre de l'art de chevallerie, où il dist que on leur faisoit

(1) Guerres de la France avec l'Angleterre sous Philippe VI,
Jean II, Charles V, Charles VI et Charles VII (1339-1451).

faire troiz sermens, dont le premier estoit que ilz seroient obéissans au prince, ou cappitaine, qui les conduiroient; le deuxiesme serment estoit que ilz ne laisseroient les armes sans le congié de cellui ou de ceulx qui les conduisoient; et le troiziesme serment estoit que ilz ne fuiroient des battailles, ne refuseroient à morir pour la chose publicque de Romme (1). Dont par ainssy, ceulx qui aux battailles reffusent à porter leurs cotes d'armes, ne ont pas fait ainssy que dit est de ce derrain serment. — Et encores sur ce récite ledit Végèce, en son livre de dicipline de chevallerie, que dicipline appartient aussy au cappitaine, comme à ses gens; car le cappitaine premièrement doit avec hardiesse avoir raison et art de bien ordonner ses gens, selon le temps et les places et ceulx à qui il doit combattre; et aussy doit avoir puissance et voullenté de pugnir, pour grant qu'il soit, ceulx qui lui sont désobéissans. Et les gens, quelz qu'ilz [soient], lui doivent estre obéissans, puisqu'il leur est aconduiseur baillié, et ilz le ont prins (2); et qui aultrement le fait, il meffait en son honneur et en sa vie, car par faulte de ces deux choses, l'une de non voulloir obéir, et l'autre, non oser son désobéissant pugnir, de nostre temps a fait porter au roy Charles sep-

(1) « Puncturis in cute punctis milites scripti et matriculis inserti jurare solent. Et ideo militiæ sacramenta dicuntur. Jurant autem per Deum, et per Christum, et per Spiritum Sanctum, et per majestatem Imperatoris, quæ secundum Deum generi humano diligenda est et colenda.... omnia se strenue facturos quæ præceperit imperator, nunquam deserturos [militiam], nec mortem recusaturos pro Romana Republica. » — Flavii Vegetii *Instituta rei militaris* : lib. ii, cap. v (quemadmodum legio constituatur).

(2) Id., lib. ii, cap. ix, etc., passim.

tiesme du jourd'uy (1), grant péril en son estat et grant
braulle, se Dieu par son bon droit ne lui eust aidié. — Et
sur ce encores dist Végèce au commencement de son
livre, et au premier chappiltre : Nous ne voyons ne con-
gnoissons que nostre peuple rommain ait vaincu et
soubzmis toutes les terres, fors que par dicipline aux def-
faillans, par le continuer des armes, et par l'art de bien
faire et fortiffier noz logis ; car les Rommains, qui ne
estoient que peu de gens, que eussent-ilz aultrement peu
faire contre les vaillances et multitude des Gaulx ?

Ne comment se osèrent-ilz combattre, qui sont sy menus
et petis de corps, contre la haulteur et longuesse des
Allemans ?

Ne comment se osèrent-ilz assembler contre la force
des corps et la puissance de ces furves espaigneulx ?

Et comment concquirent-ilz les grans richesses, les
bararz et grans malisses des Auffricans, qui passoient les
bornes de tous les aultres ? Et encores n'est pas à laissier
les grans sciences et les ars des Grégoiz, qui surmontoient
toutes celles du monde, fors que en cellui des armes, par
lesquelles ilz furent soubzmis. Et tout ce, dist-il, nous est
advenu par trois principalles choses, dont la première est
les requérir et les tenir des Dieux ; la deuxiesme, pour
avoir bons et vaillans cappitaines ; la troiziesme, pour
donner discipline aux mespris (2).

(1) Charles VII, roi de France de 1422 à 1461.
(2) « Nulla... alia re videmus populum Romanum orbem subegisse
terrarum, nisi armorum exercitio, disciplinæ castrorum usuque
militiæ. Quid enim adversos Gallorum multitudinem paucitas
Romana valuisset ? Quid adversus Germanorum proceritatem bre-

Doncques, monseigneur, pour revenir à mon propos des seigneurs qui ont souffert et seuffrent délaissier les cotes d'armes anéantir, qui, au regard de l'onneur, se peult dire que ne sont pas les sermens des Rommains, si comme j'ay dit, desquelles choses je me délaisse, car ilz sont seigneurs, et comme seigneurs pevent faire et deffaire les ordonnances et les loys. Et combien que aux preudommes mors et prins aux battailles par les fuyans, par malvaises querelles ou par orgueil, en mesprisant ses annemis, ce péril peult maintesfoiz tumber sur l'estat du josne ou simple prince ou seigneur, car oncques seignouries ne faillirent à seigneur, mais seigneur a bien failly à seignouries.

Dont enccres, pour revenir à mon propos de ceste simple coustume de avoir ainsy délaissié les cotes d'armes, qui demanderoit à maintz simples nobles hommes par quantes manières la cote d'armes peult estre honnourablement désarmée, puis qu'elle a esté en battaille assemblée, qui est finée, sy en ay trouvé bien peu qui le me ayent sceu dire, pour cause qu'elle est ainssy délaissée, et chose dé-

vitas potuisset audere ? Hispanos quidem non tantum numero, sed etiam viribus corporum nostris præstitisse manifestum est. Aphrorum dolis atque divitiis semper impares fuimus. Græcorum artibus prudentiaque nos vinci nemo [unquam] dubitavit. Sed adversus omnia profuit tyronem solertem eligere, jus (ut ita dixerim,) armorum docere, quotidiano exercitio roborare, quæcunque evenire in acie atque [in] prœliis possint, omnia in campestri meditatione prænoscere, severe in desides vindicare. » —Flavii Vegetii *Instituta rei militaris :* lib. i, cap. i (Romanos omnes gentis sola armorum exercitatione vicisse). — La traduction de ces divers passages de Végèce, du dernier surtout, prouve qu'Antoine de la Salle avait sous les yeux un assez mauvais texte de cet auteur.

laissée est bien tost oubliée et pert ses droiz; et qui n'est aidié des aultres sciences aujourd'uy, de soy-meismes peult peu savoir. De laquelle demande, à l'informacion des nobles, josnes et ygnorans gentilzhommes, je la leur vueil cy déclairier, selon droit d'armes et honneur: c'est assavoir, puis que la cote d'armes est sur le chevalier, ou escuier, armée, et en battaille assemblée, ad ce sy très-noble et périlleux jour, sachent que sans l'une de ces troiz choses ne peult estre honnourablement et sans grant reprouche de son honneur désarmée, c'est assavoir, par la victoire, par la prison, ou par la mort. Et qui aultrement le fait, à la mercy du prince mect sa vie, réservé que les parties, qui seroient pour combattre viz-à-viz, eussent fait accord, ainssy que pluiseurs foiz est advenu. Dont par ainssy, les cotes d'armes, qui n'ont point assemblé honnestement, pevent estre désarmées, et non aultrement.

Et car les gens combattent, mais les victoires sont ens les mains de Dieu, que, comme vray juge, examine les cuers de ses plus amis, c'est-à-dire de ceulx qui plus justement et de bon cuer le prient, il n'est point à doubter que il ne soit pour eulx. Et ainssy de toutes armes et de béhours, tant des espées que des lances, que maintes foiz les mains prisiez ont fait le mieulx.

Dont ad ce noble temps de jadiz que les tournoiz se faisoient en mains pays, et que, pour acroistre honneur, grâces et bonnes renommées, les roys, les ducs, les princes, les seigneurs, et tous aultres nobles de maintes marches y venoient, les plus richement abilliez que ilz povoient, eulx et leurs destriers de leurs armes houssez, et sur leurs heaulmes leurs haichemens naturelz, que au-

cuns disent tymbres, et dessoubz estoient pendans derrière les lampequins armoiez.

Et car les tournoiz représentent courtoise battaille, pour ce chascun estoit tenu et est de à son povoir y comparoir, et son destrier, tous deux parez et houssez de ses armes; car, en cellui temps, estoit de coustume que les roys et les princes, quant ilz se marioient, quant leurs premiers hoirs naissoient, à leurs couronnemens et entrées de leurs duchiez et seignouries, faisoient crier les tournoyemens. Et par ainssy se entretenoient en leurs noblesses, et les bennières plus anciennes estoient hormourées, que chascune marche savoit lieu; et, à l'entrer du tournoy par le prince, aultres seigneurs, ou par les juges, qui voulloit, se faisoient chevaliers, et faisoient de leurs pennons bennières, lesquelles pour ce jour syevoient celles de l'appellant ou deffendant, leurs chiefz, qui estoient portées, et toutes aultres aussy pennons, par roys d'armes et héraulx, portans leurs cotes d'armes, et les armoient de chiefz, de bras et de jambes, sur ung ad ce souffisant cheval, et qui mettoit son contraire compaignon à terre, le cheval estoit scien.

Les chappitres du tournoier, ainsy que j'ay veu deux foiz, l'une à Bruxelles, du temps du duc Anthoine de Brabant (1), il y a cincquante ans ou plus. — L'autre behourt fust à Gand fait par mon très-redoubté seigneur,

(1) Antoine (2ᵉ fils de Philippe le Hardi, duc de Bourgogne, et de Marguerite, comtesse de Flandre), duc de Brabant, de Limbourg et de Luxembourg, marquis d'Anvers et comte de Rethel, de 1405 à 1415.

le duc Phelippe de Bourgongne (1), du jour d'uy, aux nopces de son premier escuier d'escuirie, feu Anthoine de Villers (2), il y a XLIII *ou* XLIIII *ans, ainssy que souvenir m'en peult.*

Et premier : ceulz qui entreprenoyent à faire cest behourt estoient seigneurs, ou puissans chevaliers, ou escuiers, tous d'un acord, dont l'un envoioit secrètement la trèsbelle et riche espéc à l'autre, au jour et place emprinse entre eulx, par ung roy d'armes ou hérault. Les ungs portoient la cote d'armes d'icellui vestue, et les aultres portoient une pièce de drap d'or ou d'aultre riche drap de soye, sur l'espaulle, en escharpe, et sy avoient en façon d'un grant escu, mais estoit quarré où estoient pains, les deux chiefz à cheval, armez et houssez de leurs armes, en leurs mains tenans espées, pour l'un l'autre férir, ainssy que ilz feront au tournoy, chascun acompaignié de deux ou de trois tournoyeurs, comme eulx.

(1) Philippe le Bon, duc et comte de Bourgogne, etc., de 1419 à 1467.

(2) « Messire Antoine de Villers, seigneur de Cissey et de Boncourt, premier écuier d'écurie » de Philippe le Bon, duc de Bourgogne. —Voir : (Lefèvre de la Barre) *Mémoires pour servir à l'histoire de France et de Bourgogne, contenant un journal de Paris sous les règnes de Charles VI et de Charles VII ; l'histoire du meurtre de Jean Sans Peur, duc de Bourgogne, avec les preuves ; les états des maisons et officiers des ducs de Bourgogne de la dernière race, enrichis de notes historiques très-intéressantes pour un grand nombre de familles illustres ; des lettres de Charles le Hardy, duc de Bourgogne, au sieur de Neufchastel du Fay, gouverneur du Luxembourg ; et plusieurs autres monumens très-utiles pour l'éclaircissement de l'histoire du* XIVe *et* XVe *siècle... : Paris, 1729, 2 tomes en 1 vol. in-4°, t. II, p. 234.*

Et quant le seigneur deffendant, qui, comme dit est, en estoit advisé, cedit jour, estoit en court, en place, ou aultre lieu, bien acompaignié, prend honnourablement l'espée, le remerciant. Lors vont disner, et au hérault, fait son devoir. Et sont maintes bonnes villes, qui leur offrent les deffrais à nombre de chevaulx, et le bancquet, pour avoir le prouffit des survenans. Alors le roy d'armes ou hérault, qui est hors de la marche de son seigneur ou de son maistre, prent congié, et va par ces marches crier où il lui est ordonné.

Item : que pour juges, que on dist diseurs, ilz doivent eslire de chascum de leurs marches de Poyers et de Ruyers ung, deux ou troiz vaillans seigneurs, chevaliers, ou escuiers anciens, qui seront les juges qu'ilz disent diseurs, pour partir les marches et ordonner du behourt, ainssy qu'ilz doivent, et la haultesse et ancienneté d'eulx, et pour faire clorre et desclorre les bennières, quant mestier est. Et se la marche des Ruyers estoit plus grande en nombre de gens que celle des Poyers, les juges diseurs leur donnoient de leurs plus prouchaines marches par-deçà la rivière du Rin, qui encores se disent Poyers, comme Haynuiers, Barbençons, Ardenois, Lyégois et Hasebains, tant que leur nombre estoit égal. Et ainssy faisoient les juges Poyers aux Ruyers, et puis ordonnoient à clorre et desclorre, quant mestier estoit.

Item : le premier jour de la feste, cincquiesme jour avant le tournoy, doivent estre venus tous ceulx qui behourder veullent ; et se nul y vient après, pour s'en retourner, est quitte, car au behourt, quiconques il soit, de ce jour en sus, ne doit point estre receu, se il ne est, par essoynne, de longtaines marches.

Item : cedit premier jour au soir, tous princes, seigneurs, chevaliers et escuiers, venus pour behourder, se doivent trouver en la maison ou place de la ville pour dansser, pour chanter, et pour les dames et damoiselles festoyer et honnourer, avant et après le bancquet.

Item : le deuxiesme jour de la feste, l'appellant et deffendant doivent faire fenestres, c'est assavoir mectre leurs bennières, leurs haichemens ou tymbres, garnis de leurs ensseignes entour, qui sont bendez de taffetaz ou draps de soye, l'appellant d'une coulleur, et le deffendant, d'aultre, les pendans vollans derrière les espaulles, à grans sons de menestrelz, de trompettes et de clairons, hors des fenestres où ilz sont logiez ; et doit la bennière du mains cloer cincq blasons, pour la encompaignier, et le pennon, trois.

Item : ceulz qui behourder deuvent sont tenus de paier pour blason iiii sous de parisis aux roys d'armes et héraulx, et ilz livreront claux et cordes pour clouer et desclouer bennières, pennons et blasons.

Item : chascum qui porte bennière ou pennon les doit faire porter par roys d'armes et héraulx ; et, pour ce faire, est tenus de lui bailler cote d'armes, cheval souffisant, et hernoiz, c'est assavoir, chappel de Montauben, berruier, cappelline ou celade, hernoiz de bras, de mains et de jambes, pour le honnorablement servir.

Item : le troisiesme jour de la feste, tous les roys d'armes et héraulx, anciennement, tant des marches des Poyers que des Ruyers, à leurs juges portoient tous les blasons des tournoieurs, chascun à ses juges. Et lors tous enssemble, bien informez par relacions de anciens preudommes, seigneurs, chevaliers et escuiers, aussy rappors des roys

d'armes et héraulx, sans amour, faveur, hayne, ne maltallent, ordonnoient, après celles de l'appellant et deffendant, les bennières et pennons, les haichemens et les blasons, pleust ou despleust, ainssy que ilz devoient, et aux
roys d'armes et héraulx les faisoient clouer et desclouer
aux monstres sur les plances. Toutesfoiz, quant il advenoit
que deux bennières ou pennons, à l'entrer d'une battaille,
d'un tournoy ou d'un aultre espécial fait d'armes, alors
fussent levez, celles du plus en armes et en voyaiges renommé estoient ordonnées devant, et tel povoit-il estre
que qu'elles alloient plus avant. Laquelle ordonnance fut
faicte et entretenue par les princes souverains, et puissance
aux diseurs en ayant fait leurs sermens, pleust ou despleust à qui que vaulsist. Et ainssy estoit-il des blasons
aux nobles plus vaillans, affin que chascum se employast
à faire mieulx, ce que de présent est fort délaissié, pour
servir de *Placebo Domino in regione virorum*, etc. (1) Et
aussy, pour ne desplaire à nullui, est trouvé façon de faire
crier; les premiers venus enssieurront, c'est assavoir les
bennières, puis les pennons et puis les blasons.

Mais au temps de ma jonesse que je tournoiay par
deux foiz, l'une à Bruxelles, au temps de feu monseigneur
le duc Anthoine de Brabant, il a plus de L ans, où furent
plus de V^c heaumes de deux lez, au rapport des héraulx;
et à cellui de Gand, que mon très-redoubté seigneur, le
duc Phelippe de Bourgongne du jour d'uy, pour lors dit
monseigneur de Charolloiz, fist faire aux nopces de son
premier escuier d'escuirie, feu Anthoine de Villers. Et qui

---

(1) *Placebo Domino in regione vivorum :* Psaume CXIV, vers. 9.

me demanderoit des deux assiettes des bennières et des
blasons des deux tournoiz où je fus, et l'ordonnance des
diseurs, je responderoie que, par ma jonesse, acompaignié
de simplesse, je n'en saroye deviser. Toutesfoiz, après espasse de temps, j'en demanday à roys d'armes et héraulx,
qui me dirent de celle de l'ancienne façon, peu plus ou
peu mains, ainssy que j'ay dit; et puis me dirent que ores
pluiseurs seigneurs et pluiseurs juges attemperoient l'ordonnance des premiers princes et diseurs, car pour eschiever les malvueillances, les envies et haynes des seigneurs,
ilz faisoient crier que les premiers venus et escrips, apprès
les bennières de l'appellant et deffendant ensieurroient, dont
la première ordonnance me semble la plus juste et la plus
digne d'honneur.

Item : le quatriesme jour de la feste, tous roys d'armes
et héraulx, vestus de leurs cotes d'armes, après disner, vont
à cheval par la ville, criant : « Aux honneurs, seigneurs
« chevaliers et escuiers, aux honneurs de la bennière
« vostre chief, aux honneurs. » Et alors toutes bennières
et pennons montent sur leurs destriers, qui de paremens de
leurs armes sont couvers, les plus richement abilliez qu'ilz
pevent; lors à l'ostel de l'appellant vont de tous costez le
convoier, et quant tous y sont assemblez, lors deux à deux
ou troiz à troiz, selon qu'ilz sont et les rues larges, les
héraulx et poursievans devant droit aux lisses, à grans
sons de trompettes, de clairons et de menestrelz, sievent
la bennière de leur chief, ainssy que par les juges est ordonné. Et, en ceste façon, faisans tous monstres de leurs
corps, tous en pourpoins de fins draps d'or ou d'argent,
et sur leurs chiefz, ce que leur plaist, au plus richement et

frisquement de escharpes, de poittraulx, de chaynnes d'or ou d'argent et d'orfaveries, chascun au mieulx qu'il peult, devant la grant plenté et fleurs des belles dames et damoiselles, qui sont aux fenestres et aux hours; et, en cel estat, entrent dedens les lisses par la porte devers eulx, et lors se meslent par la place, au son des trompettes, virer, tourner, faire les saulx et les pennades des espées que ilz tiennent en leurs mains, font semblant de asseoir l'un sur l'autre, et ainssy essayent eulx et leurs chevaulx, ainssy que se ilz behourdoient, jusques ad ce que les diseurs, qui en leurs hours se tiennent, font à retraitte les trompettes sonner. Et ceste feste est nommée *Les Vigilles du Tournoy*.

Et quant l'appellant et sa partie ont aussy leurs vigilles faittes, après vient ainssy le deffendant, et après, toute sa compaignie, et mieulx, se il peult, pour abrégier. Et, ce fait, les roys d'armes et héraulx sont tenus de clorre les bennières et pennons, et desclouer les blasons, et les garder jusques au matin, que ilz les recloueront et remetteront aux fenestres, jusques à l'eure du béhourt.

Item : le cincquiesme jour de la feste, qui est le propre jour du tournoy, que les seigneurs de celles marches ont tous par coustume leurs hernoiz de joustes et de tournoiz, et qui ne l'a, en doit estre pourveu des seelliers, qui en sont les maistres, dont y en vient assez, et ne y a cellui qui n'en furnisse du mains, sans hernoiz de jambes, pour armer xx, xxx, xl ou l hommes, que pour ce jour coustera du mains vi, viii ou x escus, selon la quantité des behourdeurs; lesquelx seront d'une chambre iiii, vi, viiii ou x, et en une grant salle, où sera grant feu, car les

behours requièrent le temps plus froit que plus chault,
pour le grant traveil que y est. Et là sont du corps jusques
aux petis draps tous nulz despouilliez. Lors le maistre et
ses plus souffisans varlez leur metteront ung demi pourpoint de deux toilles, sans plus, et du faulx du corps en
bas, qui sera par-devant lachiez; et à cellui leurs chausses
attacheront, et après, chausseront leurs esporons, et puis,
le bel hernoiz de jambes lui armeront. Après les armeront
des gardebras et des avant bras, qui de cuir boully seront,
tenans tous enssemble, qui dedens seront lassiez, et par-
dessus garnis au long de menus bastonnez, du plus fort
boiz que sur les garde bras, et les bracellez sont cousus, et
dedens sont bien affeustrez, et de l'un à l'autre est une
toille double cousue, qui les tient ainssy que de unes man-
ches de maille.

Et quant on est des jambes et des bras armez, ilz arment
le corps tout nu. Aucuns y veullent la chemise de une
très-légière bringantine couverte de fustenne ou de cuir,
car la cote d'armes va dessus, laquelle ne poisera que de
dix à xii librez, dont la poistrine sera toute percée de grans
losenges ou pertruis reons, et ce pour donner au corps
fort traveillié vent et air. Et le surplus sera bien affeustré
pour estre plus doulx, et pour la rouille du fer contre la
chair.

Après que les jambes, les bras et le corps sont armez,
ilz arment le chief, c'est assavoir d'un très-subtil et légier
bachinet, bien cler, à camail et sans visière, et le camail
lassent à aguillettes tenans à la brigantine tout en tour.

Et quant ce bachinet est ainssy tout-en-tour cranponné,
alors ilz mettent par-dessus ung grant et large heaume de

tournoy, qui est de fer, le plus légier que on peult, et aucuns le font de cuir boully, pour estre plus légier et plus jent, qui sont par dedens bendez de fer en pal, à trèsgrandes veues, larges de troiz doiz, à barres de fer roondes de troiz en troiz doiz, par-devant, qui deffendent les corps de meschief des espées, et sont par les deux leez, aux joes, tous percez, à grans losenges ou besans, pour l'aloyne et pour le vent, lequel tient à une courte chayenne, par le bort senestre, tenant à la pièce de la bringantine.

Et quant le chief est ainssy armé, alors on lasse son haichement au heaulme, dont tout autour est lyée la bende de soye vollant que j'ay dicte, de leurs différences : et, ce fait, par sur les joinctes des bras, espaulles et coultes, les arment de rondelles affeustrées de cuir boully. Alors que ilz sont ainssy du tout armez, ils fièrent d'un des bastons à tournoyer, par pluiseurs cops, sur les espaulles, sur les couldes et sur les bras, savoir se ilz sentiront fort les cops, et lors ilz lui mectent d'aultres rondelles affeustrées et paintes, ainssy que j'ay dit, et alors le arment de sa cote d'armes par-dessus.

Et quant tout est fait, les destriers, tous couvers à leurs armes, seront tous prestz, les bennières, à cheval, en la rue, et tous leurs gens.

Item : mais avant que les tournoieurs se arment, ainssy que dit est, les roys d'armes, les héraulx et poursievans seront tenus que, à cheval, vestus des cotes d'armes, yront après disner par la ville, à haultes voix crians : « Lassez, « lassez, lassez, seigneurs chevaliers et escuiers, lassez pour « convoyer la bennière de vostre chief. » — A laquelle feste, nul, s'il n'est noble, sur son péril, ne s'y doit trouver, ne s'il fust oncques de son honneur reprouchié, ne des dames mal disant, car par elles il sera aux nobles hommes recommandé, et son party clorra les yeulx.

Et quant les dames seront en leurs hours et fenestres venues à l'eure qu'il est ordonné, lors les seigneurs juges viennent sur leur hourt, qui très-bien est tendu et paré. Alors ilz mandent l'appellant venir, qui a l'entrer des lisses ; les diseurs, d'ung à ung, commenchant à l'appellant, se font porter leurs espées par les roys d'armes et héraulx ; se elles sont peu rebattues, sur une grosse pierre mollar, là assise, le font limer, et ainsy font-ilz aux deffendans. Et alors, par la porte de son costé, se vait mettre en bataille, attendant le deffendant ; et quant il y est, mandent venir le deffendant, que ainsy entre par la porte de son costé. Et là sont tous les ungs devant les aultres en bataille, de leurs luisans espées rebattues les ungs les aultres menassant. Et quant l'eure est venue que ilz doivent béhourder, alors, tout-à-cop, font copper les cordes, et les trompettes à l'assembler. Lors, tant qu'ilz pevent, de tous lez, brochent des esporons leurs destriers avec leurs cris, que merveilleuse chose est ; et à l'assembler sont maintz destriers renversez. Alors commence la fière et forte bataille de hault en bas frapper. et qui ferroit de bas en hault, de travers ou d'estocq, ne frapper[oit] behourde[u]r depuis qu'il aroit son heaume hors du chief, sur son honneur de ce jour, et sur la pugnicion honteuse des diseurs seroit. Et là tournoyent les ungs sur les aultres, à qui peult tenir la bataille sur la place à son contraire party ; celle partie se appelle le dessus, et l'autre, le dessoubz. Et, pour ce jour, celle du dessus a le plus d'onneur. Et quant il advient

que l'un des behourdeurs a parrompu ou perdu son espée
ou son baston, il est garny de serviteurs à cheval, les ungs
plus et les aultres mains, qui sont armez de chief, de bras
et de jambes, tous vestus aux devises de leurs seigneurs,
qui les en pourvoient, et les syevent tout partout, à haultes
voix crians leurs cris, sur lesquelx nulz ne oseroit toucher.
Et ainssy tournoient jusques à l'eure venue que le behourt
doit cesser. Et lors les juges font sonner les trompettes
pour cesser. Et alors, les bennières tant de l'appellant que
deffendant, eulx et leurs compaignies s'en partent chascun,
par la porte où ilz sont entrez, et à leurs logis s'en vont
raffreschir et désarmer. Mais ilz sont d'aucuns josnes et
désordonnez gentilzhommes que retraire ne s'en veullent,
dont sont plus à reprendre que à loer ; car après les bennières retraictes, on y peult bien perdre et riens gaignier.

Et quant vient le soir, après soupper, tous les seigneurs
et nobles hommes se doivent retraire vers ledit hostel ou
place ordonnée à dansser et chanter, pour les dames et damoiselles festoyer, car là le pris par les dames se doit donner.

Et en dementiers que le béhourt est fait, le temps entre
deux et le soupper, les juges ont eu advis de maintz anciens seigneurs, preudommes, chevaliers, escuiers, roys
d'armes et héraulx, pour raisonnablement donner les deux
pris, c'est assavoir l'espée pour le mieulx behourdant du
dessus, et le heaume pour le mieulx behourdant du dessoubz ; du dessus et du dessoubz, je l'ay en ce prochain
chappiltre cy-devant déclairié.

Et pour ce que aucuns porroient dire et pensser pour
quelle cause aux dames et damoiselles ne est aussy bien
demandé du mieulx tournoyant que aux hommes, le droit

du tournoy respond que aux dames et damoiselles souffist
le regarder et présenter les pris ; mais des béhours des
lances, le droit vuelt et ordonne que en elles en soit le jugement.

Dont, pour à mon propos revenir et donner fin ad ce
behourt, quant les juges ont bien tout advisé et ordonné,
ilz sont garnis de une très-belle espée et de ung très-bel
heaume de tournoy, que deux roys d'armes ou héraulx
portent, chascun le scien. Et quant on est au plus fort des
dansses, lors, par deux chevaliers ou escuiers, les diseurs
font venir deux des plus nobles damoiselles de façon à
marier, et par elles font présenter l'espée et le heaume
que les roys d'armes ou héraulx devant elles porteront,
et tous les aultres officiers d'armes les syeurront droit au
chevalier ou escuier à qui le pris est ordonné, pour le
party dessus avoir le mieulx et plus gentement behourdé,
ausquelz les damoiselles diront : *Monseigneur* ou *sires
tel, Dieux vous croisse voz honneurs ;* et puis les baisent.
Et cellui les remercie au mieulx qu'il peult, et lors tous
les officiers d'armes crient son cry, ainssy que se vous
estiez cellui, et ilz criassent : *Lembourg, Lembourg, au
très-noble monseigneur Jacques de Luxembourg, Lembourg.* Et ainsy fait, l'autre damoiselle présente le heaume,
puis vont dansser, et puis, adieu.

Les chappitres du tournoy.

Et pour revenir à mon propos, encores faisoient crier
que après qu'ilz seroient assemblez, se il estoit seigneur,
chevalier ou escuier, que par neccessité eust laissié son
heaume cheoir de son chief sur sa poistrine, ne soit nul

qui le doye d'espée ne de baston atouchier, sur la paynne
de son honneur, pour ce jour, et de estre à l'ordonnance
des diseurs, telle que tous aultres y prenderont exemple.

Item : que le soir dudit behourt, aux dansses, lesdis
juges bien informez par seigneurs, chevaliers et escuiers, roys
d'armes et héraulx, qui mieulx aroit fait son devoir, par
deux nobles damoiselles acompaignées de roys d'armes
et héraulx, sera l'espée présentée au plus bel et mieulz
tournoiant au-dessus, et le heaume au plus bel et mieulz
tournoiant au-dessoubz.

Item · que nul ne doit frapper d'espée ne de baston,
de revers, d'estoc, ne doit bouter ne tirer fors férir de
hault en bas, et se, sur la paynne de estre pugnis, à l'exemple de tous.

Item : que tous saichent que ce behourt d'espées n'est fait
pour haynne, envie ne malvueillance de qui que soit, fors
pour acroistre honneur à tous ceulx qui y vouldront venir,
en recordant le très-noble mestier des armes, en donnant
plaisir à toutes nobles dames, damoiselles et gens d'onneur.

Item : pour informer tous nobles josnes chevaliers et
escuiers, que la noblesse de telz behours est tant en honneur prévillégée, que qui tournoye en ceste façon, il afran-
chist la lance et le haubergon.

Et cy donrray fin à la façon du behourt d'espées, ainsy
que j'ay veu, et, de mon simple sens, prins plaisir de moy
informer, ainsy que j'ay dit. Mais ores ceste sy très-noble
coustume de tournoyer se est très-fort délaissée, espécialment en ce royaume de France, au préjudice de toute
noblesse. Et ainsy que j'ay dit du blasonner, et qu'il soit
vray du tournoyer, je m'en rapporte aux anciens ; mais

quant au blasonner, je m'en croy et par pluiseurs le prou-
veroye ; car quant le roy Charles VIIe du jourd'uy (1) fust
à Nanssy, en Lorraine, le roy René de Sicile, premier de
cellui nom, et mon souverain seigneur, en l'an mil quatre
cens quarante cincq, pour le festoier, comme vous savez,
et au départir de ma très-redoubtée dame Marguerite
d'Anjou, sa fille, qui pour lors alloit royne en Engleterre (2), ordonna ung grandisme pardon d'armes cour-
toises, ausquelles les deux seigneurs roys joustèrent, et la
plus grant partie de messeigneurs du sang royal, et
maintz aultres seigneurs et nobles sans nombre, par pluiseurs jours, présens le feu conte de Suffolc, et pluiseurs
aultres barons et nobles hommes d'Engleterre, en grant
nombre venus pour conduire et acompaignier madicte
dame, leur royne, en Engleterre.

Et à celle jouste, ledit seigneur roy de Sicile, chief des
XII dedens, ordonna et fist par ses roys d'armes et héraulx
crier que tous ceulx tant dehors que dedens, qui jouste-
roient audit behourt, fussent tenus de porter leur haichemens naturelz sur leurs heaumes, et leurs lampequins et
escus couvers de leurs armes, et ainssy fust. Et ce fist-il,
pour aux josnes et simples gentilzhommes recorder leurs
haichemens et blasons d'armes, par leurs simplesses ou-
blyez. Et car nul ne devoit jouster, se il n'avoit son haichement sur son heaume, et son escu couvert de ses armes,
furent pluiseurs bien nobles hommes de ce royaume, qui

---

(1) Charles VII, dit le Victorieux, roi de France de 1422 à 1461.
(2) Henri VI, roi d'Angleterre, épousa Marguerite d'Anjou, fille
de René d'Anjou, duc d'Anjou et de Lorraine, comte de Provence
et roi de Naples, et d'Isabelle de Lorraine.

à moy vinrent, se je savoye quelz armes ilz portoient, dont l'un, qui portoit d'argent à troiz paulx de gueulles, me dist : « Je sçay bien que nous portons ung champ blanc « à trois bendes par long, vermeilles ou bleues, ne m'en « souvient pas bien. » Et l'autre, qui portoit de gueulles au chief d'argent, à troiz lyons d'asur passans, languez et armez de sinople, me dist : « Ha, mon père, se vous ne « me secourez, je suis empeschiez, car vous savez que on ne « peult jouster, qui n'a son tymbre sur son chief et son escu « de ses armes, et, par ma foy, je ne le sçay pas bien. » Et ainssy de pluiseurs aultres, ausquelx je dis ce que je savoye, et les aultres manday aux roys d'armes et héraulx de leurs marches, que par raison de leurs offices le devoient mieulx savoir, ou par livres, dont ilz à telz choses principalement doivent estre garnis, car chascun n'a pas l'art de mémoire en soy, et aussy tous blasons ne sont pas sy fors à blasonner et retenir comme sont du viconte de Brunicquel, qui porte party en pal d'argent et de gueulles, à une croix wydée et patée de l'un en l'autre et pommettée d'or à ung orle de huit escussons d'or bordez de gueulles.

Ne aussy les anciennes armes de Pressigny, que les héraulx blasonnent d'or et d'asur, faissié, contrefaissié, les quatre çautoirs gironnez, le chief pallé, le piet party, et ung escusson d'argent parmi, sont les armes de Pressigny.

Ne aussy celles de Jenville, que les héraulx blasonnent ainssy : d'asur au chief d'argent, à demi lyon de gueulles. Ces troiz choses ne sont pas seulles, car il y a par bon rapport dessus l'azur troiz brayes d'or, et pour les faire plus richement, elles sont complées d'argent, et qui droit au lyon feroit, de fin or couronné seroit.

Ne aussy les armes de la Boubellinière, qui sont d'or à troiz paulx de sinople, à trois bendes de gueulles, sur chascune bende troiz besans d'or au chief d'argent, au premier boult ung cerf de sable, corne et ongle d'or, en l'espaulle du cerf ung lyon de gueulles, sur l'espaulle du lyon, une fleur de liz d'argent, au boult derrière une faucille d'ermines enmancée de gueulles et envirollée d'or, et crye : *Boysbertin au seigneur de la Boubellinière, Bouf.* Et pluiseurs aultres armes fortes à retenir, comme dit est.

Dont, pour revenir à mon propos, ceulx à qui les héraulx ne le sceurent à dire furent constrains demander en leurs hostelz. Et cy donrray fin au parler des cotes d'armes et des blasons, et revenray à la façon des behours, tournoiz et comment les princes et seigneurs Poyers amyablement et honnourablement festoyoient et dedvisoient les princes et seigneurs Ruyers, et aussy les seigneurs Ruyers eulx.

Je treuve que ad ce très-glorieux temps de béatitude que le monde estoit en paix, les très-nobles et chevallereux cuers des princes, et aultres seigneurs, pour eschiever ce très-vil péchié de oyeuse, aussy pour acquérir honneur, les ungs par le très-noble mestier des armes, et les aultres par longs voyaiges, en acquérant de bien en mieulx les très-désirées grâces de leurs très-belles dames, dont par ainssy, les ungs ou les aultres, une ou deux foiz l'an, se festoioient, et par autenticques roys d'armes ou héraulx, portans leurs riches cotes d'armes vestues, ou la pièce de drap d'or, ou d'aultre riche drap de soye en escharpe entortillié, se mandoient la noble espée du tournoy, la-

quelle à tout honneur receue et à grant joye, jour et
place accordez, incontinent mandoient roys d'armes, héraulx et poursievans par les royaumes et seignouries des
crestiens, avecques lectres de leurs seellez, crier ce grand-
disme pardon d'armes, par le tournoy des espées cour-
toises, le jour, la place et la puissant cité, pour très-amia-
blement recevoir les survenans. Et après le tournoy sera
le behourt des lances, pluiseurs jours.

Et encores pour acroistre son honneur et la très-désirée
grâce de sa très belle-dame, qui vouldra porter emprise
d'armes honnourables, soit à cheval ou à pié, tant de
l'un costé que de l'autre, sans nulle envie, haynne ne
maltallent, porra là estre deslivré.

De la façon du temps présent.

Mais, au temps de présent, je treuve que il est une
aultre façon de commencier ung tournoy ; car, en cellui
temps, comme j'ay dit, que les seigneurs les ungs ès
aultres se mandoient les espées, de présent est aultrement,
au regard de l'espée, sans plus, car quant les pris de
l'espée et du heaume sont le soir donnez, ainssy que j'ay
dit, mais, ad présent, est de coustume que cellui qui du
derrain behourt a prinse l'espée, et par ce behourt s'en est
acquittié, lors il en est pourveu de une aultre très-belle et
richement garnie, bout, cloux, boucle et mordant d'or,
s'il est tel, ou d'argent très-bien doré, que il baille à ung
roy d'armes, s'il y est, ou hérault, qui devant tous les
seigneurs chevaliers et escuiers la porte en la monstrant et
disant sans plus : « Messeigneurs, est-elle belle? y a-il
« cellui qui y prende plaisir ? » Et ainssi va par toute la

salle, sans à nulluy la offrir. Mais s'il y a aucum qui dye :
« Roy d'armes, ou hérault, en l'onneur de Dieu, de
« Nostre Dame et de monseigneur saint George, le bon
« chevalier, pour honneur entretenir, et pour donner
« plaisir aux dames, je la retiens. » Et lors, tous roys
d'armes, héraulx et poursievans, à haultes voix par toute
la salle crient son cry. Et, l'andemain, ce roy d'armes ou
hérault, acompaignié de tous officiers d'armes la lui porte
en son logis, auxquelx il fait bien leurs devoirs, et à Dieu
soyez.

Et se il advient que l'espée ne soit de nulluy retenue, le
seigneur à qui elle est sera tenus, par roys d'armes ou hérault, portant sa riche cote d'armes, la porter et la monstrer par toutes les cours des roys et princes crestiens avec
son seellé, de, au l'aide de Dieu, comparoir au jour et place
acordé, ainssy que fust au derrain behourt d'espées fait
à Bruxelles, que monseigneur de Croy, à cause de l'espée
qu'il retint d'un aultre tournoy, se vault par cestui acquicter,
duquel mon très-redoubté seigneur, le conte de St-Pol,
vostre frère (1), pour le pris du dessoubz, eust le heaume, et
d'icellui retint l'espée, qui encores l'a, espérant d'estre
requis pour très-lyement s'en acquicter. Et quant la place

(1) Louis de Luxembourg (fils de Pierre de Luxembourg, comte
de Brienne, de Saint-Pol, de Conversan, etc., et de Marguerite de
Baux-d'Andrie), comte de Saint-Pol, de Brienne, de Ligny, de
Conversan, etc., connétable de France, eut la tête tranchée à Paris
par les ordres du roi Louis XI, le 19 décembre 1745. — Voir : Vigner, *Histoire des comtes et ducs de Luxembourg, princes, empereurs, rois, ducs, marquis, comtes et seigneurs qui en sont issus et
de leurs alliances :* Paris, Thomas Blaise, 1619, in-4°, pp. 585-732
p ssim.

et le jour sont ordonnez, alors roys d'armes et héraulx vont par les cours des roys, des princes, et par les marches, où il leur est ordonné, les cotes d'armes vestues, ledit tournoy crier ; dont, oye la nouvelle, sont maintes citez et bonnes villes que incontinent mandent aux princes et aux chiefz présenter grans dons à supporter leurs despences, pour en avoir honneur et des survenans le grant prouffit.

Et cy, mon très-redoubté seigneur, donrray fin à vostre prière, vous de rechief priant et suppliant, se je avoye failli en tout ou en partie ce que de légier porroye, comme viel et non savant, que vous et les maistres me vueillez pardonner, et au surplus moy mander et commander comme cellui que très-lyement à mon povoir l'acompliray, priant le Dieu des Dieux que, soit en armes ou en honnourablez amours, vous en esléesse, comme vous désirez.

Escript et achiefvé au Chasteller-sur-Oize, le quatrisme jour de janvier l'an mil quatre cens cincquante et huit (vieux style).

Vostre humble et obéissant serviteur,

ANTHOINE DE LA SALE.

L'an mil cinq cent et onze, le dimanche de my-caresme, sixiesme jour du mois de mars, noble seigneur Claude de Salins (1), seigneur de Vincelles, bailly de Charollois, et capitaine des archiers du corps de monseigneur l'archiduc d'Austriche (2), duc de Bourgongne, prince de Castille, roy de Grenade, de Léon, de Valence, etc., aussy son souverain seigneur, à l'aide de Dieu, de monseigneur sainct George, son patron, audit jour porta une emprinse à son col, vingt-quatre heures durant, pour recevoir et combattre tous nobles hommes qui joustre y voulurent,

(1) Claude de Salins, chevalier, seigneur de Vincelles, bailli de Charrolois, écuyer tranchant et capitaine des archers de la garde de l'archiduc d'Autriche, était fils aîné de Henri de Salins, écuyer, seigneur de Vincelles, et d'Isabelle de Salins. — Voir : l'abbé Guillaume, *Histoire généalogique des sires de Salins...* t. II (3ᵉ partie), pp. 96-98. Voir également, aux Archives de Dijon : Chambre des Comptes, B. 3986.

(2) En 1512, l'archiduc d'Autriche était le prince Charles, devenu plus tard empereur sous le nom de Charles V.

et à ung chascun il donnoit, ou recevoit d'ung chascun d'eulx-ung coup de lance à fer esmolu. Et après onze coups d'espée à une main, et à pied, gardant une barrière assise au milieu de la cour du chasteau de Vincelles, et les armes achevées, tous lesdiz nobles hommes revinrent à ladicte barrière, la lance au poing, l'espée au costel, et, par l'ordonnance des juges à ce commis, furent mis la moitié avec l'entrepreneur, et l'aultre de l'aultre part. Et d'ung commun accord vinrent les uns contre les aultres, et se donnèrent deux coups de lance, et, après, tant de coups d'espée, jusques à ce que par lesdiz juges furent départis. Le tout entièrement accompli cedit jour. Et fut combattu par contes, barons, chevaliers et escuyers, dont les blasons de leurs armes sont cy-dessoubz mis et attaichez. Et par six nobles hommes juges à ce ordonnez, furent délivrez deux prix à deux qui mieux l'avoient desservis, dont le premier fut donné à monseigneur le comte de Tierstain, et l'aultre à Pierre de Poligny, seigneur de Coges (1); dont Dieu soit loué et monseigneur sainct George.

Or ouyez.

En l'honneur de Dieu et de sa glorieuse mère, et de monseigneur sainct George, le bon chevalier, conduiseur

(1) « Pierre de Poligny, dit aussi Pierre de Coges, seigneur de Chatillon sur l'Oue, de Lisine, de Palantine, de Gommerans et de Coges... » mort en 1549.—Voir : F. F. Chevalier, *Mémoires historiques sur la ville et seigneurie de Poligny, avec des recherches relatives à l'histoire du Comté de Bourgogne et de ses anciens souverains* : Lons-le-Saunier, Pierre Delhorme, 1767-1769, 2 vol. in-4°, t. II. p. 258.

de tous nobles hommes qui veullent faire armes, et aussy patron de l'esglise de Vincelles (1).

Ung escuyer, subjet et serviteur domestique de deux les plus excellens princes de chrestienté, c'est à sçavoir le très-chrestien roy de France (2), et monseigneur l'archiduc d'Austriche, ses deux souverains seigneurs.

Ledit escuyer a sceu que dimanche de ce my-caresme, au chasteau de Vincelles se debvoient trouver et assembler plusieurs nobles hommes, et aussy grant nombre de dames, tous parens et alliez, pour illec leur trouver et faire bonne chière chrestienne.

Et pour mieulx récréer la compaignie, ledit gentilhomme a entreprins, à l'aide de Dieu et de monseigneur sainct George, son patron, faire une arme à pied, en la manière que s'ensuit.

Ledit gentilhomme entend se trouver ledit dimanche de my-caresme au chasteau de Vincelles, et, au matin, devant toute la compaignie. Et sera connu entre tous les aultres, pour ce qu'il portera une emprinse à son col, que sera ung riche diamant mis en une verge d'or, que la dame au monde qu'il aime le plus luy a donné.

Ledit escuyer entend de porter son emprinse cedit

(1) Le 28 juillet 1455, sur la demande de Jean de Salins, chevalier, seigneur de Vincelles, Quentin, archevêque de Besançon, érigea la chapelle de Saint-Georges de Vincelles en église paroissiale. Cette église prit dans la suite le vocable de l'« Assomption de Notre Dame. » — L'abbé Guillaume, *Histoire généalogique des sires de Salins*, t. II (3ᵉ partie), p. 93. — A. Rousset, *Dictionnaire historique du département du Jura...* t. VI, pp. 273-274. — *Pouillé du diocèse de Besançon* (XVIIIᵉ siècle), ms. in-fol., aux archives du Jura, fol. 100 rᵒ et vᵒ.

(2) Louis XII, dit *le père du peuple*, roi de France de 1498 à 1515.

jour de my-caresme, depuis soleil levant jusques au soleil mussant, pour recevoir tant de nobles hommes que toucher y vouldront, pour les combattre, garder une barrière, tous l'ung après l'aultre, en harnois de guerre, portant armes de guerre, la lance au poing, l'espée au costel, pour recevoir d'ung chascun ou donner ung coup de lance, et après, onze coups d'espér et à une main.

Oultre plus, entend ledit entrepreneur de se trouver ledit dimanche de my-caresme au lieu de la cour du chasteau de Vincelles, pour, après disner et de bonne heure, armé de toutes pièces, garder la barrière, comme dit est. Et sera dudit chasteau le pont tenu baissé, la grande porte ouverte, pour y laisser entrer tous nobles hommes, qui combattre le vouldront, et qui à son emprinse auront touchié. Et, par les juges à ce commis, leur seront présentez lances et espées de mesure, dont les venans de dehors auront le choix.

Item : entend ledit escuyer, en combattant, que l'estoc de l'espée soit deffendu, la livre de l'ung et l'aultre aussy. Mais s'il avenoit que le gentilhomme de dehors, en faisant ses armes, perdist son espée, ledit gentilhomme ne la pourra recouvrer sans en demander licence à l'entrepreneur ; et, moyennant son congier, la pourra ravoir pour parfournir ses armes, et non aultrement.

Item : entend ledit escuyer que s'il avenoit, que Dieu ne veuille, que, en faisant ses armes, il fust blessé, en façon qu'il ne pust parfournir ses armes, ledit escuyer entend que celuy qui l'aura blessé parfounira lesdictes armes ; et si ung aultre le blessoit aussy, semblablement, jusqu'à la fin des armes.

Item : entend ledit escuyer que après qu'il aura combattu tous ceulx que à son emprinse auront touchié, que tous lesdiz gentilshommes revenront tous ensemble, la lance au poing, l'espée au costel, et, par les juges à ce ordonnez, seront mis la moitié desdiz avec l'entrepreneur, et l'aultre moitié de l'aultre costel, pour venir l'ung contre l'aultre à la barrière; et là, se pourront donner l'ung contre l'aultre deux coups de lance tant seulement; et, après, remectront la main à l'espée, pour se donner tant de coups qu'il plaira aux juges.

Item : entend ledit escuyer que le gentilhomme de tous ceulx du dehors, qui aura le mieulx combattu seul à seul, il gaignera une riche hameraude, de la valeur de mil escus, ou au-dessoubz, que les dames luy présenteront par l'ordonnance des juges.

Ledit escuyer entend aussy que celuy de tous qui aura le mieulx combattu à la foule gaigneroit une riche tréchoise, de semblable valeur que dessus, que les dames semblablement luy présenteront.

Item : entend ledit escuyer que tous les lesdiz nobles hommes que à son emprinse auront touchiez, avant qu'ilz se combattent, que ung chascun d'eulx sera tenu de faire pourter devant luy le blason de leurs armes, pour estre mis et attachiez auprès de ceulx de l'entrepreneur (1), pendant le temps que les armes s'achèveront.

Item : l'entrepreneur requiert et suplie aux dames que céans sont, que elles vueillent commandèr et prier à leurs serviteurs, et aux gentilzhommes, qui en ceste assemblée

(1) Claude de Salins, « entrepreneur » du pas d'armes de Vincelles, portait *d'azur à trois fusées d'or mises en fasce.*

sont, qu'i vueillent touchier à l'emprinse de l'escuyer, afin qu'il peust mieulx exécuter son emprinse et estre bien deschargié du sien qu'il a longuement porté.

« A l'honneur de la Trinité, de la glorieuse Vierge
« Marie et de madame saincte Anne, je, celle qui croit
« avoir puissance sur vous, Claude de Salins, escuyer
« tranchant de très-excellent prince, monseigneur l'archi-
« duc d'Austriche (1), pour ce que je désire la augmenta
« cion de vostre honneur et renommée, et que soyez
« diligent de exécuter le très-noble et vertueulx mestier
« d'armes, à quoy tous nobles hommes doibvent mectre
« leur vouloir et entente ; aussy pour veoir, sçavoir et
« cóngnoistre si obéirez à mes commandemens, j'ay avisé
« et délibéré certains chapitres d'armes que je veulx estre
« par vous exécutez en la présence de mondit seigneur
« l'archiduc, luy suppliant vouloir estre juge en ceste partie.

« Premièrement, je vous envoye ung volet de blanche
« soye, faict à la mode du pays de ma nativité, lequel
« veulx que vous chargez et portez à vostre bras senestre,
« jusques que aurez trouvé noble homme pour vous le
« lever ou faire lever, en faisant promesse de accomplir à
« l'encontre de vous les armes, selon le convenu des articles
« cy-après escripz.

« C'est que, pour certaines causes, je veulx et ordonne
« que les armes s'accomplissent et fournissent le quator-

(1) En 1497, l'archiduc d'Autriche était le fils de l'empereur Maximilien et de Marie de Bourgogne, Philippe le Beau, souverain des Pays-Bas (1482), duc et comte de Bourgogne, etc. (1493), roi de Castille (1504), mort le 25 septembre 1506.

« ziesme jour de septembre prouchainement venant, en
« la présence de mondit seigneur, et que obéissez, et celuy
« qui combattera contre vous, à mondit seigneur, en tout
« ce qu'il ordonnera touchant lesdictes armes.

« Pour le premier chapitre, les champions compareront
« devant le prince et juge, aux lieu et heure qu'il leur sera
« ordonné, montez et armez en harnois de guerre, en la
« manière que l'on a accoustumé de courir et combattre
« en lisse close et en tel cas.

« Le second chapitre : vous seront présentées deux
« lances ferrées d'acier esmoluz, dont j'entens que vous,
« Salins, fournirez lesdictes lances, qui seront présentées
« aux juges, et des juges à vous deux, dont le venant du
« dehors aura le choix.

« Le troisiesme chapitre : courrez d'icelle lance l'ung
« à l'encontre de l'aultre trois courses ; au cas que de la
« première ou seconde course l'une desdictes lances, ou
« toutes deux ne feussent rompues, auquel cas, les trois
« courses seront achevées.

« Le quatriesme chapitre : après les courses des lances
« achevées, vous, Salins, ferez présenter au prince quatre
« espées tranchàns et pointuz, garniz comme il appartient,
« lesquelles par le juge vous seront délivrées ; et d'icelles,
« le venant de dehors aura le choix.

« Le cinquiesme chapitre : vous deux saisiz de vos
« espées, s'encommencera la battaille d'entre vous deux.
« Et pour éclaircir le fondement de ceste emprinse, qu'est
« telle que vostre battaille se fera sur ce que vous main-
« tendrez, par mon commandement, que une œillade
« d'Espaigne fait à préférer devant une de Naples, et à

« ceste vous combattrez jusques à ce que l'ung de vous
« dise : « Je quicte la querelle. »

« Le sixiesme chapitre : et est deffendu l'attaincte des
« chevaulx, tant de lances que d'espées, sur peine de
« l'amende audit juge.

« Le septiesme chapitre : et est deffendu de prendre
« l'ung l'aultre à la cornemuse ne aultrement, attache de
« l'homme à la selle, et de arracher l'espée l'ung de
« l'aultre ; mais vous ordonne que à ceste battaille se
« fasse et parfournisse de coups d'espée, et non aultrement.

« Le huictiesme chapitre : si l'un de vous rompoit ou
« perdoit ses espées, en ce cas aultres espées seront mises
« ès mains du juge, pour en faire rendre à celuy qui en
« aura besoin. Depuis laquelle perte ou rompeture d'es-
« pées, l'aultre sera tenu de cesser, jusques à temps que
« son compaignon soit saisy d'une espée.

« Item : et s'il avenoit, que Dieu ne vueille, que d'une
« course de lances, vous, Salins, feussiez blessé, en façon
« que ne puissez parfaire la bataille des espées, je veux
« que prenez ung de vos compaignons pour icelle para-
« chever.

« Et semblable, s'il avenoit au venant de dehors, pourra
« faire parfournir par ung aultre gentilhomme.

« Le neuviesme et dernier chapitre : s'il survient en
« ces présentes armes aucune chose qui ne soit èsdiz cha-
« pitres déclarée, vous avez juges qui de tout pourront
« ordonner leur bon plaisir. Et sur tout le plaisir que
« vous, Salins, m'y pourrez faire, mectez-vous en debvoir
« que, comme homme bien renommé en armes, vous
« fournissez ceste emprinse escripte et signée de celle que

« croit avoir puissance et estre maistresse de vostre vo-
« lonté, le premier jour de juing l'an [mil quatre cens]
« quatre-vingt et dix-sept. »

« Et ensuivant le commandement de ma dame, je,
« Claude de Salins, devant nommé, promès de faire,
« fournir et accomplir de ma personne lesdictes armes,
« selon le contenu des chapitres cy-dessus, si Dieu me
« garde d'encombrier et léale ensoigne. Et pour plus grant
« seureté, et que je le vueille faire et accomplir, j'ay signé
« cestes de ma main, et seellé du seaul de mes armes, le
« dix-septiesme jour de juing l'an [mil quatre cens] qua-
« tre-vingt et dix-sept dessusdit.

« Honnoré et très-recommandé chevalier, pour la bonne
« renommée de vous et de voz nobles faictz, sur espoir
« et désir de vous faire plaisir et honneur, et dont j'espère,
« à l'ayde de Dieu, que je n'en vauldray de rien pis, je,
« Claude de Salins, escuyer trenchant de très-excellent
« prince monseigneur l'archiduc d'Austriche, et son baillif
« du conté de Charrolois, pour ce que je suis chargié et
« contrainct de celle qui vault que je ne luy dois rien re-
« fuser, laquelle m'a baillé certains chapitres d'armes
« escriptz de sa main, pour les fournir et accomplir de
« ma personne; et, en ampliant son commandement, m'a
« donné et enchargié de porter ung volet attaiché à mon
« bras senestre, par manière d'emprinse; et est le désir
« de madicte dame que je fasse mes armes, selon le con-
« tenu desdiz chapitres qu'elle m'a baillez, à l'encontre
« des chevaliers ou nobles hommes renommez en vertus
« et vaillance.

« Et pour ce que de prompte mémoire, vous estes
« chevalier de noble renommée, et mesmement que à ce
« noble pas exécuté à Molins en Bourbonnois, vous avez
« parti au grant honneur et bienfait de l'exécucion d'icelluy
« noble pas, je vous ai choisi et esleu vous............(1),
« tant d'honneur que de venir lever mon emprinse et
« exécuter à l'encontre de moy le commandement de ma
« dame, et les chapitres à moy ordonnez. Et suis con-
« trainct de vous requérir par le commandement d'icelle
« que ce soit devant la noble personne de monseigneur
« l'archiduc, qui m'a accordé d'estre juge de ces présentes
« armes ; lesquelles j'entens estre faictes et accomplies en
« ceste bonne ville de Bruxelles, le quatorziesme jour de
« septembre prouchainement venant. Et en me faisant
« cest honneur et plaisir de moy venir descharger de
« ceste pesante charge, et une aultre fois me vouldriez
« d'aulcune chose requérir, je rendrai peine de l'accomplir
« à mon pouvoir, si Dieu me garde d'encombrier et de
« léale ensoigne. Et affin que sçachiez les faictz pour
« lesquelz je suis obligé à ma dame, je vous envoye le
« double des chapitres signez de ma main et seellez du
« seaul de mes armes, vous priant et requérant que à
« cestuy mon besoin ne me vueillez faillir, et vous avoir
« ung gentilhomme, et moi, pour vous faire tout le ser-
« vice qu'il me sera possible. Priant Dieu, honnoré et
« très-recommandé chevalier, qu'il vous doint bonne
« aventure et la garde de vostre dame.

(1) Lacune dans le manuscrit. — Passage laissé en blanc par
l'abbé Guillaume, premier éditeur de ce texte.

« Et au cas que, pour vos grandes affaires, n'ayez le
« temps ou l'oportunité de m'accomplir mon désir,
« et que je crois et ne fais doute que avez congnoissance
« de plusieurs gens de bien, qui ont désir de accroistre
« leur honneur, je me suis avisé de vous requerre et prier,
« jaçoit-il qu'en rien il m'est tant tenu que vous plaise ce
« faire pour moy, que sçachant noble homme que me
« voussist tant faire d'honneur que de venir lever mon
« emprinse et me descharger d'icelle, que il vous plaise
« l'avertir d'icelle mon emprinse. Et, en ce faisant, je me
« sentiray obligé à vous accorder une semblable requeste,
« quand il vous plaira le me faire. »

*S'ensuit les blasons des nobles gens qui ont combattu
au prix qui a esté faict au chasteau de Vincelles, le dimanche de my-caresme l'an 1511 (v. st.).*

Et premièrement, celles de l'entrepreneur.
Celles du comte de Tierstain.
Celles de monseigneur de Thianges de Damas
Celles du bastard de Vienne.
Celles de Loys de Chandyoz.
Celles de Pierre de Poligny, seigneur de Coges.
Celles de Amaury de Tholède.
Celles de Claude de Somon.
Celles de Philippe de Chauvirey.
Celles de Lancelot Dupin.
Celles de Jehan de Viry, seigneur de Dyombes.

[RELATION DU TOURNOI DE NOZEROY]

OR OUYEZ, OR OUYEZ, OR OUYEZ.

PROCLAMACION DE LA FESTE D'ARMES DE NOSEROY DE L'AN 1519 (1).

« Six gentilhommes font à sçavoir à tous nobles hommes
« les choses que s'ensuivent.

« A sçavoir que lesdiz gentilhommes ont entreprins, à
« la gloire de Dieu, de la bienheureuse Vierge, sa mère,
« et de monseigneur sainct George, bon chevalier.

« C'est que le lendemain de Noël, jour monseigneur
« sainct Estienne, lesdiz gentilhommes se treuveront de
« bonne heure sur les rangs, armez de toutes pièces, en
« harnois de guerre, gardans une barrière, la lance au
« poing, pour combattre ceulx que venir y vouldront, tant
« à coups de lances, et après tourner le gros bout, pour

(1) 24 décembre 1519. — 2 janvier 1520, n. st.

« en combattre, chascun qui mieulx le pourra. Et après,
« mectront la main à l'espée à une main, pour combattre
« tant et si longuement que messeigneurs les juges à ce
« ordonnez vouldront.

« Oultre plus, lesdiz gentilzhommes font à sçavoir que
« le jour monseigneur sainct Jehan évangéliste, ilz se treu-
« veront de bonne heure sur les rangs, gardans ladicte
« barrière à l'encontre de tous ceulx que venir y vouldront,
« pour donner et ruer ung jet de pertrisaine ; et après,
« mectront la main à l'espée à deux mains, pour en
« combattre tant et si longuement que par messeigneurs
« les juges sera ordonné.

« Le troisiesme jour, qu'est le jour des sainctz Innocens,
« lesdiz gentilzhommes, pour l'honneur et révérence des-
« ditz sainctz, cesseront leurs armes pour ce jour.

« Le quatriesme jour, qu'est le jour de monseigneur
« sainct Thomas, lesdiz gentilzhommes se treuveront sur
« les rangs de bonne heure, armez de toutes pièces, la
« hache au poing, pour combattre tous ceulx que venir y
« vouldront, tant et si longuement que par messeigneurs
« les juges sera ordonné.

« Item : le cinquiesme jour ensuivant, lesdiz gentilz-
« hommes se treuveront en armes, la haulte pièce trai-
« glée à losanges, montez sur cheval de mesure et à selle
« raze, pour courre à lance ferrée et assyrée, à l'encontre
« de tous ceulx que venir y vouldront, tant et si longue-
« ment que par messeigneurs les juges sera ordonné.

« Le sixiesme jour ensuivant, lesdiz gentilzhommes se
« treuveront en armes, gardans un bastillion, à l'encontre
« de tous ceulx que venir y vouldront pour l'assaillir. Et

« combattront les assaillans contre les deffendeurs, tant et
« si longuement que par messeigneurs les juges sera
« ordonné.

« Oultre plus , lesdiz gentilhommes entendent et
« veullent que le tout desdictes armes, tant pour les
« soustenans que venans se règlera par messeigneurs les
« juges à ce ordonnez.

« Item : que le jour monseigneur sainct Estienne, au
« soleil levant, se treuvera un arbre chargé d'oranges ;
« et, au-dessus d'icelluy, seront posez et mis les blasons
« des armes desdiz gentilhommes soustenans, comme des-
« sus est dit. Lequel arbre sera gardé tout ce jour par
« officiers d'armes à ce ordonnez de par messeigneur les
« juges.

« Item : que les venans de dehors, qui auront désir de
« combattre lesdiz entrepreneurs, seront tenuz d'apporter
« leurs escus armoyez de leurs armes, et icelles mectre
« en la main d'un hérault ou officier d'armes, pour les
« attaicher et poser en l'arbre dessusdit. Et seront enre-
« gistrez pour combattre par ordre, comme il sera ordonné
« par mesdiz seigneurs les juges.

« Item : que lesdiz entrepreneurs fourniront de lances,
« espées et haches, qui seront mises ès mains de messei-
« gneurs les juges, pour en délivrer aux venans du
« dehors, le choix.

« Item : toutes lesdictes armes achevées, seront délivrez
« prix par les dames à ceulx qui mieulx auront desserviz. »

[Relacion de la feste d'armes].

L'an mille cinq cent et dix-neuf, le vingt-quatriesme

jour du mois de décembre, veille de la nativité Nostre
Saulveur et Rédempteur, au chasteau de Noseroy (1), en

(1) Voici, d'après Gilbert Cousin, la description de ce château
tel qu'il existait vers l'an 1550 :

« In oppidi (Nozerentensi).. extrema austrum versus et præcipua
parte, est arx principis amplissima et ædificio superbissima qua-
drato, et ad regulam aptissime conjuncto lapide constructa, uno
communique cum urbe muro inclusa, atque octo turribus præex-
celsis valida munitaque ; quarum major, magnifica et elegans,
plumbo intecta, inde illi nomen Plumbea turris : reliquæ sunt
petra tectoria integulatæ. Arcis tecta ex coctilibus operimentis
sunt contexta. Ejus introitus ad aquilonem, per aream quæ prima
occurit ante arcem, ædificiis et muris undique septam, in qua equi-
lia, horrea, ferraria et macellum sunt ; dehinc vallum et præcipites
fossæ sequuntur, quibus undique præcingitur arx; et in his pontes
ad geminas portas, post quas est porticus, sive cavedium magnifi-
cum. Intra arcis muros in medio est spatium quadratum et vacuum,
area quoque dicta, in qua sunt quatuor angulares turres, sive
cochlidia, claviculata et tortili structura, per quæ ab imo et cœna-
tionibus in superiorem arcis partem ac cœnacula ascenditur, neque
prius quam centenarium expleverint numerum, desinentia. Hic
enim absolutus numerus scalarum terminus est. In medio areæ
est cisterna, et ad primum cavedium fons profluens. Ad occidentem
est aliud cavedium, post quod sunt profunda cochlidia, quibus in
stadia, hortos et viridaria descenditur : in quibus sunt porticus,
areæ magnificentissimæ, vivaria, apiaria et piscinæ, circumquaque
item turres et propugnacula. In cœnationis autem orientalis extremo
est delubrum, in quo musici aliquot rem divinam sacramque per-
agunt. Proxime et secundum hoc est cochlidium omni cura et arte
extructum ad turrim quæ foris est angularis et quadrata. Fastigio
hujus cochlidii est appensa delubri campanula. Insunt pro tuitione
non solum arcis sed et oppidi, tormenta sive machinæ bellicæ, quas
bombardas a sono vocant, grandes, mediocres et leves, id est campes-
tres; item equestres, oblongæ et manuariæ. Grandium maxima, admi-
randi operis, longa est octodecim pedes, cujus lapidei globi trecentas
et triginta libras ponderant. Pro apparatu autem parietum insunt
etiam picta tapeta aulæaque aurea et versicolori textura spectabi-
lia, quorum præcipua sunt, quæ Veteris et Novi Testamenti argu-
menta continent. » *Brevis ac dilucida Burgundiæ superioris, quæ
comitatus nomine censetur, descriptio, per Gilbertum Cognatum*

la présence de monseigneur le prince d'Oranges, gouverneur et lieutenant-général de Bourgongne (1) et de ma-

*Nozerenum. Item brevis admodum totius Galliæ descriptio, per
eundem. Quibus accesserunt cum alia quædam ejus opuscula, tum
vero pœmatia aliquot, lectu dignissima...* : Basileæ, per Joannem
Oporinum, s. d. (1552) mense januario, pet. in-8°, pp. 26-28. —
Voir également : Gilberti Cognati Nozereni *Opera multifarii ar-
gumenti, lectu et jucunda et omnis generis professoribus, veluti
grammaticis, oratoribus, poetis, philosophis, medicis, jurecon-
sultis ipsisque theologis apprime utilia...* : Basileæ, s. d. (Basileæ,
per Henricum Petri, anno M. D. LII), trois tom. en 1 vol. in-fol.,
t. 1, pp. 329-331. Les pages 330-331 contiennent deux vues cavaliè-
res de Nozeroy, au seizième siècle.— M. Chéreau les a reproduites,
en les réduisant, dans sa traduction de Gilbert Cousin, *Description
de la Franche-Comté, par Gilbert Cousin, de Nozeroy...* traduite
pour la première fois et accompagnée de notes, par M. Achille
Chéreau... : Lons-le-Saunier, Gauthier frères, 1863, 1 vol. in-16,
p. 100 et 101.

(1) Philibert de Chalon, prince d'Orange, chevalier de la Toison
d'Or, gouverneur et lieutenant-général de Bourgogne, vice-roi de
Naples, etc., était fils de Jean II, prince d'Orange, et de Philiberte
de Luxembourg. — Voir : Gollut, *Les mémoires historiques de la
république séquanoise et des princes de la Franche-Comté de Bourgougne, nouv. édit.*, col. 210, 1112, 1529, 1549, 1576, 1585, 1597,
1605, 1611, 1612, 1614-1621 et 1748; — Dunod de Charnage,
Histoire du comté de Bourgogne... t. 11, pp. 317-321; — (Joseph
de la Pise) *Tableau de l'histoire des princes et de la principauté
d'Orange...* : La Haye, 1639, in-fol., pp. 152-200; — le Père Bona-
venture de Sisteron, *Histoire nouvelle de la ville et principauté
d'Orange...* : Avignon, Marc Chave, 1741, in-4°, pp. 337-338; —
*Philiberti a Chalon, illustris Aurengiorum principis, rerum gesta-
rum commentariolus, Dominico Melguitio autore. Accessit quoque
illustriss. Petri Terralii Bayardi vita, una cum panegyricis, epita-
phiis, et aliis. Item oratio clariss. D. Nicolai Perrenoti a Granvilla,
Caroli V., imperatoris semper augusti, locum tenentis in Wor-
maciensi colloquio habita, et Christophori Pannonii ad eundem elegia*
(publié par Gilbert Cousin): S. l. n. d. (Basileæ, apud Vuestheme-
rum), pet. in-8°; — Gilberti Cognati Nozereni *Opera...* t. 1, pp. 364-
369;—G. Paradin, *De antiquo statu Burgundiæ liber*: Basileæ, s. d.
(vers 1542), pet. in-8°, pp. 189-210;—*Oratio funebris pro illustriss.*

dame, sa mère (1), accompagnez de cent nobles hommes, ou environ, est advenu ce que s'ensuit.

Six nobles hommes, tous compaignons, par un hérault firent crier et publier plusieurs faictz d'armes par chapitres et articles, comme cy-dessus est escript.

Oultre plus, le lendemain de Noël, qu'estoit le jour monseigneur sainct Estienne, lesdiz nobles hommes, entrepreneurs, ont prié et requis quatre nobles hommes estre juges de leur entreprinse, tant de tous leurs faictz, comme des venans de dehors. Lesquelz juges ont esté nommez messire Charles de Poittiers, seigneur de Vadans (2),

et excelso Philiberto a Chalon, principe Aurengiæ et duce Graviniæ, domino de Noʒeret, etc., autore Ludovico Pellatano... (publié à la suite de l'ouvrage précédent de Guillaume Paradin), pp. 221-238; — le Père Jacques Foderé, *Narration historique et topographique des convents de l'ordre S.-François et monastères S.-Claire, érigés en la province anciennement appelée de Bourgongne, à présent de S.-Bonaventure...* : Lyon, 1619, in-4ᵘ, pp. 596-597; — *Relation originale de la pompe funèbre de Philibert de Chalon, prince d'Orange, etc., inhumé dans l'église des Cordeliers de Lons-le-Saunier, le 25 octobre 1530* (publié par M. Désiré Monnier). (Lons-le-Saunier, impr. Gauthier, 1819), broch. in-4°; — le président Clerc, *Eclaircissements historiques sur la naissance de Philibert de Chalon,* dans le *Recueil de l'Académie des sciences, belles-lettres et arts de Besançon,* fascicule de janvier 1866, pp. 17-28 ; etc.

(1) Philiberte de Luxembourg, fille d'Antoine de Luxembourg, comte de Brienne et de Roussi, et d'Antoinette de Bauffremont, comtesse de Charny et de Montfort. Elle épousa en 1494, Jean II, prince d'Orange. — Voir : Nicolas Vigner, *Histoire des comtes et ducs de Luxembourg...,* page 801 ; — (Jos. de la Pise) *Tableau de l'histoire des princes et de la principauté d'Orange...* pp. 144, 152-153, 253, etc.

(2) Charles de Poitiers, baron de Vadans, seigneur de la Ferté de Dormans, de Souvans, etc., tué à la prise de Rome, le 6 mai 1527. — Voir : *Histoire généalogique des comtes de Valentinois et de Diois, seigneurs de Saint-Valier, de Vadans et de la Ferté, de*

Simon de Chantrans, seigneur de Courbouzon, messire Claude de Salins, seigneur de Vincelles (1), et Aymé de Ballay, seigneur de Terrans (2).

Ledit jour monseigneur sainct Estienne, lesdiz entrepreneurs envoyèrent leurs blasons armoyez de leurs armes à messeigneurs les juges, pour les mectre et poser là où il seroit par eulx ordonné.

Entre lesdiz blasons, fut congneu celuy dudit seigneur prince d'Oranges, ceulx de Jehan du Vernoy, Jehan de Falletans (3), Claude de Visemau, Jehan de Chantrans et Jehan Genevois.

Le vingt-septiesme dudit mois de décembre, jour de feste monseigneur sainct Jehan évangéliste, messeigneurs les juges, accompaignez de trompettes et de héraulx firent poser et mectre les armes dudit seigneur prince à un arbre

la maison de Poitiers, dans l'*Histoire généalogique des ducs de Bourgongne de la maison de France...* par A. Duchesne : Paris, S. Cramoisy, 1628, in-4°, pp. 121-122 ; — le Père Anselme, *Histoire généalogique et chronologique de la maison royale de France, des pairs, grands officiers de la couronne et de la maison du roy, et des anciens barons du royaume....*3e édition : Paris, 1726-1733. t. ii, p. 209, etc.

(1) Voir la note 1 de la page 223.

(2) Aimé de Balay, chevalier, seigneur de Terrans et de Cordiron, chevalier de Saint Georges, chambellan de Marguerite d'Autriche, bailli de Dole de 1519 à 1522, mort en 1527. — Voir : Gollut, *Les mémoires historiques de la République séquanoise et des princes de la Franche-Comté de Bourgougne...* nouv. édit., col. 214, 1444 et 1755 ; — Dunod, *Mémoire pour servir à l'histoire du comté de Bourgogne,* p. 244.

(3) Jean de Falletans, écuyer, seigneur de Villeneuve, St-Cyr, le Sarron, Bouhans et Falletans, en partie, conseiller de l'empereur Charles-Quint, etc. — Voir : l'abbé Guillaume, *Histoire généalogique des sires de Salins...* t. ii, pp. 143-144.

chargé d'oranges ; auquel arbre fut attaiché ledit blason.
Et dessoubz icelluy blason, furent attaichez les aultres
blasons de ses compaignons devant nommez; dessoubz
lesquelz sont esté attaichez les blasons et armes des nobles
gens venans pour combattre et faire armes à l'encontre
des dessusdiz, selon le contenu desdiz chapitres. Le premier blason des armes desdiz venans a esté de celles
d'Anthoine de Luxembourg, conte de Bussy; en après,
celles du seigneur de Montferrand (1), celles de Claude de
Vienne (2), celles de messire Loys de Sugny, Claude de
Bussy, Hartault de Fallerans, Henry de Cossonay,
Christophle Bouton (3), Jehan de Beaurepaire, Claude de
Beaurepaire, Marc du Vernoy, Guillaume de Visemau,
Jean du Vaul, Pierre du Vernoy, messire Hugues Proudon, Marc de Sugny, Philippe Guyerche, Claude
d'Angliore, Aymé de Maigly, Henry Boisselet, Martin
de Plessy, Pierre de Bran, Simon de Champaigne,

(1) Guillaume de Vergy, chevalier, baron et seigneur d'Autrey,
Montferrand, Mantoche, Arc, Champvans, la Motte, etc., gentilhomme de la chambre de l'empereur Charles-Quint, mort le
26 juillet 1531. — Voir : A Duchesne, *Histoire généalogique de la
maison de Vergy...* : Paris, Séb. Cramoisy, 1625, in-fol., pp. 339-
340, preuves, pp. 359-360 : — le Père Anselme, *Histoire généalogique et chronologique de la maison royale de France...* t. vii,
p. 39 ; etc.

(2) Claude de Vienne, seigneur de Clervans, Ounans, Valfin,
Bétoncourt, Scey, Annoires, etc., chambellan de l'empereur Charles-
Quint, mort vers l'an 1540. — Voir : le père Anselme, *Histoire
généalogique et chronologique de la maison royale de France...*
t. vii, pp. 810-811.

(3) Christophe Bouton, écuyer, seigneur du Fay, du Perron,
etc., mort vers 1548. — Voir : Pierre Palliot, *Histoire généalogique des comtes de Chamilly de la maison de Bouton...* Dijon, Paris,
1671, in-fol., pp. 156-159, preuves, pp. 77-78, 83-86, 93-94, 119.

Jacquelin d'Angolevans, Jacques de Brancion (1), Philippe
de Falletans (2), Jehan du Tartre (3) et François d'Ancone (4).

(1) Jacques de Brancion, chevalier, seigneur de Clémencey, la
Muire, St-André-en-Bresse, etc., mayeur de la ville de Poligny,
mort en 1563. — Voir : l'abbé Guillaume, *Histoire généalogique
des sires de Salins...* t. I, pp. 260-261 (note); — F. F. Chevalier,
Mémoires historiques sur la ville et seigneurie de Poligny... t. II,
p. 297.

(2) Philippe de Falletans, écuyer, seigneur de Moutaine. — Voir
l'abbé Guillaume, *Histoire généalogique des sires de Salins*, t. II,
pp. 142-143.

(3) Sur Jean du Tartre, voir : F. F. Chevalier, *Mémoires historiques sur la ville et seigneurie de Poligny...* t. II, p. 491.

(4) Voici le blason des principaux personnages dont il est fait ici
mention :

De Poitiers : *d'azur à six besans d'argent, posés 3, 2 et 1, au
chef d'or.*

De Chantrans : *de gueules à trois chevrons d'argent.*

De Salins : *d'azur, à trois fusées d'or mises en fasce.*

De Balay : *de sable au lion rampant d'or.*

De Chalon-Orange : « *de gueules à la bande d'or, écartelé d'or au
huchet d'azur lié de gueules, le tout chargé de Genefve, qui est d'a-
zur équipollé à cinq points d'argent, 2, 3, escartelé de Bretagne ;
le tout chargé d'or au lion de gueules....* » Gollut, *Les mémoires
historiques de la république séquanoise et des princes de la Franche-
Comté de Bourgougne...* nouv. édit., col. 1112.

Du Vernois : *de gueules emmanché d'or de deux pièces.*

De Falletans : *de gueules à l'aigle éployée d'argent.*

De Visemal : *de gueules au chevron d'argent adextré en chef
d'un croissant de même.*

De Luxembourg : *d'argent au lion de gueules, armé, lampassé
et couronné d'or, à la queue fourchée en sautoir.*

De Vergy : *d'azur à trois quintefeuilles d'or, posés 2 et 1.*

De Vienne : *de gueules à l'aigle d'or.*

De Sugny : *de gueules à l'aigle d'argent.*

De Bussy : *écartelé d'argent et d'azur.*

De Fallerans : *d'argent à une bande de sable, accompagnée de
deux cotices de même.*

De Cossonay : *patté d'argent et d'azur.*

Item : cedit jour, ledit seigneur prince, l'ung des soustenans, pria ledit seigneur de Montferrand vouloir estre son ayde et soustenant, en ensuivant la coustume en tel cas ; lequel l'accepta. Messeigneurs les juges, advertiz de ce, ordonnèrent à ung hérault aller détacher les armes dudit seigneur de Montferrand, pour les aller attaicher et mectre dessoubz les armes dudit seigneur prince.

Ledit jour de monseigneur sainct Jehan évangéliste, à une heure après midy, six nobles hommes, entrepreneurs, estans en armes, la lance au poing, l'espée au costel, richement accoustrez et tous d'une livrée, se sont présentez par-devant messeigneurs les juges, pour fournir et accomplir leurs armes, selon le contenu èsdiz chapitres, eulx ouffrans ainsy le faire ; et, successivement, se sont tirez à la barrière, pour la garder et deffendre à l'encontre de tous venans. Tost après, se sont trouvez sur l'aultre costel de ladicte barrière les vingt-six nobles hommes devant nommez, armez de toutes pièces, la lance au poing et l'espée au costel ; lesquelz, tous par ensemble, se sont

Bouton : *de gueules à une fasce d'or.*
De Beaurepaire : *d'or, ou d'argent au chevron d'azur.*
De Vaux : *d'argent à trois chapeaux d'Albanais d'or posés 2 et 1.*
Guierche : *de gueules à la fasce d'azur, à trois cygnes nageant 2 en chef et 1 en pointe.*
D'Anglure : *d'or semé de grelots d'argent, soutenus chacun d'un croissant de gueules.*
De Mailly : *de gueules à trois fasces ondées d'or.*
De Champagne : *d'or au lion de gueules,*
D'Angoulevent : *d'hermine au chef de gueules, chargé de deux quintefeuilles d'or.*
De Lancion : *d'azur, ou de sinople, à trois fasces ondées d'or.*
Du Tartre : *d'azur à deux bars d'argent adossés, accompagnés de quatre croisettes recroisetées de même.*

présentez par-devant messeigneurs les juges, en offrant
faire leur léal debvoir, selon le contenu des chapitres
dessusdiz ; et par iceulx juges furent renvoyez en leur lieu
et place. Lesquelz ont tous combattu, deux contre deux,
à coups de lances, tourné le gros bout de ladicte lance ;
et, après, ont combattu à l'espée à une main, tant et si
longuement que par messeigneurs les juges fut ordonné.

Cedit jour, ont esté blessez jusques à effusion de sang,
de coups d'espée, à sçavoir Claude de Vienne, en la
teste, Claude d'Anglure, au bras. Semblablement a esté
porté par terre ung homme d'armes des soustenans,
nommé Jehan de Chantrans, d'ung coup du gros bout de
la lance, par Claude de Bussy, seigneur de Vescles. En
oultre, a esté donné ung coup d'espée sur la creste d'ung
armet mis jusqu'au jour. Et aussy ont esté rompeues jusques au nombre de dix espées. Le tout achevé, pour ledit
jour, comme dessus est dit.

Le jour ensuivant, vingt-huictiesme dudit mois, jour
des Innocens, pour l'honneur d'iceulx, lesdiz entrepreneurs ont cessé leurs armes tout ledit jour.

Ce mesme jour, en la maison dudit seigneur prince, y
eut un gentilhomme breton qui fit à sçavoir à tous, que, à
heure de deux après-midy, il se treuveroit sur les rangs,
pour prester le collet à la lutte d'ung chascun, trois prises ; et celuy qui mieulx feroit, auroit, pour son prix, ung
pourpoint de satin, que luy seroit délivré par messeigneurs les juges. Laquelle lutte fut faicte par-devant ledit
seigneur prince, les dames nobles et tous aultres que venir
y voulurent. Ledit breton en abbatit six, l'ung après l'aultre ; et le septiesme, nommé Parigny, qui est de ce Conté

de Bourgongne, eut trois prises de luttes avec ledit breton,
et l'abbatit trois fois dessoubz luy. Pour laquelle cause,
messeigneurs les juges luy délivrèrent le prix dudit pourpoint de satin.

Le vingt-neuviesme jour dudit mois, qu'estoit jour de
feste monseigneur sainct Thomas, ledit seigneur prince
d'Orange, ensemble ses compaignons, armez de toutes
pièces, la pertrisaine au poing, à l'aultre, l'espée à deux
mains, se sont présentez par-devant messeigneurs les
juges, richement accoustrez tous d'une livrée, iceulx
offrans d'accomplir leurs armes et emprinses, comme le
contenoit leursdiz chapitres cy-devant escriptz. Messeigneurs les juges les renvoyèrent à la barrière pour la garder
et deffendre à l'encontre de tous venans, pour accomplir
leursdictes emprises, selon le contenu de leurs chapitres.

Et successivement, tost après, trente-quatre nobles
hommes, armez de toutes pièces, ayans la pertrisaine au
poing, et l'espée à deux mains, comme dessus est dit, se
sont présentez par-devant mesdiz seigneurs les juges, en
offrant de combattre les nobles gens, entrepreneurs, gardans ladicte barrière, selon le contenu de leurs chapitres.
Incontinent, messeigneurs les juges les renvoyèrent tous
de l'aultre costel de ladicte barrière, leur ordonnans qu'ilz
combattroient par ordre, deux à l'encontre de deux des
entrepreneurs, jusqu'à ce que le tout fust parachevé pour
ce jour.

Pour ouvrir le pas, se sont présentez deux des entrepreneurs, à sçavoir ledit seigneur prince d'Oranges, et
Jehan du Vernoy, ayant la pertrisaine au poing, et, à
l'aultre, l'espée à deux mains.

De l'aultre costel de la barrière se sont présentez deux des assaillans, à sçavoir le seigneur de Montferrant et messire Louis de Sugny, ayans semblablement la pertrisaine au poing et l'espée à deux mains, comme dit est. Et au premier son de trompette, en marchant l'ung contre l'aultre, se sont ruez chascun ung coup de pertrisaine, et, après, ont combattu à l'espée à deux mains, tant qu'il a pleu à messeigneurs les juges.

Jehan Genevois et Jehan de Chantrans, entrepreneurs, se sont semblab'ement treuvez à la barrière, pour fournir et combatre contre deux aultres assaillans, ayans la pertrisaine au poing et l'espée à deux mains. Et, de l'aultre costel, ont comparu deux aultres nobles hommes, nommez Claude de Bussy et messire Hugues Proudon, ayans la pertrisaine au poing, et, à l'aultre, l'espée à deux mains, comme dessus ; qui ont tous combattu comme les précédens, tant et si longuement que par messeigneurs les juges fut ordonné.

En après, deux aultres entrepreneurs, nommez Jehan de Falletans, et en absence de Claude de Visemau, le seigneur de Villé-le-Pot, soustenant pour ledit de Visemau, ont comparu à la barrière, comme les précédens. Et, de l'aultre costel, Claude de Bussy, et Simon de Champaigne, qui ont combattu comme les précédens. Et n'est à obmectre que ledit de Falletans, entrepreneur combattist contre ledit seigneur conte de Bussy, estant de ceulx du dehors. Et après qu'ils eurent jecté la pertrisaine, combattirent à l'espée à deux mains ; lequel conte donna ung si grant cop d'espée audit de Falletans, sur l'armet, qu'il luy fist mectre le genoux au sable.

Ledit seigneur prince d'Oranges, pour ce jour, en sa personne combattit huit hommes d'armes. Et n'est à obmectre qu'il donna ung coup d'espée sur la creste de l'armet de Philippe de Falletans, en sorte qu'il fut constrainct desniecher de la barrière de trois pas en reculant, et ne put plus combattre pour ce jour.

Jehan du Vernoy, l'ung des soustenans, combattit pour ledit jour sept hommes d'armes des assaillans, rompit, par bien frapper, une espée par la croisée, une par la pougnée, et une aultre par le pommeau, ployant la croisée d'icelle.

Jehan de Falletans, soustenant, pour cedit jour, combattit cinq hommes d'armes des assaillans, et rompit le pommeau d'une espée.

Et après, monsieur de Villé-le-Pot, soustenant, pour Claude de Visemau, combattit quatre hommes d'armes.

Jehan de Chantrans, entrepreneur, en combattit deux ; et plus ne put combattre, pour ce qu'il fut blessé en la main.

Jehan Genevois, entrepreneur, combattit, pour ledit jour, six hommes d'armes des assaillans.

Ledit seigneur de Montferrand, comme assaillant, et le premier d'iceulx, combattant contre ledit seigneur prince d'Oranges, luy donna de la pertrisaine en la garde du genoux.

Pour abrégier, tous les venans combattirent de la pertrisaine et de l'espée à deux mains, en sorte qu'il y eust plusieurs espées rompeues, et plusieurs bassignets et armets enfoncez, garde-bras avalez, gantelets coupez, et plusieurs blessez aux mains, jusques à effusion de sang.

C'est ce que fut faict et accompli pour cedit jour.

Le pénultiesme jour dudit mois de décembre, l'an que dessus, au chasteau de Noseroy (1), en une sale basse, s'est treuvée faicte une lice tendue de toile, pour courre à la selle raze. En laquelle sale, ont esté allumées environ cinq douzaines de torches, à heure de huit en nuit; en laquelle se sont treuvez messeigneurs les juges, en ung chaffault bien tapissé, comme il est de coustume en tel cas; et emprès d'icelluy, ung aultre, qui estoit semblablement richement tapissé, là où estoit madame la princesse d'Oranges, accompaignée de plusieurs dames et damoiselles, richement accoustrées.

Tost après, le seigneur prince d'Oranges et le seigneur de Montferrand, compaignons en armes à ce, se sont treu-

(1) Voici en quels termes le père Joly décrivait ce château, en 1778 ou 1779, peu d'années avant sa démolition :

« Le château est parfaitement quarré, flanqué de quatre grosses tours, et lié par quatre moindres dans ses angles intérieurs. Les tours du dedans, qui donnent sur la cour, ne sont point de défense: elles n'ont été bâties que pour enfermer un escalier, qui distribue dans les appartemens de deux corps de logis que chacune termine, et dans tous les étages. Ces tours sont octogones, relevées dans les angles, et chargées d'ornemens. La courtine en est assez mince : l'escalier est en spirale, éclairé par de petites fenêtres d'un travail assez délicat, mais sans beaucoup de symétrie. Dans l'une des tours, l'escalier est double; deux personnes, montant par deux côtés opposés, sont surprises de se rencontrer au deuxième étage : chacune de ces petites tours est couverte d'un toit à quatre faces, couronné d'une espèce de bouquet de cuivre, qui ne s'élève pas au-dessus du faîte du château.

Les tours extérieures sont bien plus hautes et plus épaisses. La plus considérable, appelée *Tour-de-Plomb*, parce qu'elle étoit couverte de ce métal, que j'ai vue encore, tomba tout d'un coup avec un bruit dont la ville fut effrayée. J'ai remarqué dans ses ruines, que les murs, dont l'épaisseur étoit de quinze pieds, n'avoient été liés par aucune pierre qui s'étendît d'un parement à l'autre. Les paremens sont de pierre de taille. On avoit jetté des moëllons avec

vez montez sur chevaulx de mesure et à selle raze, armez
de toutes pièces et en harnois de guerre, la haulte pièce
traiglée de fer et à losanges, richement accoustrez, et tous
d'une parure. Lesquelz se sont présentez en ladicte sale
à heure de neuf de nuit, par-devant messeigneurs les juges, eulx offrans courre, à selle raze contre tous venans,
et, contre ung chascun, cinq courses de lance.

N'est à obmectre, que, comme il est escript cy-dessus,
messire Claude de Salins avoit esté esleu juge avec trois
aultres nobles hommes. Une dame, ayant ouy dire que
ledit chevalier aultres fois avoit couru à la selle raze, luy
a fort prié, et néantmoins que c'estoit assez luy commander, qu'il voulsist courre à ladicte selle raze. Ledit cheva-

du ciment dans le milieu, sans aucun gros de mur. Il n'est pas con-
cevable comment des bâtimens aussi pesans ont pu subsister pendant tant de siècles, ayant été bâtis avec si peu de précaution.

Le château n'a proprement qu'un seul étage, auquel il faut ajouter
le rez-de-chaussée, et ce qu'on a appelé depuis les mansardes.
Il y a des voûtes spacieuses et belles, où sont des appartemens
pour les cuisines et les offices. La chapelle occupe tout le corps de
logis qui est au levant. La nef a cent pieds de longueur et quarante
en largeur : elle est partagée en vingt-un quarrés, peints et ciselés
de toutes parts avec une merveilleuse adresse. Le sanctuaire a la
même largeur et vingt pieds de longueur. Il y a trois autels, qui
sont ornés de peintures estimées des connoisseurs ; les attitudes
en sont bonnes, le coloris est d'une grande beauté ; mais la perspec-
tive y est mal observée, et le dessin n'est pas régulier ; elles représentent toutes les circonstances de la passion. Vis-à-vis, on voit encore l'appartement de la Princesse : dans sa chambre est une espèce
de guérite suspendue en dehors, qui lui servoit d'oratoire : elle est
peinte de tous côtés, de même que la chambre.

Toutes les chambres ont communication les unes avec les autres
par des portes ; et les étages l'ont aussi par les tours et leur escalier ; de sorte que l'on peut faire le tour du château en passant successivement d'un appartement à l'autre. On en fait autant dessous
le toit, au moyen d'une galerie qui prend jour par les meurtrières.

lier fit ses excuses, qu'il estoit prescript désormais de ce faire, attendu qu'il avoit de âge cinquante-sept ans, à trois mois près. Mais voyant ledit chevalier que derechef ladicte dame luy commandoit, l'accepta ; et, incontinent, monta à cheval, armé de toutes pièces, pour aller courre, à ladicte selle raze, à l'encontre des entrepreneurs, accompaigné de Anthoine de Luxembourg, comte de Bussy, et de plusieurs aultres nobles hommes ; lequel s'est présenté en ladicte sale, par devant messeigneurs les juges. Et, incontinent, se sont treuvez plusieurs aultres nobles hommes, montez et armez, comme dessus est escript.

Ledit seigneur prince d'Oranges, l'ung des soustenans, a couru le premier à l'encontre de Jehan de Falletans ; et

La charpente est composée de fermes de la figure des nôtres, mais plus serrées et plus délicatement travaillées ; elles sont lambrissées jusqu'aux pièces d'entrée, ce qui forme des plafonds en berceaux, qui sont peints comme les chambres de l'appartement de la Princesse.

Il n'y a dans tout l'édifice aucun ordre d'architecture. On ne voit dans les fenêtres, les portes, les cheminées, que de simples moulures rentrantes et saillantes, avec des pampres et autres feuillages, et quelquefois des armoiries et des figures grotesques. Les mêmes ornemens sont dans un bel escalier qui descendoit dans le fossé du côté du midi ; plusieurs statues et figures d'animaux y paroissent : les proportions n'y sont pas observées, mais les festons et les guirlandes sont assez bien découpés.

Le château avait un pont-levis qu'on a rendu massif. Il est encore entouré d'un large fossé. La colline a la figure d'un triangle isocèle, dont il occupe la base. Le fauxbourg de Nozeroy, qui est au septentrion, fait la pointe du triangle..... » (Le père Joseph-Romain Joly) *La Franche-Comté ancienne et moderne... Lettres à Mlle d'Udressier* : Paris, 1779, 1 vol. in-12, pp. 52-54. — Sur l'ameublement et la bibliothèque du château de Nozeroy aux xve et xvie siècles, voir deux curieux articles de M. Désiré Monnier dans l'*Annuaire du département du Jura* : année 1857, pp. 171-178, et année 1859, pp. 143-149.

ledit seigneur prince d'Oranges feit une attaincte et rompit une lance sur ledit de Falletans.

En après, ledit seigneur prince a couru à l'encontre de Jehan du Vernoy; et, de la première course, icelluy seigneur prince rompit sa lance, et ledit Jehan du Vernoy aussy. De la seconde course, ledit seigneur prince rompit contre ledit Jehan du Vernoy; et, de la troisiesme, ils rompirent tous deux. Afin qu'il ne soit obmis à dire vérité, ledit seigneur prince allat par terre de son coup mesme, pour ce qu'il estoit chargé de plançon.

Item : après, a couru ledit seigneur de Montferrand, second soustenant, à l'encontre du chevalier de Salins. Et, de la première course, leurs lances qui estoient demy plançon, ledit de Salins fit attaincte en la teste. De la seconde course, tous deux firent attaincte; et, de la troisiesme, firent deux bonnes attainctes ; en sorte que l'arrest du seigneur de Montferrand fut rompeu, pour laquelle cause, ne peut plus courré. Messeigneurs les juges, voyans ce, ordonnèrent ausdiz deux soustenans, que le remanent de leurs courses cesseroit jusques au lendemain.

Le dernier jour dudit mois de décembre, à heure de huit du soir. messeigneurs les juges se sont tirez en ladicte sale, et se sont mis en leur lieu, comme cy-devant est escript. Emprès d'eulx, avoit ung aultre chaffault, là où estoit madame, accompaignée de plusieurs dames et damoiselles.

Et tost après, le seigneur prince d'Oranges, le seigneur de Montferrand, son soustenant, et Jehan du Vernoy, tous compaignons et entrepreneurs, montez sur chevaulx de mesure et à la selle raze. la haulte pièce traiglée, comme

dessus est dit, se sont comparus en ladicte sale, par-devant
messeigneurs les juges, lesquelz les ont renvoyez au bout
de la lice, pour attendre tous venans.

Incontinent, comparut en ladicte sale le chevalier de
Salins devant nommé, monté et armé, comme dessus est
dit. Et après, comparurent François d'Ancone, Jehan
Genevois, Claude de Scey (1), Marc du Vernoy, Vaulgrenans et Marnoz, tous montez et armez comme dessus est dit.

Ledit seigneur de Montferrand a premier couru à
l'encontre du chevalier de Salins; lequel de Salins rompit
de pleine attaincte sa lance à l'encontre dudit de Montferrand.

Item : ledit de Montferrand, à l'encontre dudit d'Ancone; et, de la première et seconde prinse, ledit de
Montferrand a attaint; des troisiesme et quatriesme, il a
rompu, et, de la cinquiesme, attaint.

Ledit seigneur de Montferrand a couru contre Jehan
Genevois. La première et seconde course, ilz ne firent
aucune attaincte; de la troisiesme, ledit Genevois rompit
sur ledit de Montferrand; de la quatriesme, ledit de
Montferrand fit attaincte; et, de la cinquiesme, ledit Genevois rompit.

Ledit seigneur de Montferrand a aussy couru contre
Claude de Scey; et ont faict chascun une attaincte.

Jehan du Vernoy, l'ung des soustenans, a couru contre
Vaulgrenans. Ledit du Vernoy rompit deux lances sur

(1) Claude de Scey, écuyer, chevalier de Saint-Georges, seigneur
de Maillot, Buthiers, Epenoy, Larret, le Pin, Groson, Longeville,
Emagny, Angirey, Avoudrey, Chargey, Vernois, et Fertans en
partie. — Voir : l'abbé Guillaume, *Histoire généalogique des sires
de Salins....* t. I, p. 201-202 (note).

ledit de Vaulgrenans, et fit une attaincte; ledit Vaulgrenans fit deux attainctes.

Item : encore a couru ledit du Vernoy à l'encontre de Marnoz; et, de cinq courses, ne firent nulle attaincte, pource que le cheval dudit Marnoz fuyoit la lice. Et sont tombez du dessus la selle raze quatre hommes d'armes.

Le tout achevé, pour ce jour.

Le premier jour de janvier, l'an que dessus mille cinq cent dix-neuf (1), a esté treuvé au vaulx de Mièges, près de Nozeroy, au conté de Bourgongne, ung bastillion de guerre à quatre tours, devant, à pont levy, derrière, une poterne, pour faire saillie; et, à l'entour dudit bastillion, avoit un fossel assez profond. Lequel bastillion estoit fourny de artillerie, tant grosse que menue (2).

Ledit jour, le seigneur prince d'Oranges, accompaigné de ses compaignons, entrepreneurs, et de cinquante nobles hommes avec luy, bien armez d'alcrests, la dague au costel, et la pique au poing, se sont mis dans ledit bastillion.

Et tost après, le seigneur de Montferrand, accompaigné

(1) Vieux style.

(2) « Quelques pas au-delà de cette petite rivière (la Serpentine), au pied d'un coteau parallèle à celui de Nozeroi, du côté du levant, on rencontre une place quarrée, de cent pieds sur chaque face, entourée d'un fossé rempli des eaux d'une fontaine, qui descend d'une colline, avec un parapet. Elle avoit d'autres fortifications que l'on a détruites en cultivant les terres, et dont il reste encore quelques vestiges. C'est là que Philibert de Châlons donna une fête d'armes l'an 1519, la dernière qui se soit faite en France. M. Fleuri, auteur de l'Histoire ecclésiastique, se trompe en plaçant cette fête dans l'enceinte du château : la place dont nous parlons en est éloignée de plus d'un quart de lieue. » (Le père Joseph-Romain Joly) *La Franche-Comté ancienne et moderne... Lettres à* Mlle *D'Udressier :* Paris, 1779, in-12, page 51.

de mille hommes armez et embastonnez, comme dit est, et menant avec eulx grosse artillerie, lesquelz vinrent assiéger ledit bastillion. A la première venue, sortirent hors dudit bastillion environ vingt-cinq albanois, à cheval, qui allèrent pour amener une proye de moutons dedans ledit bastillion. Le seigneur de Montferrand estant adverty de ladicte saillie, envoya plusieurs aultres albanois, lesquelz rescovryrent lesdiz moutons. Et furent contrainctz lesdiz dudit bastilllion rentrer dedans ; qui ne fut pas sans rompre plusieurs lances à l'encontre l'ung de l'aultre, à la mode des albanois.

Tost après, ledit seigneur de Montferrand fit approcher son artillerie et battre ledit bastillion, fit faire ung pont sur roues, et y pouvoient estre, sur ledit pont, cent hommes de front. Ledit seigneur de Montferrand, par ung hérault, envoya sommer ceulx dudit bastillion qu'ilz voulsissent se rendre et vuider icelluy; aultrement, il leur donneroit l'assault. Ceulx dudit bastillion respondirent qu'ilz ne les craingnoient en rien, et qu'ilz n'avoient cause ne raison d'abandonner icelluy, ains le deffendroient de tout leur pouvoir. Incontinent, firent saillie, par-devant, à cheval, et par derrière, à la pouterne, à pied ; et vindrent donner jusqu'à l'artillerie dudit Montferrand. L'allarme fut grande, d'ung costel et d'aultre, et y eust si espoisse escarmouche, que lesdiz du bastillion furent contrainctz eulx retirer dedans ; et ne fut pas sans grans coups donner, en sorte que il y en eust beaucoup de blessez jusques à effusion de sang. En après, la retraicte fut sonnée, et se retirèrent chascun en son lieu. L'artillerie dudit seigneur de Montferrand bastoit tousjours ledit bastillion, et ceulx de dedans se deffendoient aussy d'artilleries.

Tost après, ledit de Montferrand, ensen.ºle ses gens d'armes, résolurent de donner ung assault à l'encontre dudit bastillion. Incontinent, se mirent en ordre, et, au son de trompettes et de tabourins, vindrent à l'assault dudit bastillion, se ruèrent dedans les fossels, et approchèrent dudit bastillion en dressant à foison eschelles, et combattirent mains à mains. Lesdiz du bastillion avoient foison d'armes, et combattoient à piques, lances et espées ; et avoient lesdiz du bastillion foison lances à feug, que foisoient grant dommaige aux assaillans. Ledit de Montferrand, voyant ce, fit sonner la retraicte ; pour laquelle cause, l'assault cessa. Ceulx dudit bastillion, voyans qu'ils avoient résisté audit assault, firent une grosse saillie à la pouterne ; mais, finalement, ilz furent rebouttez dedans leur lieu.

Item : tost après, ledit de Montferrand fit continuer sa grosse artillerie, qui battoit ledit bastillion, et assembler tous ses gens, et conclut de donner ung assault plus fort et plus puissant que n'avoit esté le premier. Fit mectre et charoyer devant luy le pont çy-dessus nommé, lequel estoit sur roue, et le fit tant approcher qu'il entra dans ledit fossel, et venoit jusques aux créneaulx dudit bastillion. Et montèrent sur ledit pont des assaillans, jusques au nombre de deux cent, et, dois icelluy pont, combattoient mains à mains aux créneaulx dudit bastillion. L'assault commençat de tous costelz, et eschelles dressées, et combattre par icelluy mains à mains. Et y eut plusieurs de dessus les eschelles renversez jusques en bas du fossel ; et furent blessez deux capitaines principaulx dudit bastillion ; et est à croire qu'il y en eust plusieurs aultres dudit bastillion. Et durat l'assault près de deux heures.

Ledit de Montferrand, voyant ses gens en ce party, fit sonner la retraicte ; pour quoy l'assault cessa. Et aussy la nuit s'approchoit.

En après, par un hérault, il envoya, de rechef, sommer ceulx dudit bastillion. Lesquelz firent response qu'ilz n'avoient matière ne occasion d'eulx rendre, veu qu'ilz avoient résisté aux deux assaults. Et, finalement, fut conclud par ledit seigneur de Montferrand et ceulx dudit bastillion, que une tresve et abstinence seroient entre eulx jusques au lendemain, heure de midy, et que artillerie et faictz de guerre cesseroient d'ung costel et d'aultre. Et fut deffendu à tous, sous peine de la hart, de enfraindre ladicte tresve.

Le deuxiesme jour de janvier, l'an que dessus, le seigneur de Montferrand, estant au siége devant ledit bastillion, à heure de midy, la tresve faillit entre luy et ceulx dudit bastillion. Lesquelz furent sommez par ung hérault de rendre ledit bastillion, et firent response qu'ilz auroient brief secours ; pour laquelle cause, ilz n'avoient matière d'eulx rendre. Et tost après, ledit secours vint, en belle ordonnance, jusques à la pouterne dudit bastillion. Ceulx de dedans, voyans ce, sortirent tous dehors avec foison d'artillerie de battaille, et se joingnirent avec ledit secours, eulx rangeans et mectans en ordre de battaille, leurs artilleries devant eulx. Le seigneur de Montferrand, adverty de ce, fit sonner trompettes et tabourins, se tirat au champ, pour prendre place de battaille, avec foison d'artillerie servant en tel cas. Lequel de Montferrand envoya ung capitaine d'estradioz, pour visiter le convenant de ceulx dudit bastillion ; lequel capitaine retourna à diligence et fit son rapport que lesdiz du bastillion estoient tous sortis dehors avec leur secours, et qu'ilz avoient prins place de bataille, foison d'artillerie devant eulx ; et qu'il avoit veu l'explanade qu'ilz faisoient devant eulx pour venir à la battaille.

Ledit de Montferrand, adverty de ce, conclut et se mit en ordonnance de bataille, son artillerie devant luy, en faisant faire par-devant luy l'explanade. Et, incontinent, se ruèrent en terre, baisant icelle, en requérant Dieu que leur voulsist donner victoire.

Messeigneurs du bastillion, voyans leurs ennemiz en tel estat, semblablement se mirent tous en terre, baisans icelle, comme il est de coustume en tel cas, en requérant Dieu qu'il leur voulsist donner la victoire. Et, incontinent qu'ilz furent en leur ordre, grosse escarmouche se vat dresser d'ung costel et d'aultre ; artillerie qui tiroit d'ung chascun costel à merveille ; trompettes et tabourins sonnoyent. Et commencèrent les deux battailles à eulx approcher. Ledit de Montferrand mit devant sa bataille ung nombre d'enfans perdus ; et lesdiz du bastillion, à l'assembler de la bataille, renversèrent par terre lesdiz enfans perdus dudit Montferrand. Finalement, les deux battailles se assemblèrent et donnèrent dedans l'une l'aultre, et combattirent tant et si longuement, que ledit de Montferrand et ses gens furent contrainctz de eulx mectre en fuite. Et pour ce que il estoit près de nuit, lesdiz du bastillion se retirèrent au chasteau de Noseroy ; auquel lieu ilz furent des dames joyeusement receuz pour ce qu'ilz avoient gaigné la battaille.

Après qu'ilz eurent faict bonne chière ensemble, les jeunes gentilhommes qui avoient esté en la battaille, pour donner récréation et passe-temps aux dames, se vont armer et monter à cheval, à selle raze, vindrent en la sale où estoit la lice tendue, comme devant est dit; et, devant lesdictes dames, tournèrent les uns contre les aultres, à ladicte selle raze, et se donnèrent de si grans coups de lance, qu'ilz se portèrent par terre, hommes et chevaulx, d'ung costel et d'aultre. Et coururent tant et si longuement, que par lesdictes dames furent requis d'aller reposer, pour les gros frais qu'ilz avoient portez ce jour.

FIN DE LA FESTE D'ARMES DE NOZEROY.

ERRATA

Page 7, ligne 1 : receu.
Page 12, ligne 12 : conceut.
Page 14, ligne 4 : la grâce.
Page 15, ligne 15 : sceurent.
    —   ligne 24 : deccue.
Page 26, ligne 21 : en grant trémeur.
Page 27, ligne 8 : sceues.
Page 30, ligne 9 : receu.
    —   ligne 17 : receuz.
Page 55, note 1, ligne 5 : Histoire de Bresse et de Bugey.
Page 56, note 1, ligne 25 : libri.
Page 57, note 1, ligne 3 : de 1467 à 1477.
Page 66, note, ligne 15 : collection des chroniques.
Page 83, ligne 11 : père.... deçà.
Page 86, ligne 12 : à.
Page 90, ligne 14 : Or oés.
Page 91, lignes 6-11 : supprimer la note 1, en rétablissant le mot
        leur, et en ponctuant ainsi le texte : Et celui de dehors
        qui mieulx le fera, gaignera une belle barbute de guerre
        estoffée d'or et de beau plumas très-richement, et
        cellui de dedens gaignera ung bel et honneste gorgerin
        garny d'or, que les dames et damoiselles de leur bonne
        grâce *leur* donneront.
Page 91, ligne 12 : assés.
Page 139, ligne 8 : Et premier dira [*devant*] monseigneur le mares-
        chal.....
Page 167, ligne 23 : s'est.
Page 180, ligne 8 : passer.
Page 184, ligne 16 : ce qui est à faire.
Page 220, note, ligne 5 : le 19 décembre 1475.
Page 223, note 1, ligne 2 : Charolais.
Page 227, ligne 20 : tous lesdiz.
Page 242, ligne 14 : Jehan.

TABLE